本书得到国家自然科学基金“西北民族地区经济增长的贫困变动效应研究（批准号：71363048）”资助。

经济管理学术丛书

西北民族地区经济增长的贫困变动效应

张 平 著

Study on Economic Effects of Changes in Poverty in the Minority Areas of Northwest China

经济管理出版社
ECONOMY & MANAGEMENT PUBLISHING HOUSE

图书在版编目（CIP）数据

西北民族地区经济增长的贫困变动效应/张平著．—北京：经济管理出版社，2017.9
ISBN 978-7-5096-5399-9

Ⅰ.①西… Ⅱ.①张… Ⅲ.①民族地区经济—区域经济发展—研究—西北地区 ②民族地区—贫困问题—研究—西北地区 Ⅳ.①F127.4

中国版本图书馆 CIP 数据核字（2017）第 249054 号

组稿编辑：王光艳
责任编辑：许 兵
责任印制：黄章平
责任校对：张晓燕

出版发行：经济管理出版社
（北京市海淀区北蜂窝 8 号中雅大厦 A 座 11 层 100038）
网 址：www. E-mp. com. cn
电 话：（010）51915602
印 刷：北京玺诚印务有限公司
经 销：新华书店
开 本：720mm×1000mm/16
印 张：14.75
字 数：240 千字
版 次：2018 年 5 月第 1 版 2018 年 5 月第 1 次印刷
书 号：ISBN 978-7-5096-5399-9
定 价：58.00 元

前言

中国社会经济的发展已经取得了举世瞩目的成就，这在一定程度上应该归功于采取了非均衡增长战略。这种非均衡增长战略可以归纳为两个方面：一是在地域上，优先发展沿海地区和中心城市；二是在产业上，优先发展第二产业。在这一进程中，逐步形成了以城市为核心、以市场为导向的经济增长模式。这种模式通过聚集生产要素、降低人力成本、增强重点产业支持力度、强化实用技术、改善基础设施和综合服务，极大地提升了城镇居民的生活水平和生活质量。然而，这种非均衡发展战略同时也导致了另一个问题，即在广大农村地区和边远地区，面对恶劣的生态环境、有限的资源、单一的产业、不平等的教育和医疗服务，众多人口的良好发展愿望总是与生活实际呈现出巨大的反差。这种状况，在西北少数民族贫困县区尤其突出。

西北少数民族地区有61个国家级扶贫重点县区，众多的贫困人口生存环境极其恶劣，缺地、少水，生产、生活条件极其艰难。人口自然增长率居高不下，人地矛盾日渐突出。由于长期以“农本经济”或“粮食经济”为主，农业产业的比重高，但是产业化程度极低。初级产品缺乏价格优势，传统产业、传统产品不能适应市场需求，缺乏竞争力，经济效益差，增收途径少、难度大。人口的受教育水平低，第二产业、第三产业的从业人员比重很低。这些县区在整体上以第二产业拉动经济的大环境下，无法分享到经济繁荣的好处。此外，由于宗教、民族等原因，缺乏市场经济意识。区域生态环境、人文环境、经济环境、市场环境等诸多不利因素严重制约着西北少数民族地区贫困人口的发展。

从理论上讲，经济增长与减贫成效之间并不存在严格的因果关系。因为二者之间的传导机制极为复杂。经济增长仅是取得减贫成效的必要条件，并不是充分条件。所以，并不是每一次区域整体经济的增长一定可以带来贫困人口收入的增加。初始条件和关键要素的组合方式应该是两组最重要的约束条件。经济自由度、经济调控和增长周期构成了库兹涅茨倒“U”形假说成立的满足条件。西北少数民族贫困人口除受到经济方面的影响外，更受到民族、文化、地理、历史等方面的深刻影响。

在上述背景下，本书旨在从产业结构变迁、资源环境承载力、基本公共服务和家庭生活生产基本情况四类约束条件入手，探讨西北民族地区经济增长的贫困变动效应。研究范围设定为西北少数民族地区的61个国家级扶贫重点县（其中，甘肃省14个、青海省12个、宁夏回族自治区8个、新疆维吾尔自治区27个）。本书主要涉及七项研究内容：

其一，经济增长与贫困变动关系的文献综述。主要对国外近期相关研究进行综述，内容包括减贫成效存在差异的主要来源、绿色增长与扶贫政策取向、亲贫式增长与扶贫政策取向。

其二，重点贫困县区贫困状况测度。从贫困度量的基本公理出发，对西北民族地区61个国家级贫困重点县的贫困状况进行测度，具体采用了贫困相对度量指标、改进的“Sen”指数法和可行能力视阈下的多维贫困度量指标。

其三，产业结构变迁对贫困变动的影响分析。采用了动态面板数据和逐步回归方法，从产业结构变迁对贫困变动影响的整体效应、局部效应和部门效应方面进行实证研究。

其四，生态承载力对贫困变动的影响分析。主要利用了生态足迹法、改进生态足迹法、时间动态模型、相对资源承载力估算方法等，对西部民族地区贫困县的生态承载力水平及其变动趋势进行研究。

其五，基本公共服务对贫困变动的影响分析。对各省区总体的公共服务均等化状况进行省际差异与效率分析。利用面板数据对公共服务投入对贫困变动的影响进行回归分析。利用主成分分析方法对各贫困县区基本公共服务水平进行综合评价。

其六，家庭基本状况对贫困变动的影响分析。此项专题研究内容主要包括3项调研报告和1个理论模型：疏勒河生态移民项目家庭调查报告，临夏州和政县IFAD/GEF项目家庭调查报告，甘南州合作市贫困农户家庭调查报告，以及农业女性化家庭决策模型。

其七，基本要素禀赋条件的贫困变动效应分析。主要探讨如何利用贫困县区基本要素禀赋估计贫困变动效应。具体研究内容包括基于要素禀赋的贫困成因分析、减贫成效与要素禀赋的交互耦合度测算、减贫成效与要素禀赋的胁迫约束效应分析以及基于BP神经网络算法的贫困状况总体判别模型。

本书的出版离不开国家自然科学基金项目“西北民族地区经济增长的贫困变动效应研究（批准号：71363048）”的资助，在此表示感谢！

因为作者的水平有限，研究中难免存在不足，恳请读者批评指正。

张 平
于西北民族大学

目 录

第一章
绪　论

中国的扶贫事业是在强烈的发展愿望的推动下和资源、环境条件的约束下的必然选择，力图在一个发展中大国同时实现后工业化和共同富裕的双重跨越，走一条与西方发达国家现有的社会经济发展模式不同的道路。这将经历一个相对较长的探索时期，并应充分考虑到其复杂性和艰巨性。

一、研究意义

中国目前的扶贫模式多为自上而下的行为，即政府主导在先，贫困人口参与在后，在实践过程中扶贫目标定位于区域性反贫困（如“整村推进”“集中联片”），且已取得了显著的成效。虽然近年来西北多数省区的年均经济增长一直保持在10%以上，但是在一些贫困地区，减贫速度落后于经济增长速度、脱贫人口再度返贫等问题仍然存在。尤其在少数民族地区，贫困人口还受到民族文化、习俗、传统等因素的深刻影响，减贫成效更是存在较大差异。随着贫困认定标准的逐步提高（以2010年不变价格为标准，2011年贫困认定标准为2536元，2014年为2800元，2015年约为3000元），扶贫的成本和难度也在日益增加。在新的扶贫形式下，探讨少数民族扶贫的一般性规律具有重要的理论价值。

本书旨在从产业结构变迁、资源环境承载力、基本公共服务和家庭生活生产基本情况四类约束条件入手，探讨西北民族地区经济增长的贫困变动效应。研究范围设定为西北四个少数民族较聚集省区的61个“少数民族国家扶贫重点县”（其中甘肃省 14 个、青海省 12 个、宁夏回族自治区 8 个、新疆维吾尔自治区 27 个）。本书会对丰富贫困理论研究成果和引导西北少数民族地区扶贫开发实践工作带来实质性的帮助。

二、研究内容概述

本书涉及的研究内容主要包括以下 6 个部分：

1. 重点贫困县区贫困状况的总体评价

（1）基本观点。贫困应该是经济、社会和文化落后状况的总称。Klasen（2008）将贫困的变动划分为三类：弱绝对减贫、弱相对减贫、强绝对减贫。强绝对减贫明显有利于贫困人口，但最难被经验证明（White & Anderson，2000）。目前大多数对贫困的实证和政策研究都集中于弱绝对减贫和弱相对减贫的定义（OECD，2006），但这样的研究结果可能忽视在减少相对不平等时往往会增加绝对不平等的这种情况，它被视为社会压力的重要来源（Duclos & Wodon，2004）。本书认为，贫困不应只单纯强调人均收入，而应更广泛地关注区域性收入变动、个体收入变动、收入分配公平性、收入和支出结构、物质和非物质资本形成状况及能力、资源要素改善、公共服务分配情况等。其中大量的非经济指标对于评估西北少数民族地区的贫困状况更重要。这也是本书的主要出发点。

（2）研究步骤。①整理前期成果、完善相关文献综述；②设计问卷、实地调查和数据整理，建立基础数据库；③选择评价方法，构造综合评价指标体系；④分县区完成对贫困状况的总体评估，以此作为后续研究的基础；⑤绘制相关图谱。

（3）研究手段和方法。本书采用了文献整理、专家访谈、贫困地区调研等手段；综合应用单一指标、SST 指数、综合指标等；利用了 GIS 软件。

2. 产业结构变迁对贫困变动的影响分析

（1）基本观点。西北少数民族贫困地区的产业结构顺序多呈“二三一”

形式，同时第二产业偏于重工业（如采矿、能源等）；而大量的国内外研究结果均认为，产业减贫成效的排序应当是“三一二”的形式，所以考察由产业结构变迁带来的影响是十分必要的。

（2）研究步骤。①以扶贫重点县为基本单位，利用已有文献中识别出的宏观、微观经济增长变量指标，建立基于面板数据的贫困变动回归模型，并检验其稳健性；②加入产业结构变迁约束条件，从三个方面就贫困变动率与三次产业进行相关分析，即贫困变动率与三次产业变动率、三次产业结构、三次产业就业状况的相关性研究；③提出既符合地区增长目标，又有较好减贫成效的产业结构取向。

（3）研究手段和方法。本书采用文献整理、专家访谈、年鉴数据挖掘等手段；主要运用了基于面板数据的多元回归分析等方法。

3. 资源环境承载力对贫困变动的影响分析

（1）基本观点。长期以来，生态资源的过度利用始终是西北少数民族贫困县区社会经济发展中的一个主要问题。西北民族地区地处三大自然区域交汇处，其生态环境变化不仅对当地社会经济的发展具有重要意义，也直接影响到河流中下游地区及我国北方大部分地区。在扶贫开发过程中，如何在实现生态功能的前提下，有效利用区域条件提高资源环境承载力、控制人口数量、提高人口质量，对于促进西北少数民族贫困地区社会经济的快速发展具有重要的现实意义。

（2）研究步骤。①以国家扶贫重点县为基本研究单元，在进一步明确资源环境功能基本内容的基础上，利用合适的方法估算资源环境承载力情况；②利用数值模拟方法模拟承载力演化路径；③建立县区级生态预警系统；④以“适度人口”战略为最终落脚点。

（3）研究手段和方法。本书拟采用文献整理、专家访谈、年鉴数据挖掘等手段；主要运用了生态经济学中的承载力估算方法、数值模拟方法、计量经济学分析方法等。

4. 基本公共服务状况对贫困变动的影响分析

（1）基本观点。目前专门针对民族地区基本公共服务问题的探讨，主要有两种代表模式：第一种为三段模式，基本思路为“表述现象—列出问题—提出对策”，此类研究在成果总量中占相当比例，但由于缺乏相应的定量分析，很难提出客观和富有实践价值的对策建议；第二种为比较模式，即通过民族地区与非民族地区或东部发达地区的比较，找出民族地区在基本公共服务方面的差距，但许多此类研究没有在比较中考虑历史原因、禀赋条件和意识形态等方面的差异。本书试图以多视角的综合指标体系为基础，结合多种定量分析方法对基本公共服务状况进行全面、客观的评价，并与贫困变动形成进行关联分析。

（2）研究步骤。①以国家扶贫重点县为基本研究单元，构建基本公共服务状况评价指标体系；②以多种方法测算基本公共服务的投入、产出均等化水平；③测算基本公共服务投入—产出效率；④对基本公共服务与贫困变动进行关联分析。

（3）研究手段和方法。本书采用文献整理、专家访谈、年鉴数据挖掘等手段；主要运用计量经济学分析方法（如因子分析、聚类分析、灰色关联分析、回归分析等）、投入—产出分析法等。

5. 家庭基本状况对贫困变动的影响分析

（1）基本观点。少数民族贫困人口深受其传统的影响，有独特的行为模式，这种行为模式将通过多种家庭要素（如教育、职业、预期、适应等取向）对劳动力供给、资本（人力和物质）形成等经济增长的贫困变动要素产生深刻影响。

（2）研究步骤。①对重点扶贫县家庭户开展问卷调查；②将家庭状况指标转化为影响因素体系（如职业、教育、消费、储蓄等）；③评估可能引起家庭决策行为模式转化的经济外生变量对贫困变动的冲击（如就业状况、劳务输出或价格水平变化等）。

（3）研究手段和方法。本书拟采用文献整理、问卷调查、专家访谈、年鉴数据挖掘等手段；主要采用计量经济学分析方法（如因子分析、聚类分析、回归分析等）。

6. 基本要素禀赋条件的贫困变动效应分析

（1）基本观点。综合上述观点，要素禀赋条件不同，由经济增长带来的贫困变动效应也会存在较大差异（如产业类扶贫政策对于技术类贫困的减贫效果较好，而对于资源类贫困可能产生挤出效应，使贫困人口实际收入下降）。从本质上看，西部少数民族贫困县经济增长的减贫成效是通过其引起的人力资本、物质资本的积累，产业技术结构、产业投入要素结构等的变动来影响区域贫困人口的收益构成因子变化的。由于区域贫困人口的收益内生决定于该区域要素禀赋结构，因此，西北少数民族地区要素禀赋水平将会约束减贫成效，并会限制贫困人口的收益水平。其中，区域要素禀赋结构和要素的相对价格两个因子对贫困人口收益增加所产生的影响最大，是主要的约束条件。

（2）研究步骤。①结合交互耦合模型原理，分析各贫困县要素禀赋对贫困人口收益的胁迫约束效应；②采用产业关联效应分析方法，建立要素禀赋集合，测算要素禀赋与贫困变动的交互耦合度；③利用因子分析、灰色关联度技术，从要素禀赋的基础指标入手，建立关联度矩阵，遴选出贫困变动指标中对区域要素禀赋最主要的胁迫因素和约束因素；④利用复杂系统建模方法，建立西部少数民族地区经济增长与贫困变动效应总体分析模型，并就模型模拟结果与实际结果相对照，修正模型参数。

（3）研究手段和方法。本书采用文献整理、问卷调查、专家访谈、年鉴数据挖掘等手段；综合运用交互耦合模型、计量经济分析、复杂系统建模等方法。

三、技术路线

本书研究包括以下五个步骤：

第一，通过文献分析、专家访谈，结合地区典型调研，建立理论基础和分析框架。

第二，进行实证研究、收集小样本数据并进行深度调研，建立数据库，完善理论基础。

第三，构建模型，通过运行对其进行检验、完善。

第四，反复调整参数、运行模型，观察不同约束条件下西北少数民族地区经济增长的贫困变动效应。

第五，设定不同初始值，放宽假设条件，叠加约束条件，观察模拟结果，进行经济学分析。

拟采用的详细技术路线如图 1-1 所示。

四、研究特色

本书的特色主要体现在以下 4 个方面：

1. 专门针对西北民族地区国家重点贫困县开展研究

本书的研究范围选定西北四个少数民族相对集中的省区，调查了 61 个国家重点贫困县区，基于西北少数民族的贫困地区的特殊视角，能够反映少数民族的独特行为模式和生活、生产诉求。

2. 定位于强绝对减贫标准

本书将贫困的变动定位于强绝对减贫，不仅分析贫困人口收入变化等经济因素，而且大量涵盖社会、制度、习俗、心理等非经济因素，以更全面的综合指标体系反映西部少数民族贫困地区和人口的广泛要求。

3. 强化定量分析

本书大量采用定量分析，涉及复杂系统建模、交互耦合模型、计量经济分析和数值模拟技术，增强了分析结论的直观性和说服力。

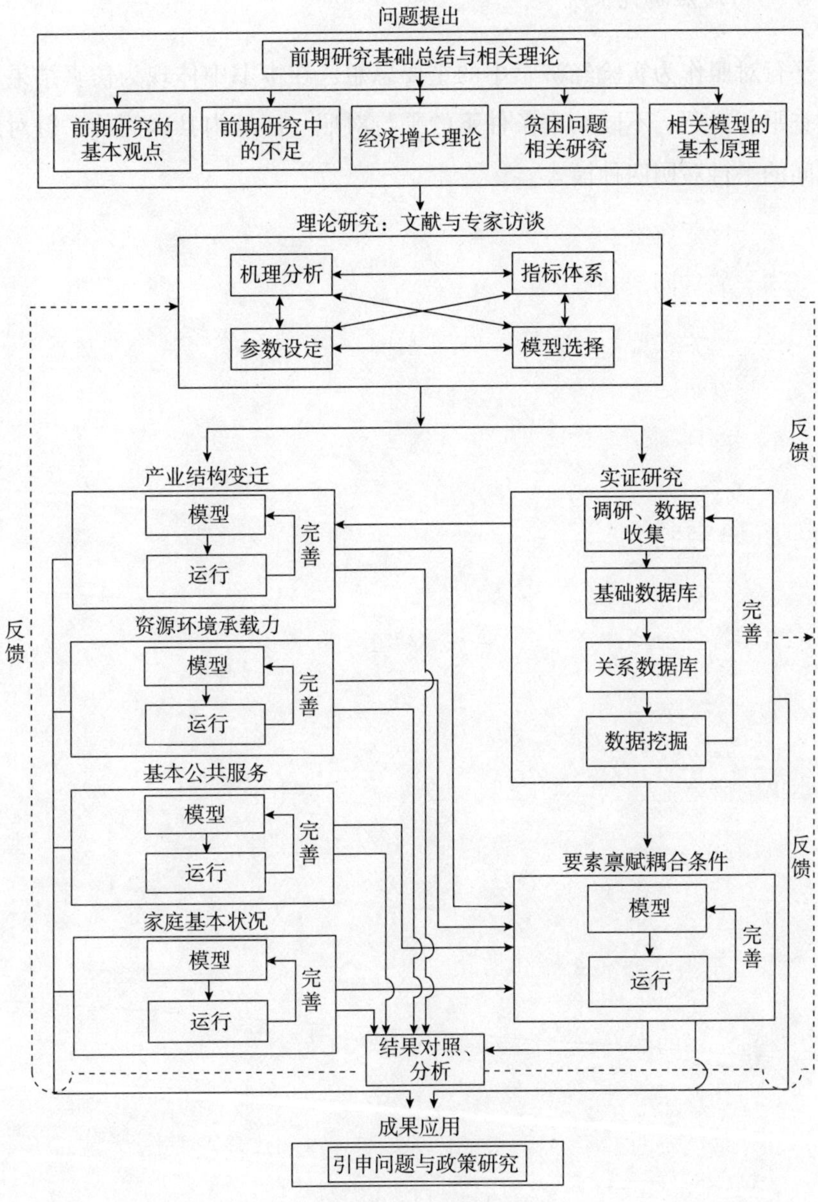
问题提出
前期研究基础总结与相关理论
前期研究的基本观点
前期研究中的不足
经济增长理论
贫困问题相关研究
相关模型的基本原理
理论研究：文献与专家访谈
机理分析
指标体系
参数设定
模型选择
反馈
产业结构变迁
模型
运行
完善
资源环境承载力
模型
运行
完善
基本公共服务
模型
运行
完善
家庭基本状况
模型
运行
完善
实证研究
调研、数据收集
基础数据库
关系数据库
数据挖掘
完善
反馈
要素禀赋耦合条件
模型
运行
完善
反馈
结果对照、分析
成果应用
引申问题与政策研究

图 1-1 技术路线

4. 平行对照研究系统

平行对照作为实验经济学中的重要思想，在本书中体现为仿真结果与实地调查平行对照、不同约束条件下的平行对照、区域内县区间的平行对照和区域间的平行对照四种模式。

第二章
文献述评

国外学者普遍认为，经济增长是否有减贫成效取决于多种因素的共同影响（Dollar & Krarry，2002；Ferreira，2003）。问题的关键是，有哪些因素发生作用？是否需要尽可能做更多的工作？随着单一因素的影响被确定下来，各因素间的相互影响如何？什么是关键组合？

第一节　减贫成效差异的来源

近年的研究强调了减贫成效存在差异的两个主要来源：增长的部门构成和多种因素的初始状况。

一、增长的部门构成的减贫成效

大量的跨国分析认为减贫成效取决于经济增长的部门构成（Loayza & Raddatz，2006；Christiaensen & Demery，2007）。

Ravallion 和 Datt（2002）利用印度跨时期的地区数据，按照不同的经济增长与初始条件的部门组合，考察了经济增长对减少贫困的影响。研究认为，贫困对农业产出的弹性在各地区之间没有显著差异，但是对非农业产出的弹性在各地区之间有显著差异，其差异对整体贫困率的下降尤其重要。在较高的人口素质、较多的农业产出、较好的农村生活水平、较低的无土地人口和婴儿死亡率地区，非农业增长进程的减贫效果更为显著。

Suryahadi 等（2009）利用印度尼西亚的数据研究发现，农村服务业的增长降低了所有部门和场所的贫困。然而，城市服务业的增长在大多数行业中对减贫影响最大。农业增长大大降低了农村地区的贫困。在农村地区，农业增长在减少贫困中仍然发挥着重大作用。服务领域的增长，在城市中和农村中都会加速消除贫困。

Ferreira 等（2010）考察了巴西 1985~2004 年经济增长和减贫的情况。研究发现，减贫效果存在跨部门、区域和时期的显著性差异。服务部门增长的减贫效果大于农业和工业。工业增长的地区间差异来自于人口发展和工人权利初始状况的不同。由此，经济增长在巴西减贫中扮演着很小的角色，而恶性通货膨胀的治理（1994 年）、社会保障和援助的扩大、1988 年宪法的大部分授权是贫困全面减少的主要原因。

Montalvo 和 Ravallion（2010）使用一种新的省级面板数据集，研究了 1980 年以来中国经济增长的减贫效果。他们认为这一过程在各部门和地区间是很不平衡的，初级产业（主要是农业经济）是减少贫困人口数量的主要推动力，这一点与印度有许多相似之处。

此外，大量围绕农业发展的减贫成效的研究展开：

Datt 和 Ravallion（1998）利用一组 1957~1991 年的跨国面板数据分析发现，农业技术发展、农业基础设施和人力资源状况是减少农村贫困的主要因素。Dercon（2006）分析了 1989~1995 年埃塞俄比亚实施经济改革村庄贫穷变化的决定性因素，认为贫困显著下降最主要的因素是相对价格的变化，还包括土地、劳动力、人力资本和地理位置。这种观点被理论研究（Loayza & Raddatz，2006）以及实证研究结果（Thorbecke & Jung，1996；Sumarto &Suryahadi，2007；Christiansen & Demery，2007）所支持。

Quizon 和 Binswanger（1986，1989）的研究则得出了相反的结论。他们利用局部均衡市场模型对印度进行研究，研究结果表明，农业增长带来的绿色革命对减少农村贫困没有好处。进而他们认为，减贫的主要方式是提高非农收入。同时，Warr 和 Wang（1999）的研究认为，中国台湾的农村减贫也主要来源于工业增长的贡献。

也有研究认为农业和非农产业的减贫效应是相同的。Foster 和 Rosenzweig (2005) 使用印度 1982~1999 年农村家庭面板数据，实证评估农业生产力改进和乡村工厂扩张对农村收入增长、减少贫困和农村收入不平等的影响。他们发现，农业技术变革和工厂就业增长增加了农村收入和工资，并因此减少了贫困。Warr (2006) 认为增长的服务和农业部门对东南亚四国减少贫困的影响最大，且前者的影响更大。

二、多种因素的初始状况对贫困的影响

对贫困产生显著影响的 5 种初始状况因素主要包括以下内容：

1. 财富分配的初始状况

在给定的平均消费水平下，消费构成决定了贫困状况。但是初次分配是否也关系到随后的减贫率？大量争论的焦点是为什么不平等可以阻碍增长 (Aghion et al., 1999)。一种有争议的解释：信贷市场失灵，意味着穷人无法捕捉投资机会。贫困人口的比例越高，越增加信贷的紧张，经济增长率越低。除了对增长率的影响，高的初始不平等也用于解释为什么同样的经济增长率在一个地区的减贫效果不如另一个地区有效。通常，任何对由平均分配引起的贫困弹性的测量，取决于其他要素的分布情况。这些影响在一般情况下很难去定义。然而，可以预计在经济平等的情况下，贫困人口往往会获得较高份额的增长收益。跨国数据分析也支持较高的初始收入不平等导致较低减贫效果的观点（Timmer，1997；World Bank，2000）。财富分配可能影响到穷人分享经济增长的程度。事实上，信贷市场失灵的论点可以用于解释与初次分配问题关联的穷人资产的增长前景。初始财富的数量越小，意味着经济增长的减贫效应越小。

2. 基础教育水平

低的基础教育水平经常被定义为收入不平等的一个来源。教育也会影响

到穷人参与非农收益增长分配的多少。近年来，认为人力资源开发与以经济增长为导向的政策改革具有协同效应一直是一个突出的研究主题，典型的例子包括 Dre'ze 和 Sen（1995）对印度以及 Thorbecke 和 Hong-Sang（1996）对印度尼西亚的研究。世界银行在减贫中的做法也强调了结合人力资源开发与政策促进经济增长的重要性（World Bank，1990，2000）。

3. 城乡差异

在发展中国家，另一个潜在的重要因素是城市和农村部门收入之间差距的程度（Bourguignon & Morrison，1998）。Ravallion 和 Datt（1999）构造了一个简化的二元经济模型来说明这一问题。在这一模型中，采取了将贫困农业部门人口吸收到非贫困的非农业部门的方式减少贫困。该模型假定任何农业工人愿意参与非农业部门将产生一个成本。这个成本决定了农业部门和非农业部门的均衡收入差别。显而易见的是，这一成本降低了总产出。但这一成本也降低了劳动力被吸收到非农业部门的数量，从而意味着更高的贫困率。此外，部门间的工资差距也使减贫效果较差。较高的初始工资差距（反过来意味着较高的初始贫困率），在给定非农业经济增长率的情况下，减贫的比率更低。可以说，二元经济限制了减贫的前景。

有一种观点认为，农村不发达制约了产业化前景。要素市场扭曲也需要通过非农经济增长来减少城乡不平等对减贫的阻碍。例如，在 Harris 和 Todaro（1970）的经典模型中，非农业部门的工资固定于市场出清水平，虽然城市和农村的部门之间存在着流动性，但是转向城市的农业工人不是都能找到新工作，于是他们将面临失业或转向收入相对较低的城市非正规部门。劳动市场二元程度越高（通过跨部门的工资差异衡量），意味着更低的增长和穷人的收益更少。

最初在城市和农村部门之间的人口分布同样关系到经济增长的减贫效应。通常，在二元经济条件下，城市人口生活份额的变化将使洛伦兹曲线变动，这一影响在理论上含糊不清。例如，在库兹涅茨假设条件下，在或低或高的城市化水平下，不平等都会很低（Anand & Kanbur，1993）。

4. 城市化水平

利用市场扩张城市化经常被视为一种促进农村非农经济增长的积极因素。企业很可能被吸引到这些地区，因其有较大的地方产品市场、熟练的劳动力、更广泛品种的生产投入、技术溢出的可能性，以及更好的基础设施（Lanjouw & Lanjouw，1997）。可以认为，在平均产出增长的条件下，这些因素也会影响贫困问题。合理的解释是，穷人在市场准入和基础设施方面，比富人有更多的限制，穷人更倾向于宽松的条件。假设城市化水平反映了这些地区在市场准入和基础设施方面的差异，可以预见，穷人生活在一个更加城市化的地区能够在非农业增长时受益更多。而另一种争议是，更高的初级城市化水平可能导致已经富裕的城市中心非农业增长的进一步集中，因此可能抑制减贫成效（相反的情况下，经济增长的分布更加均匀）。初步城市化的整体影响，对于减贫平均产出的弹性来说，可以是正的或负的。

5. 非收入因素

减少收入层面的贫困并不能保证减少非收入层面的贫困，如教育或健康等，因为贫困是个多方面现象，只使用单一指标实施扶贫是不正确的（Kakwani & Pernia，2000）。Grosse 等（2008）利用 1989~1998 年玻利维亚的数据，以增长发生率曲线、Ravallion-Chen 减贫率和财富均衡增长率作为研究工具，研究了个人和综合性的非收入成就，如教育、死亡率、疫苗接种、发育迟缓和多层面的福利措施等非收入指标的改善是否有绝对减贫或相对减贫的意义，以及它们是否更有利于贫困人口。

三、减贫的非均衡性与测度

Ravallion 和 Chen（1997）通过对 67 个国家的考察发现，1981~1994 年减贫效应非平衡的变化与增长率无关，这意味着贫困下降与平均收入高度相关。他们估计了贫困发生率（按每天 1 美元计算）对于平均家庭收益的弹性是-3。

Ravallion（2001）在进一步纠正误差后，重新计算出的弹性为-2.1。

Dollar 和 Kraay（2002）通过对 4 年 92 个国家构成的样本进行分析，发现 20%的最贫困人口平均收入增长率高于总体平均水平。World Bank（2005）利用较大范围的样本分析后发现，52%的差异可以归结于增长。通过对穷困测量差别和范围的分析，Kraay（2006）发现，总体上 46%~70%的人口能够分享到增长收益，在长期里这一比例将处于 71%~97%。

Richard 和 Adams（2004）利用来自 60 个发展中国家 126 个时期的数据分析了贫困的增长弹性，即在给定比例的经济增长中，究竟有多少百分比的贫困下降。减贫的比率取决于如何对经济增长进行定义。当控制了收入不平等因素后，经济增长以平均收入（或消费）来衡量，贫困的增长弹性是 2.79（包括东欧和中亚），即 10%的平均收入增长将减少 27.9%的贫困人口（按人均每天 1 美元）。但如果经济增长按人均 GDP 测算，贫困的增长弹性是 2.27，低于之前的预测。

Machiko 和 Erik（2006）研究了全球化进程对穷人的影响，重点考察了“成长”渠道，即开放、增长的不平等与贫困的因果链。对于全球化与贫困之间的关系，从区分生产要素流动、技术变革和扩散、全球化对波动性和脆弱性的影响、世界范围内的信息流动、全球性通货紧缩以及政府机构角度进行研究，认为全球化将带来一个因果链，即“开放—增长—非均衡—贫困”。

Edward（2006）分析了从 1993 年到 2001 年的全球消费分布，认为增长的一半在全球消费发达的国家人口中受益，其他的主要受益人是中国。在其他地区，贫困人口人均消费的增长低于全球平均水平的增长。经济增长对穷人有利，但它对富人更有利。分析表明，依托经济增长速度来消除贫困是相当低效率的，更直接的国家介入似乎更有效。

大量的研究认为，在不同国家，甚至在同一国家的不同时期，单位增长对贫困人口的影响是非均衡的。虽然穷人通常能够从增长中受益，但是其收益与平均收益仍然有所差别。贫困变化差异分析取决于测度选择的样本情况和分解方法。研究表明，发展中国家的贫困人口能够从总体富裕中获益，在总体收缩中受损。但是有多少贫困人口能够分享经济增长在国家间的差异很大，对贫困人口的影响也有所差异。由于跨国间数据的问题，需要更进一步的微观实证研究（Ravallion，2001）。

四、小结与启示

关于发展与公平、增长与贫困的关系问题始终充满争议。其实质在于是否满足库兹涅茨倒“U”形假说成立的条件：其一，经济体的自发调整是否具有较高的自由度；其二，政府是否能对经济进行有效调控；其三，经济增长是否在一个长周期中衡量。任何国家和地区的贫困变动总是基于上述三个条件的满足程度。

经济增长无疑对减贫具有积极推动作用，也是贫困减少的必要条件。但是，经济增长并非是贫困减少的充分条件。在这一过程中，增长性质、结构、初始条件、市场效率以及政策取向等经济、非经济因素都会对减贫成效产生重要影响。以上理论综述为中国减贫事业带来以下一些有益的启示：

第一，贫困人口多居住在偏远地区，生态环境极其恶劣，缺土、缺水，生产生活极其艰难。大多数地方以“农本经济”或“粮食经济”为主，农业产业化程度低，农村第二产业、第三产业比重低，传统产业、传统产品不适应市场需求，缺乏竞争力，经济效益差，增收途径少、难度大。多数贫困地区资源贫乏，人口自然增长率居高不下，人地矛盾越来越突出。人口的科技文化水平低，就业机会少，剩余劳动力多，劳动生产率难以提高。此外，贫困地区经济还受到宗教、民族等因素的深刻影响。区域生态环境、人文环境、经济环境、市场环境等诸多因素共同制约着贫困地区社会生产力的发展。

第二，自中国有组织地开展扶贫工作以来，贫困人口快速减少，成就有目共睹。但是，随着脱贫人口数量的逐年减少和扶贫投入的不断加大，扶贫成本也越来越高，尤其是近年来还一度出现贫困人口总量不降反升的现象。回顾反贫困历程，一个十分显著的特点就是将扶贫目标定位于区域性反贫困，这一举措在大面积“普贫”的背景下，确实能够提高扶贫效率、减少扶贫成本，但随着扶贫工作的深入开展，区域内减贫的非均衡性问题也日益突出。

第三，由于贫困人口所处的具体环境和条件不同，其经济增长和贫困群体状况也具有异质性，需要结合各贫困县区的具体情况展开针对性研究。从大量的研究实践看，这种针对性研究不仅对于国别研究是适用的，而且对于一国（或地区）内部不同区域分析也同样是适用的。只有将贫困问题置于具体环境之下，才能得出合理、正确的结论。

第二节　绿色增长与扶贫政策取向

在生态遭受破坏和自然资源退化过程中贫困人口往往是主要的受害者。因为大多数贫困人口的生计主要依赖于农业，其经济活动更易受生态和气候条件的影响。即使居住在城市，面对拥挤、污染、供水和卫生设施不足，贫困人口由于缺乏健康、民生安全等方面的保障，也更容易受到侵害。此外，由于缺乏足够的资源投资于适当和有利可图的经济活动来维持生计，贫困人口很难适应不断变化的外部环境。

一、绿色增长政策的核心维度

社会经济发展和扶贫资金投入有利于减轻生态恶化对贫困人口的不利影响，并为他们提供相应的资源来应对环境压力。虽然减贫成效在地域、部门和结构上存在着相当大的差异，但是经济增长仍然是培养可行能力（World Bank，2010）和推动大规模减贫计划的关键要素（Ravallion，2000）。相关研究表明，经济增长可以显著增强应对气候变化的能力。例如，Dell 等（2009）对一组 50 年跨国数据的时间序列分析发现，在贫困国家经济增长率的下降与气温升高有关，而这种相关性在富裕国家并不显著。Raddatz（2009）的研究显示，在低收入国家人均国内生产总值的大幅下降主要来自于自然灾害，这种下降幅度通常是富裕国家的四倍。Noy（2009）的研究显示，拥有较高的人均 GDP、较好的管理体制和人口发展指标有助于降低自然灾害造成的损失。

Fomby 等（2012）也发现，虽然难以对引起经济动荡的灾害类型进行精确刻画，但是灾害对农业和非农业都带来了损失。

气候和其他生态变化的压力在未来几十年中，将对贫困地区的经济增长前景产生重要影响（World Bank，2010）。气候条件的变化将会改变农业的平均收益并增加其不稳定性。此外，极端天气事件的增加会影响生产性资本的积累，尤其对于经济活动潜在性回报波动较大的地区。此外，这些影响还有可能加速生态资本呈多种形式的耗费，增加疾病和水资源缺乏对健康产生的威胁。土壤、森林、渔业、淡水等资源的枯竭反映经济生产潜力在持续下降。空气和水资源的污染在很多地区给健康带来了沉重负担，应对产出下降和稀缺性资源的缺乏也正在转变为为治疗各种与污染有关疾病的努力。这些外部性问题很难被充分内化到由受到侵害的贫困人群来参与决策，然而这些问题必定会对经济增长与增长收益的分配带来潜在影响。

在试图解决上述矛盾的研究中，有一种观点被认为可以在保护生态的前提下，同时赢得经济充分增长的机会，即“绿色”增长（OECA，2011）。从扶贫的政策取向来看，这一观点别具吸引力。因为绿色增长既保留了贫困地区实现经济增长的可能性，又促使贫困人口在承担生态风险方面保有一定的动力。此外，由于生态破坏后果的有偏性，绿色增长还有可能帮助贫困人口改善在付出生态成本后的经济增长轨迹。

然而，由于经济增长与减贫之间存在非均衡性，不是所有给予生态最大关注的经济增长的努力一定能最大限度地减少贫困。

从理论上讲，绿色增长的方式有益于贫困人口。例如，确保贫困人口生计的负面成本能够被适当内化。虽然这很有可能减少收入和 GDP 的增长，但可能会使增长模式随着实际收入的增加带来对劳动力需求的快速增长，也可能促进从农业向其他产业的结构转变，还可能推动易地扶贫。这些措施反映了用于评估各种绿色增长对贫困人口影响的四个核心维度（Stefan，2014）：第一，效率的提高，从而通过内化外部性为贫困人口提供潜在福利；第二，绿色增长的方式有助于通过就业增长来减少贫困（即绿色的劳动需求成长性）；第三，绿色生计在部门转型维度上的增长，它允许贫困人口转移到更高回报的生计领域；第四，绿色增长的空间联通性和流动性，提供了迁移机会和推动了地区间的联系。

如果从上述四个核心维度进行考量，就会发现一些所谓的“绿色增长”政策的扶贫成效缺乏积极性（甚至是消极的），而对其有效性的评估也有失偏颇（如仅是关注于“绿色”或增长前景的其中一个方面）。

二、绿色增长政策的机制障碍

虽然在理论上绿色增长政策可能用于提高收益、能够弥补受损者的损失，但这并不意味着贫困人口一定能从中获益，因为有利于贫困人口的收益再分配机制一般难以自发产生。

大多数生态与贫困之间的关联性分析都集中于家庭和社区生活的微观层面。经典的分析框架：家庭被视为各种要素（如资金、实物资本、人力资本、生态资本等）的提供者；市场通过组合这些要素使要素提供者获得利益和谋生的机会；所有权和使用权在这一过程中并不总是明确的（因为资金、实物或人力资本通常容易界定产权，而生态资本的权利却不总是清晰的，至少具有私有、公共或不确定权利的争议）。此外，使用生态资本往往还涉及外部性问题，本书侧重于如何克服市场失灵进而提高经济效率方面（如按照帕累托最优的原则来优化资源配置）。

1. 就业、部门与空间维度

就业、部门与空间维度是影响扶贫成效的主要因素。它们之间的关系可以进行如下表述：一方面，大多数贫困人口生活在农村，从事较低生产效率和收入的农业劳动；另一方面，越来越多的贫困人口涌入城市，从事低收入工作或者简单的自我雇佣。由于缺乏财富积累和正规保障，这些贫困人口的生计风险很高。这种生计风险又直接关联到生态风险，特别是环境变化的压力。然而，在加入部门和空间维度变迁的条件下，随着贫困人口对农业的依赖度下降，产业结构和部门的变迁开始体现为显著的空间维度。城市化进程在大规模扶贫中发挥着常效作用，这一过程同样带来了福利的增加。有效的扶贫措施还可以存在于其他空间维度。例如，可以预见，未来，人口将更加集中于交通便利地区，生态恶劣地区的人口将显著减少，从而有利于农产品以较低的成本得到流转。

但是，上述转变仅是一种自发性过程。贫困人口凭借其有限的资本积累也仅能从事简单劳动，本身却无法成为推动经济增长和转型的引擎。此外，即使在总体经济较快增长的情况下，这种自发性过程仍然充满了风险，因为与这种变化相适应的部门和空间维度的变迁，在很大程度上取决于劳动者的可行能力（Loayza et al.，2010）。

2. 市场失灵

不恰当的要素组合可能导致低增长和高贫困的双重“陷阱”(Collier，2007)，这主要来自于市场失灵：第一种来自于信贷市场。由于信贷市场往往需要提供抵押品，如果对贫困人口的替代生计性信贷设置一定的资本门槛，那么大部分贫困人口势必被限制在低回报生计区（Armendariz et al.，2010）。第二种来自于抵御风险能力。贫困人口由于缺乏抵御风险的能力，所以常被诱导去选择倾向于安全性的投资组合，从而限制了在回报较高的生计方面的投资（Carter et al.，2006）。一旦发生经济动荡，之前较低的收益积累不足以抵御风险，脱贫人口将会重新返贫。第三种来自于空间外部性。区位和集聚效应是获得规模报酬递增的两大基本要素（Fujita et al.，2001）。如果发展受到空间特征的限制，贫困人口将难以脱贫。虽然易地迁移是一种克服缺陷的有效方法，但是在前述两种市场失灵的交互作用下，迁移成本会很高(Massey，2002)。

三、绿色增长政策的关注要素

绿色增长下的扶贫政策取向不仅关系到贫困人口当前的资本和生计，而且还需要考虑部门和空间维度的动态变化。如果从生态成本定价来考虑，不但需要评估经济增长对贫困人口直接资产价值的影响，更需要评估来自于部门、空间维度和其他动态要素的交互变化。

1. 生态资源定价和监管

生态资源定价（如燃料和水）能够更贴近地反映整个社会的生产和耗费的机会成本。由于富裕人口可能使用了更多的生态资源，所以他们在此方面的花费要比贫困人口多。然而，对贫困人口福利的影响更适合用于评估生态资源的定价，因为此种消费占贫困人口总消费的比重更高（Coady et al. 2006）。理论上，提高产出效率后的收益能够被用于对贫困人口损失的补偿。然而，在实践中无论采用何种定价模式，绿色增长战略在制定中必然遵循一个基本原则：如果没有生态补偿机制，贫困人口的利益必将受到损害，所以，必须将生态资本的影子价格明确地作为弥补贫困人口损失的实际收入。

对于生态资源的监管与上述定价问题类似。虽然富裕人口可以通过私人出资来改善居住环境，但这种改善是否符合贫困人口的利益，仍需要对生态改善的后果进行评估。在一般情况下，作为绿色增长战略中的监管机制，将决定贫困人口能够在多大程度上受益。此外，监管的倾向性对其后果同样有重要影响。例如，严格的规划限制使得企业被禁止在商业区和住宅区附近建立工厂。然而，如果贫困人口只能居住在未被监管的边缘地区，他们将会受到周边工厂的侵害（Black et al.，2011）。

作为要素供给者，贫困人口的收入也同样依赖于生态资本。对生态资本的监管或定价影响着贫困人口的生产和工作机会。许多贫困人口直接使用生态资本获得收益（如从事农业或渔业）。然而，严格的长期生态资本监管政策倾向可能使财富的分配远离贫困人口（Deaton，1990）。贫困人口也可能受雇于那些对生态资本有很强依赖性的企业。如果所使用的生态资本成本上升，那么企业会倾向于采用生态资本密集度较低的生产过程或使用其他替代性生产要素。虽然这些影响的大小还取决于生态资本与其他资本要素间的可替代程度，但是贫困人口很难在同技术工人的竞争中胜出。

对贫困人口而言，短期内的关键是在“新”的增长轨迹中对低技术劳动的需求强度。然而，行业的先进性往往体现在更高效率的生产方式，从而导致对人力和物质资本更高强度和复杂性的技术要求，而不再是劳动密集型的生产方式。在此情况下，明确评估环保性生产的替代技术将成为关键，维持较长时期的增长效率和能力用于判别绿色增长是无效的。在通常情况下，一种政策是否有利于保持劳动密集型并内化生态成本，在初期（甚至在增长过程中）是难以判断的，它取决于众多调整因素和技术部门内部以及跨部门的产出份额（Harrington，2012）。如果不能维持对劳动的需求强度，劳动密集型产业的下降会减缓对农业劳动力的吸收。

2. 低碳能源投资

有研究认为，投资低碳能源产业会大大提高就业率。例如，Engel 等（2009）比较了生产各种能源（包括石油、天然气、煤炭、核能、太阳能、地热能、生物质能）所耗费的劳动强度的数据，认为生产低碳能源所需的劳动强度高于生产煤炭或天然气。更高劳动强度意味着如果将资源投入转向低碳能源领域，在相同的能源供给条件下将创造出更多就业机会。然而，这种观点成立的前提是需要保持燃料成本的稳定性。虽然可以通过补贴以确保能源成本不受影响，但是在多数情况下，仍需要在减少贫困和生产绿色能源之间进行权衡（Strand et al.，2010）。

3. 适应性投资

与“绿色”相适应的以及增强其他适应性能力的投资，主要是提供更多的抵御极端事件所带来的风险的能力。在受到极端事件潜在影响的贫困地区，适应性投资在很大程度上应侧重于增加当地的粮食安全和自给自足。此外，促进抗旱或耐碱性作物的使用可能是明智的政策，虽然可能会减少平均回报（Morduch，1995；Dercon，1998）。然而，这种适应性投资也有机会成本。作为一个扶贫的动态过程，对于干旱多发地区的农业适应性投资可能缺乏经济效率（Blake et al.，2011）。如果适应性投资没有经过仔细权衡，贫困人口只可能被困在低价值的生计区间。同时，应当强调适应性投资的关注领域。例如，许多贫困人口的房子没有合法的所有权，依靠大型基础设施投资保护他们是不明智的，因为这些边缘地区并不是城市居住区。适宜的城市移民政策需要专门设计敏感区的搬迁策略，以确保贫困人口不会陷入贫困陷阱。

四、小结与启示

生态变化对贫困人口的影响是非均衡的，而增长是减少贫困的关键。贫困人口由于历史原因和机制障碍，长期囿于低回报生计区域。绿色增长必须在维持扶贫所需增长的同时确保生态成本内部化。绿色增长对贫困人口也可能带来负面影响：一方面，贫困人口作为消费者，由于存在着生态定价和监管方面的偏好风险，很难由此获得收益；另一方面，贫困人口作为供给者，只能依靠绿色增长对低端劳动力资源的吸纳强度。虽然低碳能源生产可能是劳动密集型的，但补贴和（或）公共投资所需的规模可能挤出更多的用于亲贫的资源消耗。其他生态敏感性投资，也使贫困地区可能面临低收入困境和丧失与快速增长领域关联的机会。在农村地区，这些投资可能会导致贫困人口囿于低回报和低风险的生计。在城市规划中，生态恢复计划往往被用于针对最重要的经济资产，而贫困人口可能长期被边缘化。

中国作为最大的发展中国家，正在经历巨大的生态变化，而这一过程在短期内难以逆转。贫困人口由于其生计对用于谋生的生态资本的依赖度很高，所以更有可能在其资源匮乏和投资适应度下降的情况下深受影响。诚然，经济增长是任何大规模减贫的关键。手工劳动、农业占 GDP 的比重在人口流动和城市化过程中份额的下降是经济成长进入大量消费阶段的基本特征。然而，如果比照减贫对于农业、贸易、技术、基础设施和城市发展的敏感度可能会发现，一些所谓的绿色增长设想可能并不一定有利于贫困人口。要求贫困人口在承担保护生态义务的同时，还要维持较高的增长效率几乎难以实现。

中国扶贫的整体战略要求到 2020 年要彻底消除贫困。如果将当前和今后一段时期称之为“后贫困”时期，那么绿色增长需要就其减贫能力进行权衡。对这一问题，政府同样存在较大的忧虑，《国民经济和社会发展第十三个五年规划纲要》中通过“脱贫攻坚”“教育脱贫”“生态环境保护”三个补“短板”的规划就可见一斑。从社会学和经济学的角度考量，以单纯收入增长为导向的扶贫政策将不再符合“后贫困”时期的绿色增长趋势。应探索如何将上述三个“短板”结合起来考察，虽然减少贫困人口数量仍然是当前最重要的任务之一，但是如果不将新的评价机制作为评估减贫成效的关键（例如建立“第三方”评价体系），就不能确保绿色增长下扶贫成效的切实有效性。特别需要明确的是，扶贫作为一种强有力地增加当前贫困人口应对生态变化风险能力的重要政策举措，贫困人口不应该被要求承担过多的改善生态环境的成本，而全面推行合理、合法、合规的生态补偿政策将成为二者协同的关键。

第三节 亲贫式增长与扶贫政策取向

按照一般理论和经验证据，扶贫可以通过加速经济增长或改变贫困人口的收入分配来实现。然而，这并不意味着每一个国家（或地区）的每一次平均收入的增长一定可以带来贫困人口收入的增加。由此引出了“亲贫式增长”的概念。该概念涉及两个具备实践可能的定义：第一种定义借鉴了其字面意义，即假使贫困人口的收入增长率超过非贫困人口的收入增长率，则符合此标准。因此，在第一种定义下，有利于贫困人口的增长必须能够减少不平等。第二种定义可表述如下：除非处于贫困人口的收入停滞不前或下降时期，如果经济增长减少了贫困，则增长一定有利于贫困人口。

上述对亲贫式增长的定义表明经济增长和扶贫这两个发展战略之间可能存在一种权衡问题。尤其在第一种定义下，以增加收入不平等为代价来促进经济增长的政策显然不符合“亲贫”目标，这种增长有可能忽视公平，甚至忽略整个贫困群体的诉求。在第二种定义下，扶贫和经济增长两个政策之间无法显示出根本区别，虽然刺激增长的政策可能导致不平等加剧和贫困人口的境遇维持不变，但只需要能够持续提高贫困人口收入即可。

一、增长与扶贫的跨国经验

目前多数研究者认为，应当依据相对历史趋势与当前人均收入的增长速度、贫困人口的收入增长率之间的比较来判别是否存在亲贫式增长。一种观点认为，由于平均增长惠及贫困人口，所以作为一项公共政策目标的增长和亲贫式增长之间的区别几乎是不存在的。这一观点基于三个实证命题：首先，贫困人口通常能够与非贫困人口一起共享增加的收入总额并同时遭受经济收缩的影响。其次，经济增长不能对收入分配产生明显的系统性影响，以追求平均增长为目标的政策不太可能会影响到增长过程的益贫度。最后，持续的经济增长也难以实现。这种观点的核心是把经济增长作为整个国民政策的中心议题来遵循。

虽然当经济停滞或下降时，持续减贫的目标可能无法维持，但是不能简单地将所有的经济增长都等同于亲贫式增长。判断是否为一项亲贫式增长战略，应当取决于可能通过公共政策解决增长与收益分配之间隐藏关系的程度。有大量文献表明，不同国家之间鉴于增长率的不同，其增长对贫困人口的影响也存在较大差异。Page 的研究表明，随着时间的推移，贫困人口在经济增长过程中的受益程度也是在不断变化着的。例如，在 1970~1990 年，发展中国家中占人口数 1/5 的低收入者的人均收入增长率与总人口的人均收入增长率相似；1980~1989 年，低收入者的人均收入增长率超过了总人口的人均收入增长率；1990~1998 年，低收入者的人均收入增长率以平均每年 2%的速度下降。而在发达国家，这种趋势比发展中国家整体提前了一年。所以，亲贫式增长最基本的主张是假设历史上的贫困人口未能在经济增长中充分受益或者从未受益。再如，在南亚与东亚的洲际对比研究中，在政府政策目标下，经济增长给贫困人口带来了相对迅速的收入增加。

从国家层面的经验来看，地区之间的发展趋势存在较大差异。表 2-1 显示了一些国家和地区的情况。其中，A 区国家提供的抽样年的特点是负增长和收入分配恶化（这一特征是根据人均收入与占人口数 1/5 的低收入者人均收入增长率的差异来划分的），这些国家正在转变中或正受到一些冲突的影响。B 区包含的是一些经历经济衰退且伴随收入分配发生改变的国家。C 区国家和地区的发展特点是积极的收入增长和收入不平等的加剧，这些获得了显著经济发展的国家和地区都伴随着一些收入分配的恶化，但是贫困人口的收入增长率是惊人的。D 区国家贫困人口的收入增长率超过了人均收入增长的平均值。就收入增长而言，贫困人口受益最多的国家是那些相对落后的国家。

表 2-1 增长与减贫的跨国（地区）比较

负增长且不平等程度上升（A 区）				正增长且不平等程度上升（C 区）							
反贫困与衰退	Yrs	G_1	G_2	广泛分享繁荣	Yrs	G_1	G_2	非亲贫式增长	Yrs	G_1	G_2
波兰	20	-0.2	-1.4	韩国	32	6.7	6.6	哥斯达黎加	35	1.6	-0.1
伊朗	15	-0.4	-0.7	中国台湾	31	6.3	6.2	坦桑尼亚	27	1.5	-2.1
斯洛伐克	10	-0.4	-0.5	中国香港	20	5.8	5.2	保加利亚	10	1.5	-3.5
尼日尔	32	-0.6	-1.3	新加坡	20	5.4	5.2	巴拿马	26	1.4	-2.3
塞拉利昂	21	-0.8	-7.7	中国（大陆）	15	5.0	1.6	尼日利亚	38	1.2	-0.5
赞比亚	37	-1.0	-2.7	马来西亚	25	4.7	4.1	多米尼加	20	1.0	-0.2
爱沙尼亚	10	-1.7	-6.2	泰国	36	4.2	3.1	萨尔瓦多	30	0.7	-1.2
拉脱维亚	10	-4.2	-7.4	毛里求斯	11	3.7	1.6	塞内加尔	31	0.2	-0.5
俄罗斯	10	-5.6	-14.3	巴西	33	2.5	0.3	埃塞俄比亚	14	0.2	-1.2
				哥伦比亚	31	2.3	2.1				
				墨西哥	38	2.1	0.9				
				厄瓜多尔	26	1.7	0.3				
				菲律宾	40	1.5	0.5				
				希腊	24	1.4	1.1				
				秘鲁	33	0.4	0.1				
负增长且不平等程度减弱（B 区）				正增长且不平等程度减弱（D 区）							
倾向于减贫	Yrs	G_1	G_2	倾向于增长	Yrs	G_1	G_2	倾向于增长	Yrs	G_1	G_2
奎亚那	37	-0.4	-0.1	加蓬	15	7.7	9.0	特立尼达和多巴哥	31	1.8	2.1
约旦	17	-0.6	1.0	印度尼西亚	35	3.7	4.4	印度	34	1.8	2.2

续表

负增长且不平等程度减弱（B区）				正增长且不平等程度减弱（D区）							
倾向于减贫	Yrs	G_1	G_2	倾向于增长	Yrs	G_1	G_2	倾向于增长	Yrs	G_1	G_2
白俄罗斯	10	−1.8	−1.1	突尼斯	25	3.4	3.6	孟加拉国	32	1.3	1.5
马达加斯加	33	−2.1	−1.7	埃及	32	2.8	4.5	尼泊尔	18	1.2	3.9
				加纳	10	2.4	4.3	牙买加	35	1.1	1.5
				斯里兰卡	32	2.3	3.4	洪都拉斯	28	0.5	1.3
				匈牙利	31	2.2	2.7	玻利维亚	22	0.3	1.0
				土耳其	26	2.2	2.9	委内瑞拉	31	0.1	0.1
				巴基斯坦	32	2.2	2.8				

注：表中 Yrs 为抽样年份，G_1为人均收入增长率，G_2为占人口数 1/5 的低收入者人均收入增长率。

资料来源：根据 Cord L.（2003）的研究成果整理。

跨国证据表明，平均收入增长率和低收入者的收入增长率之间关系的巨大差异性，使得扶贫战略完全基于经济增长政策的论断存在争议。持续的快速增长显然有益于贫困人口，但是，如果整体的快速经济增长伴随着收入分配的缓慢恶化，这对贫困人口的福利比对经济的增长影响更大。同时，如果一国总体处于低增长环境，那么经济增长将难以获得贫困人口的支持。

同时面向经济增长和旨在明确经济增长所带来好处的混合策略被证明在实现持续减贫中可能是最为成功的。而且，随着时间的推移，增长和减贫两者之间适当的组合可能在不同国家间发生变化。单一强调扶贫政策可能带来的收益会很少，因为政府必须承担注意力从重要的公共政策目标转向低收入人口，从而确保贫困人口收入增长足以减少绝对贫穷的发生率的风险。同时，在经济增长中正在发生的渐进的分布变化（甚至放缓不断上升的收入不平等的趋势）又可能会严重影响贫困人口收入增长的速度。较为成功的案例来自于中国香港、印度尼西亚、韩国、马来西亚、新加坡、中国台湾和泰国的经济增长，被定性为“共享增长战略”。这种战略包括两个组成部分：一是长期投资和升级组织、技术、管理的精英培育；二是普及初等教育、土地改革和基本医疗保障等的财富共享机制，从而使贫困人口通过提高可行能力分享经济增长的好处，受益于经济变革的过程。

二、少数民族地区的收入与贫困动态

以上从公共政策的角度探讨了扶贫和经济增长政策之间的关系，在理论逻辑和跨国经验上可以得出应该倾向于同时面向经济增长和旨在明确经济增长的扶贫政策取向的混合策略的基本结论。本节将引入我国少数民族地区扶贫动态实践，以期进一步提供扶贫政策取向的证据。

改革开放以来，少数民族地区反贫困历程与全国一样，大体可以分为四个阶段：第一阶段是1978~1985年，主要是通过发放赈济物品或利用“以工代赈”的“输血”式扶贫。第二阶段是1986~1993年，重点解决吃粮问题。第三阶段是1994~2000年，通过项目开发、生产条件的改善和生产结构的调整来实现收入的提高。第四阶段是2001年至今，主要是通过贫困地区发展能力及生态环境建设为核心的扶贫开发，并逐步实现“精准扶贫”。

与此同时，政府在扶贫开发中针对少数民族地区还专门制定了一系列的特殊优惠政策。例如，《中国农村扶贫开发纲要（2001~2010）》中提到，在民族自治地方确定的国家扶贫开发工作重点县达267个，占全国扶贫开发工作重点县数（592个）的45.1%。西藏自治区作为特殊片区，74个县（市、区）整体被列入国家扶贫开发工作重点。《扶持人口较少民族发展规划（2005~2010）》中提出，将人口在10万以下的22个民族（统称人口较少民族）聚居的行政村达到当地中等或以上水平作为发展目标，具体体现为“四通五有三达到”。《少数民族事业“十二五”规划》中以专栏形式明确了26项工程和10个方面的政策支持。《中国农村扶贫开发纲要（2012~2020）》中明确要求加大对民族地区扶持力度。

在国家公共政策的导向下，经历多年的努力，扶贫开发取得了显著成效，为促进民族团结、社会和谐、边疆稳定发挥了重要作用。2014年底，民族八省区常住人口1.93亿人，占全国总人口的14.1%；地区生产总值7.1万亿元，占国内生产总值的 11.1%；人均 GDP 接近 3.7 万元；地方一般公共预算收入 0.8 万亿元，地方一般公共预算支出 2.2 万亿元。

1. 民族八省区收入与贫困动态

2012~2013 年，民族八省区，包括内蒙古自治区、广西壮族自治区、西藏自治区、宁夏回族自治区、新疆维吾尔自治区、贵州省、云南省和青海省，农村居民人均收入累计名义增长 55.3%，扣除价格因素，年均实际增长 11.7%，比全国农村平均水平高 1.2 个百分点。城镇居民人均收入累计名义增长 42.5%，扣除价格因素，年均实际增长 8.7%，比全国城镇平均水平高 0.4 个百分点。

2010~2014 年，民族八省区农村贫困人口累计减少 2835 万人，下降幅度为 56.3%，减贫人数占同期全国农村减贫总规模的 29.7%，年均减少农村贫困人口 709 万人。

2014 年，民族八省区农村贫困发生率比全国农村平均水平高 7.5 个百分点；贫困发生率比全国农村平均水平高出 10 个百分点以上的省区有 3 个，包括西藏自治区、新疆维吾尔自治区、贵州省，分别比全国农村平均水平高 16.5 个百分点、11.4 个百分点和 10.8 个百分点；贫困发生率比全国农村平均水平高 10 个百分点以内的省区有 4 个，包括云南省、青海省、广西壮族自治区、宁夏回族自治区，分别比全国农村平均水平高 8.3 个百分点、6.2 个百分点、5.4 个百分点和 3.6 个百分点；内蒙古自治区与全国农村平均水平基本持平（见表 2-2）。

2010~2014 年，民族八省区农村贫困发生率四年累计下降 19.4 个百分点，同期全国农村贫困发生率下降 10 个百分点。

表 2-2　2010~2014 年全国及民族八省区农村贫困人口规模和贫困发生率

年份	2010		2011		2012		2013		2014	
项目	Pps	Pi	Pps	Pi	Pps	Pi	Pps	Pi	Pps	Pi
全国	16567	17.2	12238	12.7	9899	10.2	8249	8.5	7017	7.2

续表

年份	2010		2011		2012		2013		2014	
项目	Pps	Pi	Pps	Pi	Pps	Pi	Pps	Pi	Pps	Pi
民族八省区	5040	34.1	3917	26.5	3121	20.8	2562	17.1	2205	14.7
内蒙古	258	19.7	160	12.2	139	10.6	114	8.5	98	7.3
广西	1012	24.3	950	22.6	755	18	634	14.9	540	12.6
贵州	1521	45.1	1149	33.4	923	26.8	745	21.3	623	18
云南	1468	40	1014	27.3	804	21.7	661	17.8	574	15.5
西藏	117	49.2	106	43.9	85	35.2	72	28.8	61	23.7
青海	118	31.5	108	28.5	82	21.6	63	16.4	52	13.4
宁夏	77	18.3	77	18.3	60	14.2	51	12.5	45	10.8
新疆	469	44.6	353	32.9	273	25.4	222	19.8	212	18.6

注：表中 Pps 为农村贫困人口规模（单位：万人），Pi 为贫困发生率（单位:%）。

资料来源：根据《2015 中国农村贫困监测报告》数据整理。

2. 民族自治地方贫困动态

2014 年，民族自治地方（包括 5 个自治区、30 个自治州、120 个自治县）贫困人口为 2226 万人，比 2013 年减少 393 万人、减少 15%，比 2011 年减少 1648 万人，减少 42.5%；民族自治地方农村贫困人口占全国农村贫困人口比重为 31.7%（见表 2-3）。从近三年减贫率来看，2012~2014 年，民族自治地方减贫幅度分别为 17.8%、17.8%、15%，全国农村同期分别为 19.1%、16.7%、14.9%。民族自治地方减贫速度 2012 年相对较慢，后两年快于全国农村平均。2011 ~ 2014 年，民族自治地方的贫困发生率分别为 30.2%、24.9%、20.7%、17.8%，与全国农村平均水平相比，分别高出 17.5 个百分点、14.7 个百分点、12.2 个百分点、10.6 个百分点。少数民族地区贫困发生率与全国同期水平的差距逐年缩小。据不完全统计，2011~2014 年，国家和地方对民族自治地方累计投入扶贫资金 1130 亿元。

表 2-3 2012~2014 年民族自治地方农村贫困人口规模及贫困发生率

指标		2011 年	2012 年	2013 年	2014 年
贫困人口规模	民族自治地方（万人）	3874	3185	2619	2226
	全国农村（万人）	12238	9899	8249	7017
	民族自治地方占全国比重（%）	31.7	32.2	31.8	31.7
贫困发生率	民族自治地方（%）	30.2	24.9	20.7	17.8
	全国农村（%）	12.7	10.2	8.5	7.2
	民族自治地方占全国比重（%）	17.5	14.7	12.2	10.6

资料来源：根据《2015 中国农村贫困监测报告》数据整理。

据不完全统计，2014 年末，民族自治地方有 1237.7 万农牧民尚未解决饮水不安全问题，缺乏基本生存条件需易地搬迁的农牧民有 85.7 万户、355 万人（见表 2-4）。

表 2-4 2012~2014 年民族自治地方农村贫困监测数据

指标	2011 年	2012 年	2013 年	2014 年
农村饮水不安全人口（万人）	4182	3412	1996	1238
缺乏基本生存条件需易地（万户）	75.5	65.2	51.5	85.7
搬迁对象（万人）	304	2724	2224	355
年末乡村人口（万人）	12841	12817	12645	12499
年度扶贫资金总额（亿元）	185.4	268.3	310.6	365.3

资料来源：根据《2015 中国农村贫困监测报告》数据整理。

2014 年，在 11 个集中连片特困地区中，属于民族自治地方的农村贫困人口 1639 万人，占全国 14 个片区农村贫困人口比重为 46.6%。分片区来看，民族自治地方贫困人口在 500 万以上的有 1 个，为滇桂黔石漠化区；贫困人口在 100 万~500 万的有 5 个，分别是武陵山区、乌蒙山区、新疆南疆三地州、滇西边境山区、六盘山区（见表 2-5）。

表 2-5 2012~2014 年民族自治地方分片区扶贫对象　　单位：万人

地区	2011 年	2012 年	2013 年	2014 年
合计	2926	2377	1969	1639
六盘山区	220	184	152	120
秦巴山区	5	4	3	2
武陵山区	523	403	338	290
乌蒙山区	285	261	200	185
滇桂黔石漠化区	1041	813	664	562
滇西边境山区	289	201	171	155
大兴安岭南麓山区	30	27	17	15
燕山—太行山区	61	49	33	30
西藏区	72	59	46	33
四省藏区	136	111	79	76
新疆南疆三地州	266	266	266	172

资料来源：根据《2015 中国农村贫困监测报告》数据整理。

在中国长期高速经济增长的支撑下，少数民族地区在收入改善和贫困人口数量显著减少方面取得了令世人瞩目的成就，为促进经济增长的倡导者和干预式扶贫的拥护者提供了实践支持。然而，普适的经济增长有利于贫困人口，但不会以相同的程度发生在少数民族地区。显然，一项公共政策更关注经济增长是必要的，但同时也必须关注经济增长所带来的收益是否会反映在提高贫困人口收入和贫困人口不可能轻易放弃的福祉上（例如基本生产和生活条件的改善）。简而言之，公共政策是倾向于扶贫还是倾向于经济增长，抑或两者兼而有之。

三、小结与启示

发展战略应该同时包括促进增长和扶贫要素的想法并不新颖。然而在实践中，焦点仍然是扶贫的直接措施。“世界银行倡导扶贫的目标性支出需要配置更多的财政资源，然而在更好的发展表现下，不满的接受者需要更为广泛的增长性支出。”讨论少数民族地区如何在促进经济增长和扶贫政策之间寻求一个更好的平衡，一个至关重要的观点可能来自于“共享经济增长战略”。共享作为少数民族地区的发展战略取向，需要重新专注于经济增长。虽然国家层面的扶贫战略可以识别和约束经济增长的质量和速度，但是作为增长导向型的政策需要更多地关注和理解促进增长的公共行动的后果。有效的财富共享机制，在具体的国家背景下，必须确保在持续的基础上实现公共性投入，如基础教育、卫生或基础设施的市场准入等。随着经济的发展，越来越多的负担份额应主要来自于国内资源，这一点无论从可持续发展的角度还是从精英政治承诺共享增长的角度来看，都是极为必要的。

给少数民族地区的发展赋予多样性，共享增长战略需要适应当地的机遇和约束。从国际的扶贫经验来看，有三个政策领域作为许多经济体构建共享增长战略的潜在模块可以加以利用，它们是自然资源收益管理、原生态产品开发和区域经济带构建。

1. 自然资源收益管理

在少数民族地区，与其落后的社会经济发展水平相对的往往是其在自然资源方面具备一定的优势。然而长期以来，这些自然资源仅作为公共性资源，其开发收益并未作为支持共享增长的来源。一种新的思路值得在少数民族地区的自然资源收益管理中得到提倡，即由政府负责的自然资源收益管理需要增强透明度。首先，由政府主动发布相应的自然资源收益管理计划，以获得来自于公众的监督。其次，政府相应的财政系统应该明确盈余积累管理，从而应对价格波动的风险。最后，将自然资源财富转化为普遍的贫困人口的可行能力增长，需要依赖于公共支出项目，通过建立优先级和分配可用的资源收益来支持这些计划，并持续关注提升公共支出系统的识别能力。

大量文献对自然资源收益管理提供了建议。在财政政策的执行中，政治、社会和民族因素的结合以及各种利益关系可能破坏了自然资源收益管理的有效性。关注此方面的国际性（如非洲）研究，对于做好少数民族地区的自然资源收益管理具有一定的借鉴意义。例如，依靠建立自然资源开发的自愿行为准则、增加当地居民的参与式评议权利，来缓解由不良项目引入而带来的环境恶化、社会混乱和工作场所的危害。

2. 原生态产品开发

实现少数民族地区追赶战略，以时间上的压缩形式或幅度上的跨越形式为实现追赶目标提供有利的条件和赋予发展的巨大潜力，需要明确“后发优势”的来源。传统的后发优势主要包括两方面内容：一是指在要素禀赋结构上的成本优势，即当“后发体”的要素积累到一定程度时，就可以通过分工原理来替代“先发体”的一些产业片段；二是指在经济成长风险的规避方面，由于“先发体”已经承担了“先试”的所有风险，“后发体”在这些领域存在着免费搭车、少走弯路或不走弯路的优势。然而在区域非均衡发展视阈下，后进地区优势的来源既不是要素层面的，也不是风险层面的，而是区域功能层面的。这种含有区域功能属性的“原生态”后发优势主要表现在两个方面：一是因“后发”而形成的生态环境免遭破坏或破坏程度较轻的优势；二是“后发体”的区域属性中存在生物多样性和文化多元性，在特色产业和旅游产业发展中具有先天优势。

推动原生态产品开发，需要重新关注各种关键性限制。许多有发展潜力的原生态产品，由于缺乏技术标准无法获得市场准入，或者由于路网密度过低，提高了交易成本。如何公正地处理土地使用权是少数民族地区面临的主要问题之一，因地制宜地实施土地流转政策，可以显著影响农业投资水平和促进创新。“互联网+”为少数民族地区的贫困人口提供了一个可以分享全球市场体系的机会。

3. 区域经济带构建

为了推动少数民族地区产品输出，更为广泛的市场融入是必不可少的。少数民族地区往往地处偏远、交通不便，本身的贸易量很小，合理的区域经济带构建能够为他们创造经济合作的机遇。良好的区域经济合作关系，有利于形成稳定交易规划和程序，如海关程序、原产地规划、技术标准等。由国家和地区机构负责组织和管理贸易，可以大大提升贸易的便利性。“一带一路”是当前少数民族地区在区域经济带构建方面的一个良好机遇。该重大战略规划广泛涵盖了少数民族地区的地域范围，在国际社会已引起了热烈反响和广泛倡议。

第三章
重点贫困县区贫困状况测度

贫困泛指国家和地区经济、社会和文化落后的状态。衡量一个社会的贫困状况，需要依靠以“贫困程度”为标准的精确化判断，该标准可以是正式确定的贫困人口规模，也可以是非正式确定的贫困程度。而在清晰区分度上的缺失，导致了在贫困测量中存在的连贯性和一致性问题。Klasen（2008）将贫困的变动划分为三类：弱绝对减贫、弱相对减贫、强绝对减贫。强绝对减贫明显有利于贫困人口，但最难被经验证明（White & Anderson，2000）。目前大多数对贫困的实证和政策研究都集中于弱绝对减贫和弱相对减贫的定义（OECD，2006），但这样的研究结果可能忽视在减少相对不平等时往往会增加绝对不平等的情况，它被视为社会压力的重要来源（Duclos & Wodon，2004）。贫困不应只单纯强调人均收入，而应更广泛地关注区域性收入变动、个体收入变动、收入分配公平性、收入和支出结构、物质和非物质资本形成状况和能力、资源要素改善、公共服务分配情况等。其中，大量的非经济指标对于评估贫困变动状况更为重要。

第一节　贫困测度的基本公理

贫困构成了一个国家或地区经济状况的基本问题。贫困问题的一项重要内容就是对于贫困程度的判定。贫困程度取决于采取何种测度方式。或者说，一种“适当”的贫困测度方式必须至少遵守一组属性：在道德范畴上具有吸引力且存在群体相关性。因此，贫困测度不单纯是一个经济问题，而是介于经济学与哲学、社会学之间的交叉分析领域。

近年来国外学者的相关研究表明，应该存在一组基础性的公理条件，在此之下，如果一组贫困测度指数服从于上述公理，那么很有可能提出具备普适性的贫困测度方法。具体而言，“贫困程度”可以有两种理解：一是标准化的贫困人口规模；二是非标准化的指标体系判别。前者作为“中心”概念，后者作为“辅助”概念。本节着重探讨如果缺乏对这两种概念的区分而可能导致的歧义以及贫困测度结果的不一致性。

一、基础模型

定义一个贫困函数 P(x; z)，其中，x_i 为个人收入(i=1, 2, …, n)，z 代表贫困线（标准化的收入水平），当且仅当 x 小于 z 时，任何 i 将被认定为是贫困人口。

在假定的贫困指数中，对于所有的收入向量 x、y 和任意贫困线 z，如果 x 是 y 的一个序列，那么 P(x; z)=P(y; z)。对于给定的 x 和 z，n(x)代表 x 的维度；x_z^P 表示在差分向量上的贫困收入；x_z^N 表示 x 子向量上的非贫困收入；$x_z^N=\phi$ 意味着向量 x 仅包括贫困收入；同理，q(x; z)适用于 x_z^P 的维度。

最基本的测度贫困方法是直接统计人口总量中的贫困人口数，如贫困人口比率(H)和贫困人口规模(A)，即对于任何可能的组合 x 和 z，都存在：H(x; z)=q(x; z)/n(x)；A(x; z)=q(x; z)。然而指数 H 和 A 违反了单调性公理，也不满足弱传递性公理。H 和 A 不会因为一个贫困人口的收入下降而变化，也不随传递性公理中所设想的收入转移而变化。满足单调性的贫困度量指标是收入缺口比率(I)和人均资本收入缺口比率(R)。其中，对于任何可能的 x 和 z 的组合，$I(x; z)=[z-\mu^P(x; z)]/z$；$R(x; z)=[q(x; z)/n(x)]\cdot[z-\mu^P(x; z)]/z$。

二、基本公理

大量的相关研究主要涉及四种测量贫困的基本公理：

1. 强核心公理（Strong Focus Axiom）

对于任何收入向量 x 和 y 以及任何贫困线 z，如果 $x_z^P = y_z^P$，那么 P(x; z) = P(y; z)。

按照强核心公理，给定任意贫困线 z，如果有两个收入向量在各自的贫困收入子向量方面相等，那么这两个贫困程度应该被判定为相同。这一判断是基于合理性概念，如森（1981）提出，“贫穷测度应针对贫困的特殊群体，而不是一个国家的普遍性贫困问题”。在此基础上，森提出了一个强核心公理的弱化表达——核心公理（Focus Axiom），它要求任何两个共用相同判断贫困收入子向量的向量有相同的贫困程度，且维数相同。核心公理强调了在贫困线以上的人口收入水平的例外性，即只是针对有贫困特征的部分人口的贫困测度，而不是针对整个国家的普遍性贫困。换言之，核心公理是一个聚焦收入性公理，可以自然地将其关注范围瞄准至重点人口。

2. 弱化贫困增长公理（Weak Poverty Growth Axiom）

对于任意一组收入向量 x 和 y 以及贫困线 z，对于非负实数 x^o 和正整数 q，如果 x_z^P 是 q 维向量(x^o，…，x^o)，y_z^P 是(q+1)维向量(x^o，…，x^o)，同时 $x_z^N = y_z^N \neq \phi$，那么 P(y; z)>P(x; z)。

弱化贫困增长公理是对“人口单调性”有进一步要求的贫困增长公理（Poverty Growth Axiom）的弱化版（Kundu & Smith，1983）。在其他条件相等的情况下，贫困增长公理认为总人口中每增加一个贫困人口将会加重贫困程度。这从表面上看似乎合理，但却存在争议。因为可能会出现一种特殊情况：假定一开始将全部人口都设定为贫困状态，那么即使增加一个贫困人口仍然会使贫困人口比率保持不变。然而，需要明确的是，H 指数会随着某一贫困人口收入的增加而增大，而假使额外的收入恰巧高于贫困人口的初始平均收入，又会导致 I 值下降。换句话说，同样用于测量贫困程度的三项指标，I 值的下降伴随着 H 值的上升，进而导致 R 值的全面下降。在这种情况下，贫困增长公理将被违反。为了避免这种情况发生，贫困研究者提供了一种符合更广泛利益，且妥善、谨慎型的贫困增长公理——弱化贫困增长公理。弱化贫困增长公理给定了在总人口中至少存在一个非贫困人的限制（在公理中被表述为 $x_z^N = y_z^N \neq \phi$）。如果弱化贫困增长公理被进一步弱化，甚至可以产生一种“稀释”贫困增长公理（Diluted Poverty Growth Axiom），如仅考虑贫困人口收入（x'）低于初始状态下 q 维贫困人口的收入水平 x^o。

3. 复制不变性公理（Replication Invariance Axiom）

对于任何一对收入向量 x 和 y，给定任意贫困线 z 和任何正整数 k，如果 $y=(x, \cdots, x)$(设有 k 个 x)，那么 $P(x; z)=P(y; z)$。

复制不变性公理就其属性而言，主要考虑了贫困措施应该如何应对针对一项收入分配进行任意 k 倍的复制问题。该公理已经被广泛使用且被认为是确定贫困指数的一项基本属性（Shorrocks，1988）。复制不变性公理确保了贫困指数能够从人均角度来看待贫困，以确保在标准化人口水平下，“贫困程度”能够作为“被聚焦”中心的最佳状态，并确保在不同人口规模下的比较同样是适用的（Foster & Shorrocks，1991）。

4. 复制伸缩公理（RS Axiom）

对于任何一对收入向量 x 和 y，任何贫困线 z 和任何正整数 k，如果 $y=(x, \cdots, x)$(设有 k 个 x)，那么 $P(y; z)=k \cdot P(x; z)$。

三、进一步讨论

本节就实际应用中的贫困测算指数如何满足上述基本公理展开进一步讨论：

1. 公理间的取舍

考虑以下三种收入分配：$a=(1, 3)$，$b=(1, 3, 3)$，$c=(1, 1, 3, 3)$；设贫困线 $z=2$。根据强核心公理，有 $P(b; z)=P(a; z)$；根据复制不变性公

理，注意到 c 只是 a 的 2 次复制，有 P(a；z)=P(c；z)；那么必然可以推出结论 P(b；z)=P(c；z)。然而根据弱化贫困增长公理，得到 P(c；z)>P(b；z)，所以与之前结论相矛盾。可以证明没有贫困指数同时满足强核心公理、弱化贫困增长公理和复制不变性公理。如果遵从复制不变性公理，将无法使贫困指数同时满足强核心公理与弱化贫困增长公理，两者之间必须有一个取舍。

2. “不聚焦”与“被聚焦”型测算指数

可以证明存在一定的贫困指数能够同时满足强核心公理、弱化贫困增长公理和复制伸缩公理，如贫困指数 A 可同时满足以上三条公理。然而值得注意的是，从某种意义上讲，一项贫困指数（例如贫困指数 A），对于在社会中要面对现实贫困问题而言，可能意义并不显著。假设出现这样一种情况：对于给定的贫困线 z，向量 a 和 b 分别表示贫困人口的收入水平 x_1 和非贫困人口的收入水平 x_2。考虑两种情况：第一种情况是在总数为 100 个的人口中，有 99 个是贫困人口；第二种情况是总数为 10000 个的人口中，有 100 个是贫困人口。既然 A（b；z）=100>99=A（a；z），根据指数 A 的定义，第二种情况下的贫困程度高于第一种情况，尽管第一种情况的贫困人口比重是 99%，第二种情况的贫困人口比重仅是 1%。这种测算结果的不适用性即可看作是采取彻底的“不聚焦”型测算指数的代价。

当然，也可以采用“被聚焦”型的贫困测算观点，如复制不变性公理、强核心公理或弱化贫困增长公理的弱化版本。可以证明，由强核心公理到弱化后的核心公理，由弱化贫困增长公理到弱化后的稀释贫困增长公理，可以得出一些基本推论：首先，存在某些贫困指数（如指数 H 和 R）同时满足核心公理、弱化贫困增长公理和复制不变性公理。其次，存在某些贫困指数（如指数 I）同时满足强核心公理、稀释贫困增长公理和复制不变性公理。

3. 核心公理与强核心公理间的相对优势比较

然而，上述推论包含着使用某些贫困指数必然付出的代价。

虽然核心公理是任何贫困指数必须具备的属性，被视为对贫困人口状况的基本描述，但是如之前所述，如果想要获得某种“选区”原则下的特定动机，将核心公理强化为强核心公理，如在拒绝使用“人口聚焦”的同时又选择以“收入”为焦点，肯定存在问题（Broome，1996）。可以用以下的例子说明违反核心公理的具体后果。

考虑一个两人分配函数 $a=(1, 3)$，贫困线 $z=2$。假定贫困是由指数 H 来衡量(显然，该指数违反强核心公理)，可以得到 $H(a; z)=1/2$。再考虑一组向量 $a'=(1, 3, \cdots, 3)$(其中收入水平 3 被复制 k 次)，那么，可以得到 $H(a'; z)=1/(k+1)$。可以注意到，随着 k 值的不断增大，H 值在不断减小。通过简单地补充非贫困人口，H 值可以任意缩小。按照这种思路，只要通过无限增加非贫困人口数，贫困可以被简单根除，而不需要采取任何减少贫困的措施。所以，用此类指标来衡量贫困也没有说服力。

4. 弱化与稀释贫困增长公理的相对优势比较

是否可以找到这样一个例子来说明弱化贫困增长公理仅是稀释贫困增长公理的无意义增强版呢？与此同时，后者所包含的仅有的一点信息是否在现实中确实有助于指导扶贫政策？事实上，指数 I 满足稀释贫困增长公理，然而森（Sen，1981）却提出了它的一个“破坏性的局限”，即它不聚焦贫困人口的数目和比例，仅关注于贫困整体在短期的下降。从某种意义上说，拒绝进一步放松稀释贫困增长公理，是对于此类贫困指数在长期中测量实践产生了怀疑。

简而言之，违反稀释贫困增长公理不是一个衡量贫困的直观方式。具体而言，即便同时处于“被聚焦”的关于“贫困程度”的观点中，还需要根据贫困研究的现实问题做出选择。例如，如果认为选择弱贫困增长公理比强核心公理更适宜，只是表明在贫困衡量中，仅考虑了收入的分配，而忽视了贫困分组人口的相对规模。此外，使用贫困指数 I，表明倾向于使用“人均差距”这一概念。相反地，如果认为选择强核心公理比弱贫困增长公理更适宜，即倾向于使用贫困指数 H，这与在一个社会中陷入贫困的可能性有关；或者使用贫困指数 R，即强调了普通人口的人均贫困程度，而不仅限于贫困人口本身。

四、一般性结论

从上述基本公理及其讨论，可以得出两个一般性结论：

第一，对于贫困的理解有两种观点：一种是以“被聚焦”的观点，对人口规模有一个标准化的限制；另一种是以“不聚焦”的观点，不需要标准化的限制。代表前者的复制不变性公理在贫困的相关研究文献中占据较大部分。复制伸缩公理则为另一种观点，认为贫困程度不应当“被聚焦”。

第二，对于贫困的度量也有两种观点：一种是从“被聚焦”的观点出发，以确保存在贫困指数的现实利益，对人口规模有一个标准化的限制，支持复制不变性公理，必须要求削弱强核心公理或弱化贫困增长公理（选择的依据在于哪种公理更具备现实说服力）。另一种观点认为贫困程度不应当“被聚焦”，也就是说支持复制伸缩公理，同时也容易符合强核心公理或弱化贫困增长公理，但是这种观点需要在“可能”的贫困概念下进行价值判断，必然要付出一些直觉性保留的代价。对于贫困研究者而言，多数情况下仅需要作一个简单的选择，但同时也需要进行复杂的测算。

第二节　亲贫式增长下的贫困测度

经济增长是否一定有利于减少贫困，在之前的章节中已进行了较充分的文献综述。传统发展经济学认为存在“涓滴效应”，即经济增长的收益会自动扩散到社会的各个阶层，贫困人口也可以从中受益（Chenery，et al.，1974；Deininger & Squire，1996；World Bank，2000；Dollar & Kraay，2002）。然而，近期的研究表明，经济增长是否有利于减少贫困取决于初始条件和部门结构等因素的共同作用（如第二章所述）。

对于“亲贫式”增长的测量有三种观点：第一种观点认为，只要使贫困人口受益的增长即为亲贫式增长（Ravallion，2001）；第二种观点认为，只有贫困人口的收入增长快于非贫困人口的收入增长，从而使二者的收入差距不断减小，才能构成亲贫式增长（Kakwani & Son，2006）；第三种观点认为，存在“经济增长—收入分配—贫困”的传导关系（Bourguignon，2004），其间的关系与多种条件有关，非常复杂。下面以第二种观点来测算西北民族地区国家级扶贫县在2006~2014年的贫困变动情况。

一、样本来源与测算方法

测算样本来自于甘肃省、青海省、宁夏回族自治区、新疆维吾尔自治区四个西北少数民族聚集省区。共涉及少数民族国家级扶贫县61个，其中甘肃省14个、青海省12个、宁夏回族自治区8个、新疆维吾尔自治区27个。测算公式为：

$$d_{nx}=r_{nx}-\overline{r_{ny}} \tag{3-1}$$

其中，n表示省区，共有甘肃省、青海省、宁夏回族自治区和新疆维吾尔自治区4个省区；x表示少数民族国家级扶贫县；y表示非国家级扶贫县。r_{nx}表示某国家扶贫县的农民人均纯收入年增长率，$\overline{r_{ny}}$表示该县所在省区的非国家级扶贫县农民人均纯收入年增长率的平均值；d_{nx}为该县的相对农民人均纯收入增长率，由此反映贫困变动情况。

基础数据来源于各省区的统计年鉴。为了保证统计指标的口径一致，仅选择了2005~2014年这一时段的数据（因为2005年之前的数据缺失情况比较严重，而从2015年开始“农民人均纯收入”被“人均可支配收入”代替）。新疆维吾尔自治区2006~2009年吐鲁番地区、哈密地区、喀什地区的数据缺失，用新疆维吾尔自治区相应年份国家级扶贫县的平均数据替代。

二、测算结果

利用式（3-1），对2006~2014年西北民族地区61个国家级扶贫县的相对农民人均纯收入增长率进行测算，结果如表3-1所示。

表 3-1 2006~2014 年相对农民人均纯收入增长率（d_{nx}）

省区	贫困市、县	2006~2008 年 d_{nx} 均值（%）	2009~2011 年 d_{nx} 均值（%）	2012~2014 年 d_{nx} 均值（%）	2006~2014 年 d_{nx} 均值（%）
宁夏回族自治区	盐池县	2.96	-5.21	2.23	-0.01
	同心县	3.04	40.50	1.67	15.07
	原州区	3.73	3.32	2.03	3.03
	西吉县	2.52	3.28	1.93	2.58
	隆德县	3.44	3.25	2.00	2.90
	泾源县	5.43	2.45	2.47	3.45
	彭阳县	3.00	3.45	2.27	2.91
	海原县	4.78	4.08	2.30	3.72
	平均值	3.61	3.30	2.11	4.20
甘肃省	张家川县	4.01	1.55	-0.20	1.79
	天祝县	-0.27	1.26	1.83	0.94
	临夏县	0.19	-0.01	1.43	0.53
	康乐县	2.90	0.21	1.48	1.53
	永靖县	2.41	0.47	0.51	1.13
	广河县	2.82	1.12	1.22	1.72
	和政县	2.99	0.33	0.77	1.36
	东乡县	1.64	0.15	0.31	0.70
	积石山县	2.44	-0.01	0.75	1.06
	合作市	2.00	1.73	-1.18	0.85
	临潭县	2.90	2.91	-0.38	1.81
	卓尼县	1.10	2.45	-0.51	1.02
	舟曲县	6.97	2.56	0.73	3.42
	夏河县	0.20	1.60	-1.40	0.13
	平均值	2.31	1.17	0.38	1.29
青海省	大通县	4.51	5.36	-0.26	3.20
	民和县	6.94	-3.63	-0.79	0.84
	化隆县	10.21	-1.98	-1.18	2.35
	循化县	7.31	-7.16	-0.92	-0.26
	尖扎县	-1.85	1.47	-0.76	-0.38
	泽库县	-2.41	1.82	1.65	0.35

续表

省区	贫困市、县	2006~2008年 d_{nx}均值（%）	2009~2011年 d_{nx}均值（%）	2012~2014年 d_{nx}均值（%）	2006~2014年 d_{nx}均值（%）
青海省	甘德县	-6.46	-7.30	2.29	-3.82
	达日县	-6.66	-6.95	2.44	-3.73
	玉树县	-5.54	10.02	3.66	2.71
	杂多县	-5.48	-8.81	4.04	-3.42
	治多县	-5.04	-6.82	3.54	-2.77
	囊谦县	-5.91	-9.92	7.96	-2.62
	平均值	-0.87	-2.83	1.81	-0.63
新疆维吾尔自治区	巴里坤县	-0.24	-1.99	-0.54	-0.92
	察布查尔县	-0.97	-1.79	8.18	1.81
	尼勒克县	5.72	0.98	4.78	3.82
	托里县	9.90	13.99	0.08	7.99
	青河县	-8.76	-3.07	-7.86	-6.57
	吉木乃县	-15.44	-9.56	17.91	-2.36
	乌什县	-2.90	-10.41	-2.65	-5.32
	柯坪县	-3.20	-10.24	-2.48	-5.31
	阿图什市	-0.24	-1.99	0.50	-0.57
	阿克陶县	-0.24	-1.99	9.37	2.38
	阿合奇县	-0.24	-1.99	-12.22	-4.82
	乌恰县	-0.24	-1.99	40.92	12.90
	疏附县	-0.24	-1.79	1.67	-0.12
	疏勒县	-0.24	7.13	2.19	3.03
	英吉沙县	-0.24	-1.31	-3.52	-1.69
	莎车县	-0.24	-4.90	0.81	-1.44
	叶城县	-0.24	-0.37	-3.02	-1.21
	岳普湖县	-0.24	4.34	5.03	3.05
	伽师县	-0.24	-3.47	-5.33	-3.01
	塔什库尔干县	-0.24	-0.55	1.34	0.18
	和田县	5.69	-5.26	4.27	1.57
	墨玉县	-1.11	-4.39	4.81	-0.23
	皮山县	1.01	-1.14	5.80	1.89

续表

省区	贫困市、县	2006~2008 年 d_{nx} 均值（%）	2009~2011 年 d_{nx} 均值（%）	2012~2014 年 d_{nx} 均值（%）	2006~2014 年 d_{nx} 均值（%）
新疆维吾尔自治区	洛浦县	-1. 19	-2. 65	5. 32	0. 49
	策勒县	1. 63	-2. 01	5. 77	1. 79
	于田县	0. 68	-4. 74	3. 53	-0. 17
	民丰县	5. 62	-2. 61	5. 74	2. 92
	平均值	-0. 24	-1. 99	3. 35	0. 37

为了对表 3-1 的测算结果有一个更为直观的判断，本研究进一步对相对农民人均纯收入增长率（d_{nx}）进行分类。分类标准如下：

Ⅰ类（成效显著）县区：$d_{nx} \geqslant 5\%$；

Ⅱ类（成效较显著）县区：$0 \leqslant d_{nx} < 5\%$；

Ⅲ类（成效不显著）县区：$-5\% \leqslant d_{nx} < 0$；

Ⅳ类（成效极不显著）县区：$d_{nx} < -5\%$。

按照上述分类标准，对西北民族地区各省区的贫困变动情况进行统计，结果如表 3-2 所示。

表 3-2 西北民族地区各省区的贫困变动情况统计表

年份	地区	Ⅰ类县区（个）	Ⅱ类县区（个）	Ⅲ类县区（个）	Ⅳ类县区（个）	合计数（个）
2006~2008	甘肃	1	12	1	0	14
	青海	3	1	2	6	12
	宁夏	1	7	0	0	8
	新疆	4	3	18	2	27
	合计数	9	23	21	8	61
2009~2011	甘肃	0	12	2	0	14
	青海	2	2	2	6	12
	宁夏	1	6	0	1	8
	新疆	2	2	19	4	27
	合计数	5	22	23	11	61

续表

年份	地区	Ⅰ类县区（个）	Ⅱ类县区（个）	Ⅲ类县区（个）	Ⅳ类县区（个）	合计数（个）
2012~2014	甘肃	0	9	5	0	14
	青海	1	6	5	0	12
	宁夏	0	8	0	0	8
	新疆	9	10	5	3	27
	合计数	10	33	15	3	61
2006~2014	甘肃	0	14	0	0	14
	青海	0	5	7	0	12
	宁夏	1	6	1	0	8
	新疆	2	11	11	3	27
	合计数	3	36	19	3	61

1. 减贫成效

根据表 3-2 的统计数据可知：

2006~2008 年，甘肃省、宁夏回族自治区分别有 93.86%和 100%的贫困县农民人均纯收入增长率高于非贫困县农民人均纯收入增长率的平均值；青海省、新疆维吾尔自治区分别仅有 33.33%和 25.93%贫困县农民人均纯收入增长率高于非贫困县农民人均纯收入增长率的平均值，高达 2/3 以上的贫困县减贫成效不显著。

2009~2011 年，甘肃省、宁夏回族自治区分别有 85.71%和 87.50%的贫困县减贫成效显著；青海省、新疆维吾尔自治区分别仅有 33.33%和 14.81%的贫困县减贫成效显著。

2012~2014 年，甘肃省减贫成效显著的贫困县比重下降为 64.29%；宁夏回族自治区减贫成效显著的贫困县比重为 100%；青海省和新疆维吾尔自治区减贫成效显著的贫困县比重分别上升为 58.33%和 70.37%。

2006~2014 年，甘肃省、宁夏回族自治区分别有 100%和 87.50%的贫困县减贫成效显著；青海省和新疆维吾尔自治区分别有 41.67%和 48.15%的贫困县减贫成效显著。

综合上述年份的减贫情况：甘肃省在各测算期间，减贫成效显著的贫困县比重有所下降，但总体上减贫成效显著；宁夏回族自治区在各测算期间的减贫成效显著且较稳定；青海省和新疆维吾尔自治区在2006~2011年，仅有不足1/3的贫困县减贫成效显著，从2012年以后，贫困县的减贫成效有了大幅提升（见图3-1）。

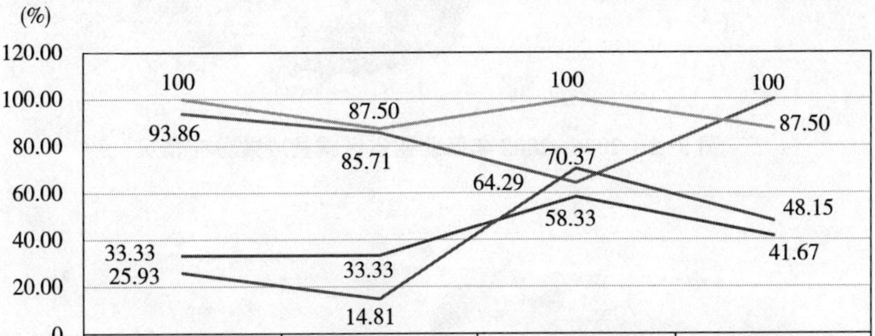

	2006~2008年	2009~2011年	2012~2014年	2006~2014年
— 甘肃	93.86	85.71	64.29	100
— 青海	33.33	33.33	58.33	41.67
— 宁夏	100	87.50	100	87.50
— 新疆	25.93	14.81	70.37	48.15

图3-1　西北四省区减贫成效显著的县比例

2. 空间分布

利用GIS软件，绘制2006~2014年西北四省区减贫成效的空间分布图。

从图3-2至图3-5可以发现，减贫成效不佳的县区集中分布如下：新疆维吾尔自治区的南疆三地州，北疆天山、阿尔泰山地区，青海省的南部地区。这些地区自然生态环境较为恶劣，新疆维吾尔自治区的南疆三地州主要处于干旱半干旱荒漠绿洲地区绿洲经济区，土地贫瘠、盐碱化程度高，水资源严重短缺，年均降水量仅为10~100毫米，且时空分布不均。北疆天山、阿尔泰山地区和青海省的南部地区均为高寒牧区，海拔高，交通不便，生态承载力很低。恶劣的自然环境成为阻碍农民增收的主要因素。

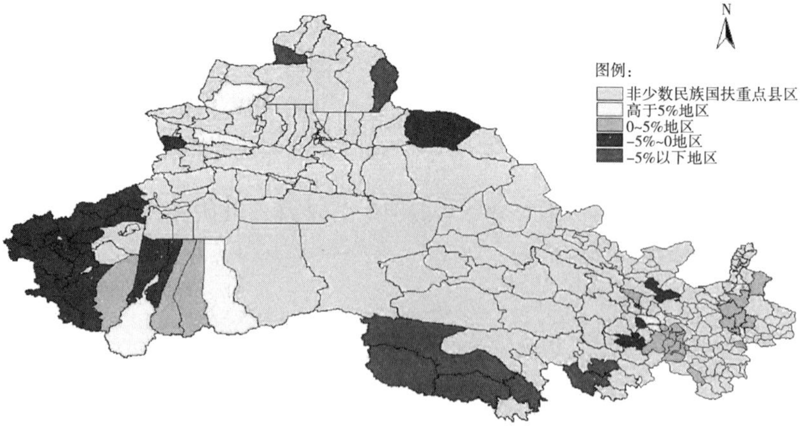

图 3-2　2006~2008 年西北四省区减贫成效分布情况

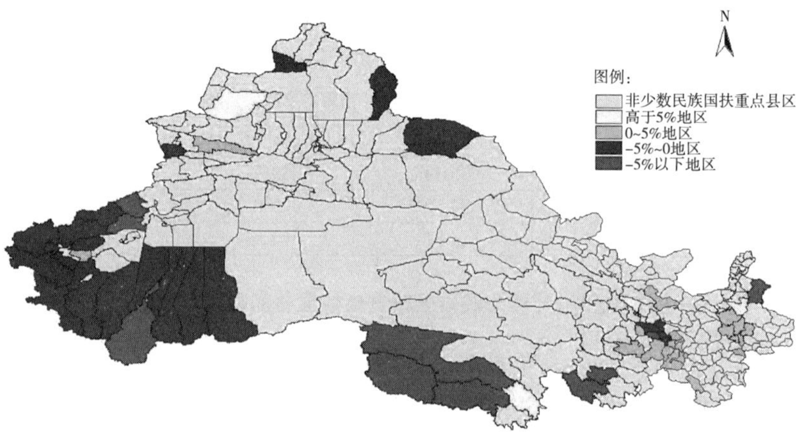

图 3-3　2009~2011 年西北四省区减贫成效分布情况

第三节　基于 SST 指数法的贫困测度

利用单一指标测度减贫成效有其不足，如减贫率能够反映贫困人口的减少趋势，但不能反映贫困程度和分布情况；贫困发生率能衡量贫困人口的规模，但不能衡量贫困线以下人口收入的变化；贫困缺口率能衡量平均贫困程

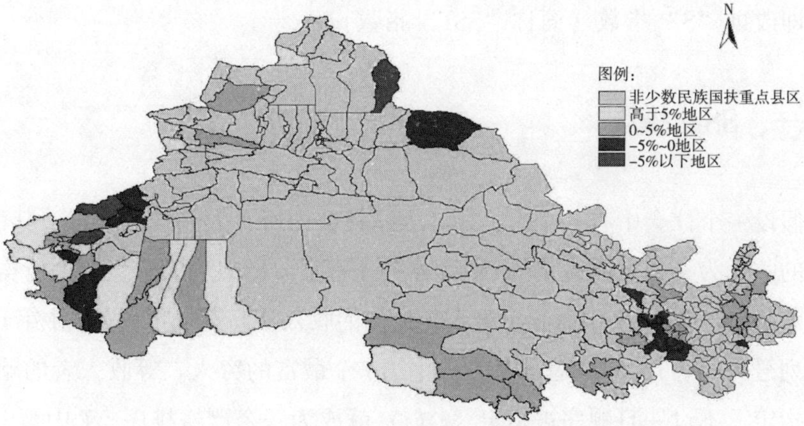

图 3-4 2012~2014 年西北四省区减贫成效分布情况

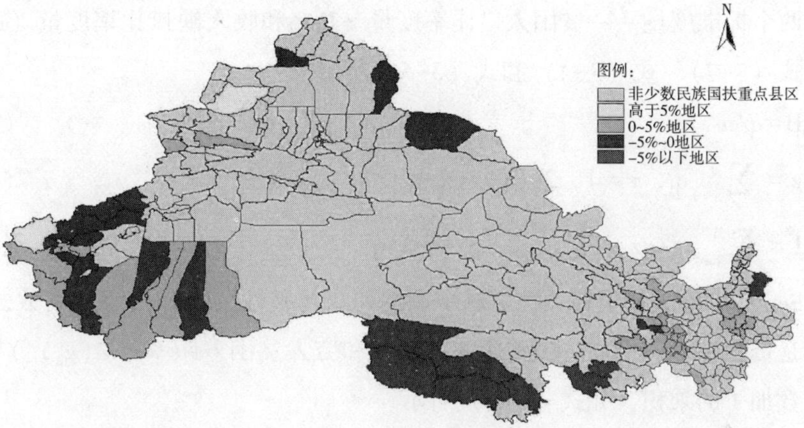

图 3-5 2006~2014 年西北四省区减贫成效分布

度和相对贫困程度，但不能反映贫困人口的规模，无法反映贫困人口中贫困差额的分布情况，也不考虑贫困人口在贫困区域所发生的收入转移形成的影响；基层系数法用洛伦兹曲线和基尼系数分解说明收入的不平等程度，但不能反映贫困人口收入减少和收入转移情况。鉴于以上指数均不能综合反映贫困状况，森（1976）提出有关贫困度量的公理化方法的同时，也提出了相应的测算指数——“Sen”指数（以下简称“S”指数），并逐步对其进行了改进，即改进“S”指数（简称“SST”指数）。

一、SST 模型

假设一个社会中有 n 个人，用 S 表示社会中所有人构成的集合，其中第 i 个人的收入为 y_i，贫困线为 z，收入水平不高于 z 的人为穷人，穷人所构成的集合为 $T \in S$。假设 T 中有 q 个穷人，他们的收入从高到低排列，T 中第 i 个人的序列号为 r（i），意味着他是穷人中第 i 个最富的穷人。等收入者的顺序被任意指定，不过一旦顺序被指定，r（i）就成为一个严格排序。T 中第 i 个人的收入缺口为 g_i，那么，

$$g_i = z - y_i \tag{3-2}$$

两个标准度量——贫困人口比率度量（H）和收入缺口比率度量（I）分别如式（3-3）、式（3-4）和式（3-5）所示：

$$H = q/n \tag{3-3}$$

$$g = \sum_{i=1}^{q} q_i,\ i = 1,\ 2,\ 3,\ \cdots,\ q \tag{3-4}$$

$$I = \sum_{i=1}^{q} q_i/qz,\ i = 1,\ 2,\ 3,\ \cdots,\ q \tag{3-5}$$

Sen（1976）基于相关性、弱单调性和弱转移性公理提出了 S 指数，即 S 指数是贫困率 H、平均贫困差距率（I_p）和穷人贫困差距率（$G(g_p)$）的基尼系数加 1 的乘积，如式（3-6）所示。

$$S = H[I_p + (1 - I_p)G(g_p)] \tag{3-6}$$

通常人们把这一指数称为“正式”S 指数。但是，这一指数还存在着缺乏连续性和违反传递性的问题。

为了使 S 指数满足强转移性、连续性和复制不变性公理，Shorrocks（1995）和 Sen（1997）提出了“SST”指数（即改进的“S”指数），并证明了 SST 指数满足强转移性、连续性和复制不变性公理，如式（3-7）所示。

$$SST = \frac{1}{n^2}\sum_{i=1}^{q}(2n - 2i + 1)g_i \tag{3-7}$$

贫困人口贫困差距率的基尼系数如式（3-8）所示：

$$G(g_p)=1-\frac{1}{n^2\overline{g_p}}\sum_{i=1}^{q}(2n-2i+1)g_i \tag{3-8}$$

贫困人口贫困差距率的向量 $g_p=(g_1, g_2, \cdots, g_q)$ 按非递增的顺序排列，整个人口贫困差距率向量 $g=(g_1, g_2, \cdots, g_q)$，已知总人口平均贫困差距率 $\overline{g}=H\overline{g_p}$。

$$G(g)=1-\frac{1}{n^2\overline{g}}\sum_{i=1}^{n}(2n-2i+1)g_i \tag{3-9}$$

$$\overline{G}g=(1-H)+HG(\overline{g_p}) \tag{3-10}$$

因为非贫困人口的贫困差距率是 0，且贫困人口和非贫困人口在收入向量中并不重叠，所以总人口贫困差距率的基尼系数 G（$\overline{g_p}$）是贫困人口和非贫困人口之间平均贫困差距率的基尼系数（1-H），与贫困人口贫困差距率的按贫困率加权的基尼系数 HG（$\overline{g_p}$）之和。

SST 和 S 指数存在如式（3-11）关系。

$$SST=HS+2H(1-H)\overline{g_p} \tag{3-11}$$

根据式（3-5）、式（3-8）和 $\overline{g}=H\overline{g_p}$，可以将式（3-7）改写为式（3-12）。

$$SST=H\overline{g_p}(1+G) \tag{3-12}$$

如式（3-12）所示，SST 指数是贫困率、平均贫困差距率和总人口贫困差距率的基尼系数加 1 的乘积。S 指数与 SST 指数的差异在于 S 指数是穷人贫困差距率的基尼系数，而 SST 指数是总人口贫困差距率的基尼系数 $G(\overline{g_p})$。

二、测算结果

由于各类统计年鉴中均没有公布针对于国家扶贫县的上述统计数据，所以难以利用 SST 指数计算 61 个西北少数民族国家扶贫县的贫困变动情况。本研究引用张平等（2013）完成的一项针对西部民族地区整体的 SST 指数测算成果。该研究的样本利用了 2006~2009 年《中国农村贫困监测报告》中少数民族地区贫困监测数据。根据历来统计抽样的划分标准，将统计口径进行处理，农户人均纯收入被划分为13个层次（见表3-3和图3-6、图3-7）。

表3-3　不同收入水平下的农户人口与收入比重

收入（元）	不同收入水平下的农户人口比重（%）				不同收入水平下的农户收入比重（%）			
	2006年	2007年	2008年	2009年	2006年	2007年	2008年	2009年
0～400	0.00	1.00	1.00	1.10	0.24	0.16	0.00	0.08
400～800	9.40	6.79	4.00	2.70	3.11	6.79	1.00	0.55
800～1000	8.43	6.17	4.00	2.80	3.97	2.47	1.00	0.86
1000～1200	8.99	6.56	5.00	4.40	5.18	3.21	2.00	1.66
1200～1400	9.33	7.44	6.00	5.10	6.36	4.31	3.00	2.27
1400～1600	9.48	7.88	7.00	5.20	7.45	5.26	4.00	2.67
1600～1800	8.67	7.87	7.00	5.70	7.73	5.96	5.00	3.32
1800～2000	7.55	7.32	7.00	5.80	7.52	6.20	5.00	3.77
2000～3000	24.24	27.18	29.00	27.50	28.40	29.06	29.00	23.53
3000～3500	5.16	7.17	9.00	10.10	8.79	8.51	11.00	11.23
3500～4000	3.09	4.57	6.00	7.50	6.07	7.64	9.00	9.62
4000～5000	3.33	5.16	8.00	9.60	7.86	9.34	13.00	14.78
5000以上	2.33	4.89	7.00	12.50	7.31	11.08	17.00	25.66

由图3-6可知，民族地区1000元以下人口比重由2006年的17.83%下降到2009年的6.6%，下降了11.23个百分点；1000～2000元人口比重由2006年的44.03%下降到2009年的32%，下降了12.03个百分点，表明低收入人口比重下降趋势非常明显。同时，2009年收入1000～2000元、2000～3000元、3000～4000元、5000元以上的人口比重，与2006年相比，分别上升了3.26个百分点、9.35个百分点、6.27个百分点和10.17个百分点，表明民族地区的人口收入有了明显的增长趋势。

由图3-7可知，民族地区1000元以下收入比重由2006年的7.33%下降

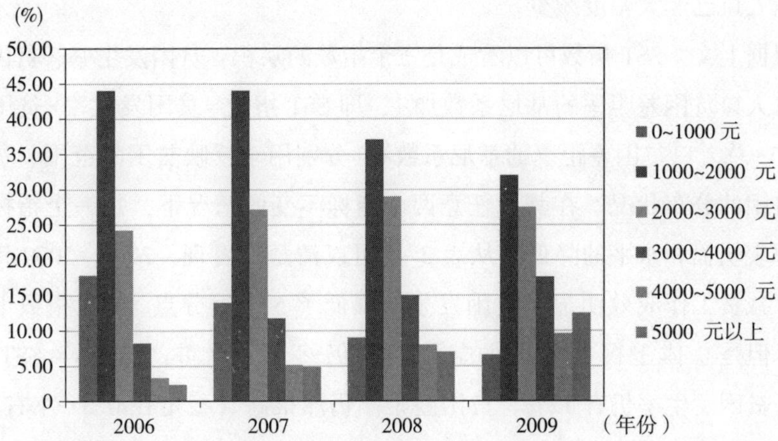

图 3-6　2006~2009 年民族地区不同收入水平下农户人口比重比较

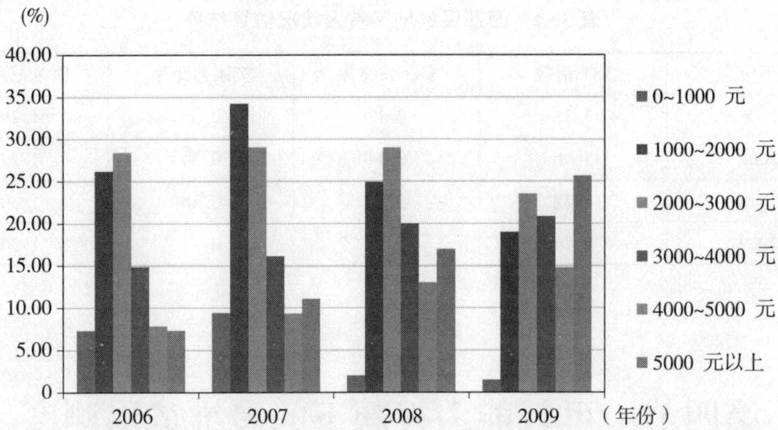

图 3-7　2006~2009 年民族地区不同收入水平下农户收入比重比较

到 2009 年的 1. 49%，下降了 5. 84 个百分点；1000 ~ 2000 元收入比重由 2006 年的 34. 24%下降到 2009 年的 13. 69%，下降了 20. 55%个百分点；2000 ~ 3000 元收入比重由 2006 年的 28. 4%下降到 2009 年的 23. 53%，下降了 4. 87 个百分点。同时，2009 年收入 3000 ~ 4000 元、4000 ~ 5000 元、5000 元以上的收入比重，与 2006 年相比，分别上升了 6 个百分点、6. 92 个百分点和 18. 35 个百分点，表明随着贫困线标准不断提高，贫困人口的生活质量有了很大改观，极度贫困人口已经大幅度减少。

根据上文，SST 指数可以看成是三个指数的乘积：贫困发生率、贫困差距率、总人口贫困差距率的基尼系数加 1，即 SST 指数=贫困发生率×贫困差距率×（1+总人口贫困差距率的基尼系数），分别用于反映贫困的范围、贫困深度和贫困的分布状况。在其他任意两个指标不变的情况下，每一个指标值的提高都表明福利水平的降低。从表 3-4 可以清楚地发现，2006~2009 年，民族地区减贫工作成效明显，贫困发生率降低了 5 个百分点，SST 指数下降了 2.42；但是总体上民族地区的贫困问题仍然十分严重，2009 年 SST 值为 4.76，贫困发生率仍有 12%，贫困差距率仍然很高（稳定在 0.31 左右）；同时，表现出较大的贫富差距（基尼系数为 0.3 左右）。

表 3-4　西部民族地区贫困状况估算结果

年份	SST 指数	贫困发生率	贫困差距率	1+基尼系数
2006	7.18	0.17	0.33	1.29
2007	5.66	0.14	0.34	1.22
2008	4.72	0.13	0.28	1.30
2009	4.76	0.12	0.31	1.30

第四节　可行能力视阙下的多维贫困测度

多维贫困（Multidimensional Poverty）理论的主要贡献者阿玛蒂亚·森提出了以能力定义贫困的思想，认为贫困是对人的基本可行能力的剥夺，而不仅仅是收入低下。

一、可行能力概述

森认为，“发展可以看作是扩展人们享有的真实自由的一个过程。聚焦于人类自由的发展观与狭隘的发展观形成了鲜明的对照。狭隘的发展观包括发展就是国民生产总值（GNP）增长、个人收入增长、工业化、技术进步或社会现代化等等的观点。”狭隘的发展观固然可以是人们追求的目标，但它们只属于工具性的范畴，是为人的发展、人的福利服务的。森认为，以人为中心，最高的价值标准就是自由。“自由”是在“实质的”（Substantive）意义上定义的，即享受人们有理由珍视的那种生活的可行能力。更具体地说，“实质自由包括免受困苦，诸如饥饿、营养不良、可避免的疾病、过早死亡之类，基本的可行能力，以及能够识字算数、享受政治参与等等的自由。”它包括法治意义的自由，但不限于权利——自由是人们能够过自己愿意过的那种生活的“可行能力”（Capability）。因此，在这个意义上，能力就是一种自由：能过上有价值的生活的实质自由。这样的自由观既意味着个人享有的“机会”，又涉及个人选择的“过程”。假定每个人都在可行的各种“活动”组合中，按自己的标准选择最优组合，那么一个人能够实现的能力就可以通过他的实际选择而表现出来。把这一理论付诸实践，哪些活动应该列入表现人的可行能力的清单，需要通过适当的过程来解决。从实际出发，这个清单可以首先包括最基本的功能性活动，再逐步扩展到有统计资料的更多项目。

自由的意义，还在于它的手段性作用。森具体分析了五种工具性自由：

第一，政治自由。森在讨论贫困与饥荒问题时，提出一个规律：权威主义统治者，他们自己是绝不会受饥荒（或其他类似的经济灾难）的影响的，通常会减少激励因素来采取及时的防范措施。与此相对照，民主政府需要赢得选举并面对公共批评，从而有强烈的激励因素来采取措施，防止饥荒或其他类似的灾难。

第二，经济条件。指个人享有的将其经济资源运用于消费、生产或交换的机会。人们拥有各种经济资源如劳力、知识、土地、工具，市场机制提供各种经济资源自由组合的最好机会。

第三，社会机会。指在教育、保健等方面的社会安排，它们影响个人享受更好生活的实质自由。

第四，透明性担保。指人们在社会交往中需要的信用，它取决于交往过程的公开性、对信息发布及信息准确性的保证。

第五，防护性保障。这是为那些遭受天灾人祸或其他突发性困难（如失业）的人、收入在贫困线以下的人以及年老者、残疾人提供扶持的社会安全网。

二、指标体系与测算方法

国内对于可行能力的相关研究，其实证分析的指标体系缺乏一致性。大部分指标体系仅考虑到了由统计年鉴获取数据的问题，而缺乏对森提出的可行能力理论 5 个维度的一致性刻画。本研究认为，在森提出的可行能力理论的 5 个维度中，除政治自由外，其余 4 个维度将成为本研究构建多维贫困测度指标体系的主要依据。兼顾到统计数据的可得性，指标不应当选取过多。

1. 经济条件：财产收入比

财产收入比=财产性收入/农村居民人均纯收入×100%

相关研究认为，资本市场越完善，资本收益率大于经济增长率的可能性就越大（Thomas，2014）。以财产收入比这一指标来衡量贫困人口将其享有的资源运用于消费、生产或交换的机会，表明在工资性收入和经营性收入之外，可能拥有更大的选择策略的空间集合。

2. 社会机会：每万人拥有卫生机构床位数

每万人拥有卫生机构床位数=卫生机构床位数/总人口数×10000

大多数研究主要以基础教育类（如在校生人数）和公共医疗类（每万人拥有卫生机构床位数）指标来衡量。目前，中国的义务教育普及率较高，还制定了倾向于贫困人口的专门性教育帮扶政策。相比较而言，以“每万人拥有卫生机构床位数”来衡量社会机会，在现阶段更具有现实意义。

3. 透明性担保：贷款存款比

贷款存款比=金融机构贷款余额/金融机构存款余额

衡量人们交往中的社会信用类指标，难以直接从统计年鉴中的数据获得。考虑到贷款本身是表征个人和商业信用的主要指标，本研究构造“贷款存款比”，用于衡量社会贫困县区的信用和信息保障水平。

4. 防护性保障：转移支付收入比

转移支付收入比=转移支付性收入/农村居民人均纯收入×100%

从转移性支付的内容来看，虽然不能完全等同于国民收入的再分配（转移性支付中还包括一部分私人和企业间转移性支付），但是它仍然是财政扶贫支出的主要渠道，可以用于衡量基本保障水平。

具体的测算公式如式（3-13）所示。

$$m_i = a_j(r_{ij}/\overline{r_{lj}}) \tag{3-13}$$

其中，i 表示少数民族国家级扶贫县；l 表示非国家级扶贫县。r_{ij}表示第 i 个国家级扶贫县的第 j 项指标值，$\overline{r_{lj}}$ 表示该县所在省区的非国家级扶贫县的第 j 项指标值的平均值；a_j表示第 j 项指标的权重；m_i为该县的相对可行能力得分，由此反映贫困变动情况。

森的可行能力指标与统计年鉴指标的差异较大，即使仅采用上述 4 项指标，也难以从各省区的统计年鉴数据中获得。仅有宁夏回族自治区 2010～2014 年的数据满足上述指标体系。为了方便计算，假设每项指标的权重值都相等，为 0.25。

三、测算结果

利用式（3-13），对 2010～2014 年宁夏回族自治区 8 个国家级扶贫县的相对可行能力值进行测算，结果如表 3-5 所示。

为了对表 3-5 的测算结果进行分类，分类标准如下：

Ⅰ类（成效显著）县区：$m_i \geq 1.0$；

Ⅱ类（成效较显著）县区：$0.8 \leq m_i < 1.0$；

表 3-5　2010~2014 年宁夏回族自治区贫困县相对可行能力值（m_i）

地区＼年份	2010	2011	2012	2013	2014	平均值
盐池县	1.74	2.19	1.36	1.20	0.58	1.42
同心县	0.93	0.67	0.69	0.64	0.57	0.70
原州区	1.17	1.12	1.05	0.96	0.97	1.05
西吉县	0.72	0.63	0.53	0.55	0.79	0.65
隆德县	1.11	1.27	1.34	1.16	1.03	1.18
泾源县	1.05	0.93	0.82	0.75	0.71	0.86
彭阳县	1.03	0.90	0.84	0.72	0.81	0.86
海原县	0.64	0.65	0.59	0.63	0.75	0.65

Ⅲ类（成效不显著）县区：$m_i<0.8$。

按照上述分类标准，对 2010~2014 年的平均值绘制分布图，如图 3-8 所示。

比照图 3-4 与图 3-8 可以发现：二者的测算结果有较大差异。利用可行能力综合指标体系的测算结果，大体符合国家对“西海固”这一贫困地区的归类划分。

第五节　小结与启示

本章从贫困测度的基本公理出发，分别采用了单一指标法、SST 指数和可行能力指标体系共三种贫困测度方法，测度了西北民族地区重点贫困县区的减贫成效和贫困变动状况。

从实际测度效果来看，采用单一指标在以县区为基本单位的贫困研究中的优势比较明显：数据的可得性相对较好。由于本研究广泛涉及四个省区 61 个少数民族重点贫困县区，采用单一指标法，有利于最大限度地确保不同县

图 3-8 2010~2014 年宁夏回族自治区贫困县分布情况

区、不同年份之间数据统计口径的一致性。此外，由于本研究中采用"相对农民人均纯收入增长率"作为测度减贫成效的指标，与类似研究中采用"收入增长率"或"贫困人口数量变动率"等指标相比，前者一方面能够衡量贫困人口的绝对收入增长情况，另一方面还有利于反映贫困地区与非贫困地区的增长差距，符合未来国家实现共同富裕的更高层次战略目标，符合本研究对于强绝对减贫成效测度的基本设定。

当然，以 SST 指数或可行能力指标体系为代表的综合指标体系测度的减贫成效，比以单一指标测度的减贫成效的结果更加全面。所以，在后续研究中应当兼顾二者的优劣，即以单一指标作为因变量表征减贫成效，从而尽可能保证样本数据的完整性；同时将综合测度指标中可能涉及的其余主要变量作为模型的控制变量，即可弥补采用单一指标测度贫困的不足。

第四章
产业结构变迁对贫困变动的影响分析

相关研究表明，2002~2007 年，中国贫困人口的人均收入水平出现了负增长，降低贫困线标准时尤其明显，说明这一时期的经济增长具有较低的贫困人口受益性。所以，如前文所述，关注于贫困率的下降，并不能直接反映贫困人口的贫困程度有所减缓。减贫成效的高低受到区域内由产业结构变迁带动的宏观、微观诸多因素的综合影响。

第一节　文献综述

在产业结构变迁对贫困变动的影响研究方面，国内外的研究方向各有侧重。国外贫困变动相关研究虽然并未直接针对产业结构，但是着重关注了不同部门构成的减贫成效。虽然由于研究对象的不同，得出的结论存在较大差异，但是基本可以归结为是由部门和地区间差异带来贫困变动效应上的差别。

国内对产业结构变迁的主要代表性研究成果如下：罗楚亮（2012）通过对历年 CHIP 农村数据进行研究发现，1995 年非农经营性收入在减贫中的贡献达 13. 55%，不过 2002 年和 2007 年略降到 9. 97%和 8. 85%；而本地工资性收入的贡献率在这三个年份分别为 13. 32%、20. 21%和 22. 13%，效果逐渐增强。在不同的产业大类中，第一产业和第三产业增长的减贫效果非常显著，第二产业微弱（张萃，2011）。汪三贵等（2014）的研究进一步认为，产业的劳动密集程度会显著影响该产业的减贫效果。李石新（2006）研究了影响减贫成效的具体途径，包括农业现代化所带来的增收；国有企业下岗职工再就业阻碍了农村贫困的减少；非国有企业发展吸收了农村剩余劳动力；对外贸易在 20 世纪 90 年代中期使农村贫困加深，但此后逐渐促进了减贫。

本章与上述研究的一个根本性差异：本研究并不以绝对农民人均纯收入增长率或贫困人口数量作为测算减贫成效的表征指标，而是代之以第三章中计算得到的相对农民人均纯收入增长率。本研究的基本假定是西北部少数民族地区存在着经济增长与减贫的非均衡性，即区域内的增长与减贫之间不存在直接的因果关系。虽然经济增长对减贫具有积极推动作用，也是贫困减少的必要条件，但并非是充分条件。为了实证这一假定，本书在第三章构建的贫困指数基础上，对西北民族地区国家级贫困重点县由产业结构变迁带来的贫困变动效应分别进行整体性、局部性和部门性研究。

第二节　产业结构变迁对贫困变动影响的整体效应分析

在第三章中，已经对西北民族地区 61 个国家级扶贫重点县的贫困变动情况进行了测度，本节以此为因变量，进行回归分析。结合相关文献和数据可得性，本研究构建模型（4-1）。

$$pi_{it}=\beta_1 \cdot grog_{it}+\beta_2 \cdot x_{it}+\phi y_{it}+\alpha_t+\mu_i+\varepsilon_{it} \qquad (4-1)$$

其中，pi 是因变量，在模型中用各县区的贫困指数来表示。α 和 μ 分别用于控制时间效应和地区效应。grog 为各县区的国民生产总值增长率，用于体现经济增长整体情况。x 为一组体现产业结构的变量：pic 表示第一产业比重、sic 表示第二产业比重、tic 表示第三产业比重。y 为一组控制变量：ul 为城镇人口占总人口比重，用于控制城市化水平；cog 为消费与国民生产总值之比，用于控制地区消费水平；iog 为投资与国民生产总值之比，用于控制地区投资规模；gog 为政府预算支出与国民生产总值之比，用于控制地区政府支出水平。β_1 和 β_2 为本研究测算的重点。按照经济增长与减贫存在非均衡性的假定，则 β_1 应当小于 0 或不显著；如果存在产业结构变迁对贫困变动的影响，则 β_2 应显著。

图 4-1 显示了产业结构变迁对贫困变动影响分析的基本思路。分析用样本采用了 2007~2014 年 61 个贫困县区的面板数据，这些数据分别来自于新疆维吾尔自治区、青海省、宁夏回族自治区和甘肃省 4 个省区的历年统计年鉴。由于存在一定的数据缺失（部分县区数据在一定年份里缺少统计数据和统计数据明显错误），同时剔除奇异值后，最终得到样本量为 372 的一组非平行面板数据。表 4-1 显示了样本的描述性统计情况。

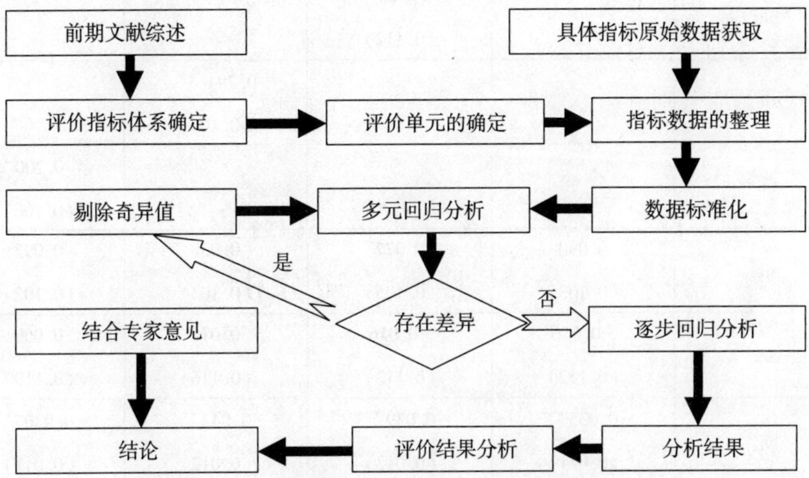

图 4-1 产业结构变迁对贫困变动影响分析的基本思路

表 4-1 描述性统计

Variable	Obs	Mean	Std. Dev.	Min	Max
pi	372	1. 35	10. 42	-30. 14	96. 90
grog	372	13. 74	6. 67	0. 14	65. 01
pic	372	33. 01	15. 32	5. 20	88. 88
sic	372	27. 09	15. 82	4. 27	80. 23
tic	372	39. 88	13. 76	6. 84	72. 80
ul	372	22. 80	14. 06	2. 56	100. 00
cog	372	18. 87	10. 07	3. 68	57. 34
iog	372	107. 00	78. 05	3. 20	978. 28
gog	372	83. 63	49. 86	12. 99	336. 66

对模型（4-1）进行 Hauaman 检验得到的 P-value 为 0.0000，显示采用固定效应模型是合适的。利用双向固定效应模型进行逐步回归的估计结果如表 4-2 所示。

表 4-2 逐步回归估计结果

Variable	Reg. 1	Reg. 2	Reg. 3	Reg. 4
Dependent Variable：pi				
grog	−0.195** (0.084)	−0.191** (0.084)	−0.186** (0.084)	−0.205** (0.084)
pic		−0.067 (0.112)		
sic			0.294*** (0.107)	
tic				−0.200* (0.106)
ul	0.090 (0.103)	0.077 (0.105)	0.038 (0.104)	0.093 (0.102)
cog	−0.016 (0.112)	−0.016 (0.112)	0.074 (0.116)	0.060 (0.119)
iog	−0.035*** (0.011)	−0.039*** (0.013)	−0.044*** (0.012)	−0.030*** (0.011)
gog	0.092*** (0.020)	0.090*** (0.021)	0.095*** (0.020)	0.102*** (0.021)
Cons	−1.696 (3.688)	1.337 (6.242)	−9.592** (4.645)	−3.626 (4.620)
Obs	372	372	372	372

注：表中 *、**、*** 分别表示在 10%、5%和 1%水平下显著，括号内数据为标准差。

表 4-2 中数据显示，贫困指数与县区的国民生产总值之间存在显著的负相关关系，证实了经济增长与减贫成效之间存在非均衡性的论断。第 2 列中增加了第一产业比重作为自变量，回归结果显示其与减贫成效之间不存在显

著关系。第3列中以第二产业比重代替了第一产业比重作为自变量，结果显示第二产业比重与减贫成效间存在显著的正相关关系，系数为0.294。第4列利用第三产业比重代替了第二产业比重作为自变量，结果显示第三产业比重与减贫成效间存在显著的负相关关系，系数为-0.2。此外，在控制变量中，消费与减贫成效之间不存在显著性相关关系，投资与减贫成效之间存在显著性负相关关系，政府支出与减贫成效之间存在显著性正相关关系。

为了进一步明确贫困人口的收入来源，以第一产业、第二产业、第三产业的从业人员比重（ppic、psic和ptic）分别替代模型1中的三次产业比重，重新进行回归分析，描述性统计结果如表4-3所示。

表4-3 描述性统计

Variable	Obs	Mean	Std. Dev.	Min	Max
pi	65	0.02	14.77	-28.05	96.90
grog	65	18.81	11.54	0.14	65.01
ppic	65	85.15	14.59	6.49	99.62
psic	65	3.08	6.62	0.00	27.70
ptic	65	11.77	9.91	0.22	75.95
ul	65	16.52	7.95	2.56	35.65
cog	65	16.71	8.97	4.37	38.72
iog	65	111.99	132.34	3.20	978.28
gog	65	109.46	85.20	20.17	336.66

利用双向固定效应模型进行逐步回归的估计结果如表4-4所示。表4-4中数据仍然显示贫困指数与县区的国民生产总值之间存在显著的负相关关系。第2列、第3列、第4列中分别增加了第一产业、第二产业、第三产业从业人员比重作为自变量，回归结果显示其均与减贫成效间不存在显著关系。而在此外，在控制变量中，消费与减贫成效之间不存在显著性相关关系，投资与减贫成效之间存在显著性负相关关系，政府支出与减贫成效之间存在显著性正相关关系，说明投资对于减贫成效有一定的挤出效应，而减贫成效的高低仍然取决于政府帮扶。

表 4-4　逐步回归估计结果

Variable	Reg. 1	Reg. 2	Reg. 3	Reg. 4
Dependent Variable：pi				
grog	−0. 432*** (0. 103)	−0. 415*** (0. 110)	−0. 400** (0. 107)	−0. 429*** (0. 109)
ppic		−0. 046 (0. 098)		
psic			0. 255 (0. 243)	
ptic				0. 100 (0. 138)
ul	−0. 050 (0. 182)	−0. 052 (0. 183)	−0. 084 (0. 184)	−0. 049 (0. 184)
cog	−0. 329 (0. 348)	−0. 290 (0. 360)	−0. 256 (0. 354)	−0. 323 (0. 360)
iog	−0. 075*** (0. 018)	−0. 075** (0. 018)	−0. 077*** (0. 018)	−0. 075*** (0. 018)
gog	0. 108*** (0. 028)	0. 109*** (0. 028)	0. 111*** (0. 028)	0. 108*** (0. 028)
Cons	11. 036 (8. 937)	13. 969 (10. 981)	8. 857 (9. 165)	10. 762 (9. 793)
Obs	65	65	65	65

第三节　产业结构变迁对贫困变动影响的局部效应分析

相关研究还表明，产业结构变迁对贫困变动的影响存在地区和部门间差异。本节以甘肃省的 14 个少数民族国家级贫困县 2002~2012 年的面板数据为样本，对减贫率受宏观、微观影响因素以及产业和就业结构对收入的影响进行进一步探讨。

一、减贫率受宏观、微观因素的影响分析

模型（4-2）建立如下：

$$proproor_{it}=\beta_1 \cdot income_{it}+\beta_2 \cdot pgrog_{it}+\beta_3 \cdot pic_{it}+\phi \cdot y_{it}+\alpha_t+\mu_i+\varepsilon_{it} \qquad (4-2)$$

其中，proproor 是被解释变量，在数据中用各县区的减贫率来表示。α 和 μ 分别用于控制时间效应和地区效应。pgrog 为各县区的人均国民生产总值增长率，用于体现经济增长整体情况。pic 表示第一产业比重。y 为一组控制变量：ul 为城镇人口占总人口比重，用于控制城市化水平；cog 为消费与国民生产总值之比，用于控制地区消费水平；iog 为投资与国民生产总值之比，用于控制地区投资规模；gog 为政府预算支出与国民生产总值之比，用于控制地区政府支出水平；farm 为农村从业人员占总人口比重，用于控制就业结构；school 为小学在校生人数占总人口比重，用于控制基础教育水平。

β_1、β_2和 β_3为本研究测算的重点。按照之前的假定，如果存在经济增长与减贫的非均衡性，则意味着 β_1大于零，且显著；同时，存在 β_2 系数显著小于零，或不显著。

模型（4-2）的描述统计结果如表 4-5 所示：

表 4-5 描述性统计结果

Variable	obj	Mean	Std. Dev.	Min	Max
propoor	168	6.09	13.97	-40.28	33.18
income	168	8.65	4.92	1.82	33.13
grog	168	16.91	17.30	-19.53	114.28
pic	168	36.38	10.17	14.64	59.18
sic	168	23.19	12.38	7.51	64.03
tic	168	40.43	8.59	15.89	55.22
ul	168	88.00	7.17	67.74	96.62
iog	168	67.48	54.64	1.05	286.87

续表

Variable	obj	Mean	Std. Dev.	Min	Max
gog	168	52. 37	23. 38	20. 11	156. 12
farmer	168	47. 33	4. 66	36. 61	60. 23
cog	168	29. 02	19. 93	11. 35	192. 14
school	168	12. 79	1. 79	7. 74	15. 99

对模型（4-2）进行 Hauaman 检验得到的 P-value 为 0. 6925，显示采用随机效应模型是合适的。逐步回归的估计结果如表 4-6 所示。

表 4-6　模型估计结果

Variable	Reg. 1	Reg. 2	Reg. 3
Dependent Variable：propoor			
income	0. 808*** （0. 313）	2. 102*** （0. 478）	2. 295*** （0. 480）
grog	0. 104 （0. 109）	0. 186* （0. 108）	0. 150 （0. 108）
pic	0. 356** （0. 178）	0. 841*** （0. 232）	0. 945*** （0. 242）
farmer	-0. 836** （0. 371）	-0. 858*** （0. 418）	-0. 919*** （0. 547）
iog		0. 022 （0. 046）	-0. 003 （0. 053）
gog		-0. 332*** （0. 119）	-0. 405*** （0. 126）
cog		0. 191** （0. 177）	0. 223*** （0. 079）
ul			-0. 425 （0. 365）

续表

Variable	Reg. 1	Reg. 2	Reg. 3
		Dependent Variable：propoor	
school			1.872 (1211)
Cons	20.946 (19.978)	1.523 (20.264)	17.634 (30.352)
Obs	69	60	60

注：表中*、**、***分别表示在10%、5%和1%水平下显著，括号内数据为标准差。

农民人均纯收入增长率的系数都显著为正，而人均 GDP 增长率的系数都不显著。如果减贫率与农民人均纯收入增长率之间存在因果关系，则该关系意味着农民人均纯收入提高将有利于贫困人口的减少。减贫率与人均 GDP 增长率之间没有直接的因果关系，这一点与之前提出理论假说一致。第一产业占 GDP 的比重的系数显著为正，说明减贫仍然依靠第一产业的贡献；农村从业人员占总人口比重的系数显著为负，说明农业人口过多，效率低，存在隐性失业。

在第 2 列控制了宏观支出变量和第 3 列控制了公共投入变量后的估计中，政策的财政支出系数显著为负，说明政策的财政支出与贫困的规模是正向变动关系；社会消费品零售总额的系数显著为正，说明社会整体消费水平提高有助于贫困人口减少。

二、产业和就业结构对收入的影响分析

对模型（4-2）的分析显示，减贫率主要取决于农民人均纯收入增长率，这也和实际中通常依据农民人均纯收入水平来划分贫困人口的思路是一致的。下面进一步探讨产业和就业结构对贫困人口收入的影响。

模型（4-3）建立如下：

$$income_{it}=\beta_1 \cdot x_{it}+\phi \cdot y_{it}+\alpha_t+\mu_i+\varepsilon_{it} \tag{4-3}$$

其中，income 为各县区农民人均纯收入增长率，是被解释变量。α_t 和 μ_t 分别用于控制时间效应和地区效应。x 为一组体现产业结构的变量：pic 表示第一产业比重、sic 表示第二产业比重、tic 表示第三产业比重。y 为一组控制变量：ul 为城镇人口占总人口比重，用于控制城市化水平；cog 为消费与国民生产总值之比，用于控制地区消费水平；iog 为投资与国民生产总值之比，用于控制地区投资规模；gog 为政府预算支出与国民生产总值之比，用于控制地区政府支出水平；farm 为农村从业人员占总人口比重，用于控制就业结构；school 为小学在校生人数占总人口比重，用于控制基础教育水平。

仍然利用随机效应模型对模型（4-3）进行估计，结果如表 4-7 所示。

表 4-7　模型估计结果

Variable	Reg. 1	Reg. 2	Reg. 3	Reg. 4
Dependent Variable：income				
pic	-0.088* (0.051)	-0.233*** (0.046)		
sic	0.069 (0.052)	0.032 (0.039)		
tic	0.081 (0.072)	0.102* (0.059)		
pic_ 1			-0.216*** (0.044)	-0.183*** (0.062)
sic_ 2			0.048 (0.044)	0.016 (0.064)
tic_ 3			0.145*** (0.060)	0.125 (0.088)
ul		0.122 (0.077)	0.128 (0.084)	0.035 (0.115)
iog		0.006 (0.011)	0.002 (0.012)	0.016 (0.018)
gog		0.184*** (0.021)	0.178*** (0.021)	0.159*** (0.029)
cog		-0.029 (0.019)	-0.036* (0.120)	-0.043* (0.124)

续表

Variable	Reg. 1	Reg. 2	Reg. 3	Reg. 4
Dependent Variable：income				
school		-0.351 (0.237)	-0.301 (0.257)	-0.430 (0.392)
farmer				0.267 (0.176)
Cons	6.985 (4.672)	-2.468 (7.449)	-5.100 (8.283)	-7.997 (10.206)
Obs	98	89	84	55

注：表中＊、＊＊＊分别表示在10%和1%水平下显著，括号内数据为标准差。

第1列估计仅考虑三次产业比重对农民人均纯收入增长率的影响。其中，第一产业与农民人均纯收入增长率呈负相关；第二产业、第三产业对农民人均纯收入增长率的影响并不显著。第2列为增加了控制变量后的估计结果。第一产业与农民人均纯收入增长率仍然呈负相关；第三产业、财政支出与农民人均纯收入增长率呈正相关。以上说明农民人均纯收入提高依赖于财政支出的增加；而第一产业比重过高不利于贫困人口脱贫。

考虑到产业政策通常具有滞后效应，第3列、第4列以三次产业比重的一阶滞后变量重新进行估计，结果与第1列、第2列的估计结果基本一致。此外，第4列中加入了农业从业人口比重famer，用于控制劳动力就业结构后，第三产业比重对农民人均纯收入的影响不再显著，说明农业从业人口的比重过高，同样不利于贫困人口利用第三产业增加收入。

第四节　产业结构变迁对贫困变动影响的部门效应分析

本节重点考察第一产业内部结构变迁对贫困变动的影响。采用的截面数据来源于甘肃省贫困人口建档立卡行政村的监测数据汇总。总体回归模型如下：

$$Allincome = \alpha Outincome + \beta Grainincome + \gamma Train + \delta X + \varphi Y + \varepsilon \qquad (4-4)$$

其中，Allincome 是被解释变量，表示行政村人均纯收入；贫困人口的划分标准是人均纯收入，这一变量同样也能够反映家庭收益；Outincome 表示人均外出打工收入；Grainincome 表示人均粮食种植收入；Train 表示科技培训人口比重。

X 代表一组产业结构优化变量，包括以下因素：Cropsincome 表示人均经济作物收入，Cultincome 表示人均养殖业收入。

Y 代表一组农业基础条件和生活水平变量，包括以下因素：Water 表示解决人畜饮水的村比重，Road 表示能通行农用车的村比重，School 表示 2.5 公里内有小学的村比重，Hospital 表示有医疗卫生点的村比重。

考虑到要体现分工水平，进一步选择了外出劳动力人数占全部劳动力总数比重介于 30%～45%①的县级行政区作为样本来源。表 4-8 反映了各变量的基本情况。

表 4-8　各变量的描述统计特征

Variable	Min	Max	Mean	Std. Dev.	obj
Allincome	3601	715	1564.7417	664.44825	30
Outincome	750	150	407.2987	158.69594	30
Train（%）	96.97	1.36	11.5220	18.82068	30
Grainincome	909	200.5	476.6850	186.90767	30
Cropsincome	2560	87.43	356.7957	463.13450	30
Cultincome	2450	85	326.2470	445.99521	30
Water（%）	100	0.95	61.0176	27.23935	30
Road（%）	100	1.42	76.7919	28.80122	30
School（%）	100	2.37	79.4387	28.60105	30
Hospital（%）	100	0.47	67.2353	30.47956	30

① 统计分析中发现：外出打工比例小于 30%，则人均纯收入主要体现为从事种植业收入；外出打工比例大于 45%，则人均纯收入主要体现为外出打工收入。所以为了表现家庭成员的分工情况，选择了外出打工人数占全部劳动人口比例在 30%～45%的县级行政区。

表 4-9 为回归分析结果。

模型 1 表示只考虑外出打工收入时，人均外出打工收入与人均纯收入存在正相关关系，回归系数为 1.310，通过 5%的显著性检验。

表 4-9 回归分析的主要结果

Variable	Reg. 1	Reg. 2	Reg. 3	Reg. 4	Reg. 5
Dependent Variable：Allincome					
Outincome	1.310 ** （1.967）	1.063 ** （1.697）	0.405 （0.775）	0.378 （0.793）	0.358 （0.715）
Grainincome		1.332 *** （2.466）	1.161 *** （2.915）	0.959 *** （2.580）	0.934 *** （2.427）
Cropsincome			0.507 * （1.203）	1.189 *** （2.555）	1.234 *** （2.536）
Cultincome			0.467 * （1.003）	0.441 * （1.037）	0.363 （0.815）
Train（%）				-18.77 *** （-2.609）	-20.094 *** （-2.640）
Water（%）					0.258 （0.149）
Road（%）					-2.210 （-0.654）
School（%）					1.155 （0.345）
Hospital（%）					0.343 （0.032）
B	1008.752 *** （3.479）	486.660 * （1.421）	506.248 ** （1.825）	590.761 ** （2.315）	790.071 *** （2.578）
Adj. R2	0.080	0.206	0.586	0.655	0.642
F Value	3.867 **	5.281 ***	12.682 ***	13.537 ***	7.575 ***

注：＊＊＊、＊＊和＊分别表示在 1%、5%和 10%的显著性水平，括号中的数字为双尾检验的 t 值。

模型2表示加入人均种植业后，人均粮食种植收入与人均纯收入正相关，回归系数为1.332，通过1%的显著性检验；人均外出打工收入仍然与人均纯收入正相关，但回归系数下降为1.063，通过5%的显著性检验。这说明人均外出打工收入对人均纯收入的一部分贡献被人均粮食种植收入所替代，但二者的贡献大体上还是相当的，相差只有0.269。

模型3表示加入代表产业调整的变量后的情况。这时，人均外出打工收入对人均纯收入的贡献有很大的下降，且已经不再显著；人均粮食收入对人均纯收入的贡献仍然显著，回归系数略下降为1.161；代表产业调整的变量对人均纯收入的贡献通过10%的显著性检验，回归系数分别为0.507和0.467。产业调整后，外出打工已没有优势。

模型4表示加入科技培训变量后的情况。这时，人均外出打工收入对人均纯收入的贡献进一步下降，且不显著；人均粮食收入对人均纯收入的贡献仍然显著，但是下降到第二位，回归系数为0.959；人均经济作物收入对人均纯收入的贡献上升到第一位，回归系数为1.189，显著性水平也明显提高。这说明科技培训的收益主要反映在经济作物种植上，养殖业收入对人均纯收入影响的变化不大。值得注意的是，科技培训与人均纯收入有较大的负相关关系，回归系数为-18.77，且通过1%的显著性检验。这可以解释中国当前政府主导下的科技培训机制，即经济发展越落后的地区，可能获得的科技培训机会也就越多。

模型5表示加入代表农业基础条件和生活水平的一组变量后的情况。虽然农业基础条件和生活水平的变量与人均纯收入不存在线性关系，没有通过显著性检验，但是人均粮食收入和人均经济作物收入的回归系数都有上升；至于人均养殖业收入贡献不再显著，可以解释为由农业产业的发展方向引起的，种植业比养殖业更具有产业发展优势。这个模型也进一步明确了农业基础条件和农民生活水平的改善应当作为创业导向的内容。

第五节　小结与启示

本章从产业和就业结构角度，用三个层次实证研究了中国西部少数民族地区经济增长对减贫的影响。

本研究与其他相关研究的一个根本性差异：在第一个层次研究中，本研究并不以绝对农民人均纯收入增长率或贫困人口数量作为测算减贫成效的表征指标，而是代之以第三章中计算得到的相对农民人均纯收入增长率。代入了整个西北民族地区 61 个国家级扶贫重点县 2006~2014 年面板数据后，利用固定效应模型进行回归分析。回归分析的结果显示，第一产业比重与减贫成效之间相关性不高，第二产业比重与减贫成效之间存在显著的正相关关系，第三产业与减贫成效之间存在显著的负相关关系。但是将三次产业从业人员比重代入模型，则显示三次产业从业人员比重与减贫成效之间均不存在显著相关关系。

鉴于减贫成效存在地区间差异的原因，在第二层次研究中，以甘肃省 14 个少数民族国家级扶贫重点县 2002~2012 年面板数据，利用随机效应模型进行回归。该层次研究又进一步划分为两个阶段：第一个阶段，分别以农民人均纯收入增长率和人均 GDP 增长率表征微观、宏观经济因素，分析减贫率与宏观、微观影响因素之间的关系，实证结果显示，减贫率与农民人均纯收入增长率呈显著正相关关系，而与宏观因素人均 GDP 增长率不存在显著相关关系；此外，减贫率还受到第一产业产出水平、财政支出水平和社会总体消费水平的显著影响。第二个阶段，从影响贫困地区人均收入增长的产业和就业结构构造模型，回归分析的结果显示，农民人均纯收入的提高主要来自于财政支出的增加，而农业从业人口比重过高对于利用第三产业增加收入带来了不利影响。

在第三个层次研究中，利用逐步回归方法，分析了第一产业内部结构变迁对贫困变动的影响。

经济增长的减贫效果一方面取决于经济增长的速度，另一方面取决于低收入家庭从经济增长中获益的大小。后者可以通过多种途径进行讨论。本章由产业结构变迁展开的研究仅是平行对照系统的一个维度。可以将农村家庭的收入来源，简单化为再现两个途径——初次分配与再分配。产业结构变迁应当主要体现初次分配的情形，如图 4-2 所示。由于国民收入再分配的路径依赖，引起了产业结构变迁对贫困影响的区域间差异。

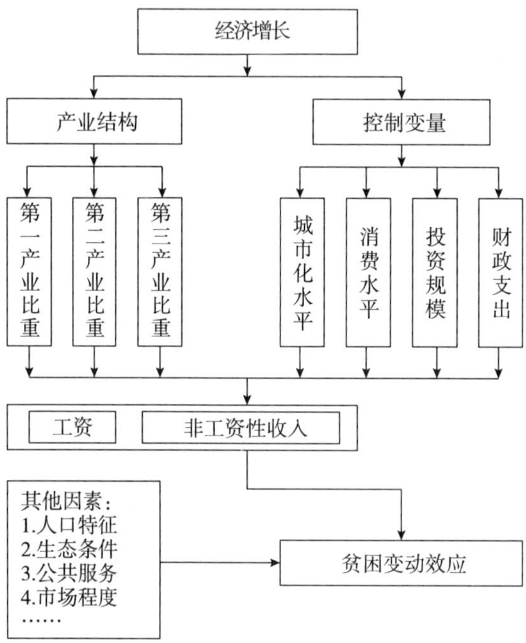

图 4-2　产业结构变迁对贫困的影响

综合本章的测算结果可以发现，西北民族地区的经济增长主要依靠第二产业的快速发展，但是贫困人口却不能从第二产业发展本身直接获益。因为受传统因素的影响，第二产业的从业人员数量很少，大量从业人员仍然集中就业于第一产业。贫困人口的主要获益方式仍然是政府主导的国民收入再分配——财政扶贫支出，所以财政支出对于贫困变动始终具有明显的正向效应。与此同时，固定资产投资规模会在一定程度上挤出财政支出规模，对贫困变动始终具有明显的负向效应。

以上可以为西北少数民族地区的扶贫工作带来一些启示：

第一，由宏观经济增长直接带来的扶贫成效有限。就西北少数民族地区而言，贫困人口多居住在偏远地区，生态环境相对恶劣。与当前总体的宏观经济增长主要依靠第二产业、第三产业拉动不同，贫困地区农业产业化、现代化水平和生态承载力都低，基础设施建设、工业化、市场化程度均较为落后。贫困人口无法分享到总体经济繁荣的好处。

第二，上述结论可以为当前的“精准扶贫”政策提供进一步的理论支撑。传统的反贫困措施使得一些能够脱贫的地区为了获得财政扶持，不愿意摘掉“贫困帽子”，而真正需要帮扶的贫困个体又无法直接受益，造成一方面扶贫投入的不断加大，另一方面贫困人口总量不降反升的现象。所以，因地制宜、因家制宜、因人制宜的“精准扶贫”工程更适合当前西北民族地区的贫困状况。

第三，短期内，贫困地区劳动力就业的比较优势仍然体现在农业相关领域。即使通过劳务输转和城镇化使贫困人口能够在短时期内转移到城市第二产业、第三产业，对于解决经济增长与减贫的非均衡性问题的作用仍然有限。由于外出务工人员受本身的知识、技能条件的限制，难以获得稳定收入，所以，适时适度的农村劳动力输转与乡镇企业发展推动的产业扶贫，应当是扶贫工作的一项重要举措。

第五章
生态承载力对贫困变动的影响分析

自然因素是导致贫困的主要原因之一。由于长期以来西北民族地区贫困人口的收益主要来源于农业生产，所以这一区域的生态承载力直接关系到贫困人口的持续生计。与此同时，这一区域还必须承担区域内生态调节功能。作为具有自然再生产特征的产业部门，农业具有显著的土壤保持、水源涵养、气候调节、生物多样性维护等生态调节作用。与人类其他土地利用方式不同，农业生产利用的土地必须保持一定时间的植被覆盖，水田则还需保持一定时期的淹水状态。因此，这些农田及相关的农业生产活动具有相应的生态调节功能。而不恰当的农业发展方式，会导致土壤退化、病虫害加剧和农业生产力下降，影响农业生态调节功能的正常发挥，对区域生态环境产生负面影响。

西北民族地区地处我国三大自然区地带，分属东部季风区、西部干旱区及青藏高原区，自然条件变化复杂多样，形成了众多独特的自然资源及动植物生长区，使农业发展形成了明显的地域分工条件和特色。西北民族地区所处的地理位置及自然特征，决定了生态环境的基本格局和扶贫开发的强约束条件。扶贫开发工作需要依据其基本生态条件，发挥区域优势，追求专业化、规模化生产，增强发展的适宜性。这同时也需要西北民族地区农业生产的发展不能影响其生态功能的实现，从而形成和谐共荣的局面。本章作为平行对照系统中的重要组成部分，以县级行政区为基本研究单元，进一步测算各贫困县区的生态承载力状况，进而形成促进西北民族地区绿色扶贫模式的基本思路。

第一节 文献综述

对于生态承载力的量化，国内外提出了许多直观的、较易操作的定量测评方法及模式。典型方法有如下几种：

一、生态足迹法

生态足迹（Ecological Footprint，EF）是指支持特定人口或经济体的资源消费和废弃物吸收所需要的具有一定生态生产力的土地面积。生态足迹就是一个形象的概念，它把人类的消费与提供消费物质和消纳废弃物所需要的各类土地联系起来，把人类消费比喻为负载着人类物质文明的巨脚踏在地球上留下的巨大脚印。以生态生产性土地面积（包括耕地、林地、牧草地、化石燃料用地、建筑用地和水域）来度量人类消费对生态资源的占用和对生态环境的冲击。

生态足迹分析法（Ecological Footprint Analysis）是 1992 年加拿大经济学家 Wackernagel 和 Rees 提出的一种度量可持续发展程度的生物物理方法，即基于土地面积的量化指标。生态足迹的计算基于两项基本假设：第一，人类可以确定自身消耗的大多数资源及其所产生的废物数量；第二，这些资源和废弃物能转换成相应的生物生产面积。由此假设出发，任何已知人口范围（个人、城市或地区）的生态足迹就是其占用所消费的资源和处理所产生的废弃物所需要的生态生产性土地（具有生态生产能力的土地或水域）的总面积。根据生产力大小的差异，地球表面的生态生产性土地可分为化石能源地、可耕地、牧草地、森林、建成地和水域六大类，这六种土地类型在空间上被假设是互斥的。生态足迹法从需求角度计算生态足迹的大小，从供给角度计算生态承载力的大小，通过对二者的比较，评价研究对象的可持续发展的状况。

生态足迹计算步骤：第一步，将不同的资源和能源消费类型均折为耕地、草地、林地、建筑用地、化石燃料用地和水域六种生态生产土地面积类型；第二步，考虑到六类土地面积的生态生产力不同，将计算得到的各类土地面积乘以一个均衡因子（Equivalence Factor）；第三步，比较需求角度和供给角度计算出的生态生产性土地总面积的大小，当供给（生态承载力）大于需求（生态足迹）时，称为生态盈余，反之称为生态赤字。

计算公式如下：

$$EC = Nec = N\sum a_j b_j f_j$$

$$EF = Nef = N\sum \frac{c_i}{y_i} \qquad i=(1,2,\cdots,n),\ j=(1,2,\cdots,6)$$

其中，EC 表示总生态承载力，ec 表示人均生态承载力，EF 表示总生态足迹，ef 表示人均生态足迹，i 表示交易商品的种类，j 表示生态生产面积类型，c_i和 y_i分别表示第 i 种商品的人均消费量和全球平均产量，N 为评价区域人口数，a_j表示人均土地面积，b_j表示均衡因子，f_j表示当地产量因子。

二、自然植被净第一性生产力测算法

植被净第一性生产力测算法根据植物自身生物学特性与外界环境因子相互作用机理，着重反映某一自然体系的恢复能力是评价生态系统结构与功能特征和生物圈的人口承载力的重要方法。该方法基本思路是地区性乃至世界性生物生产力及其空间分布的知识能使人类得以从宏观区域上做出如下估计：潜在的粮食资源的地理分布、人为提高区域性生产力水平的限度、不同国家和地区可能和实现的生产力水平、区域生态系统的最大容纳量等。

虽然生态承载力受众多因素和不同时空条件制约，但是特定生态区域内第一性生产者的生产能力是在一个中心位置上下波动的，而这个生产能力是可以被测定的。同时与背景数据进行比较，偏离中心位置的某一数值可视为生态承载力的阈值，这种偏离一般是由于内外干扰使某一自然体系变化为另一等级自然体系，如由绿洲衰退为荒漠、由荒漠改造成绿洲。因此，可以通过对自然植被净第一性生产力的估测确定该区域生态承载力的指示值，而通过实例判定现状生态环境质量偏离本底数据的程度，以此作为自然体系生态承载力的指示值，并据此确定区域的开发类型和强度。由于对各种调控因子的侧重及对净第一性生产力调控机理解释的不同，世界上产生了很多模拟第一性生产力的模型，大致可分为三类：气候统计模型、过程模型和光能利用率模型。

国内应用较多的模型是周广胜、张新时根据水热平衡联系方程及植物的生理生态特点建立的自然植被第一性生产力模型，即

$$NPP=RDI^2\ \frac{r(1+RDI+RDI^2)}{(1+RDI)(1+RDI^2)}\exp^{1\sqrt{9.87+6.25RDI}}$$

其中，

$$RDI=(0.629+0.237PER-0.0031PER^2)^2$$

$$PER=\frac{PET}{r}=58.93\times\frac{BT}{r}$$

$$BT=\frac{\sum t}{365}\text{或 }BT=\frac{\sum T}{12}$$

其中，RDI 为辐射干燥度；r 为年降水量（mm）；NPP 为自然植被的净第一性生产力[$(t/(hm^2\cdot a)$]；PER 为可能蒸散率；PET 为可能蒸散量（mm）；BT 为年平均生物温度（℃）；t 为小于 30℃ 与大于 0℃ 的日均值；T 为小于 30℃ 与大于 0℃ 的月均值。

三、供需平衡法

该方法认为，区域生态承载力体现了一定时期、一定区域的生态环境系统，对区域社会经济发展和人类各种需求（生存需求、发展需求和享乐需求）在量（各种资源量）与质（生态环境质量）方面的满足程度。因此，衡量区域生态环境承载力可以从该地区现有的各种资源量（Pi）与当前发展模式下社会经济对各种资源的需求量（Qi）之间的差量关系$\left(\text{如}\frac{P_i-Q_i}{Q_i}\right)$，以及该地区现有的生态环境质量（$CBQI_i$）与当前人们所需求的生态环境质量（$\overline{CBQI_i}$）

之间的差量关系（如$\frac{CBQI_i-\overline{CBQI_i}}{\overline{CBQI_i}}$）入手。如果该差值大于0，表明该研究区域的生态承载力在可承载范围内；该差值等于0，表明该研究区域的生态承载力处于临界状态；该差值小于0，表明该研究区域的生态承载力超载。该方法需要建立一套指标体系，包括社会经济系统类和生态环境系统类（包括环境资源与环境质量）指标。该方法只能根据人口变化曲线求出未来年的人口数，然后分别计算其需求量，判断该值是否在研究区域的承载力范围之内，而不能计算出未来年的确切承载力量；而且，该方法并不能表现出该研究区域内的社会经济发展状况以及人类的生活水平。

四、状态空间法

所谓状态空间法，本质上是一种时空分析方法，它不仅描述了系统的外部特征，而且揭示了系统的内部状态和性能。状态空间通常由表示系统各要素状态向量的三维状态空间轴组成。在研究生态承载力时，三维状态空间轴分别代表人口、经济社会活动、区域资源环境，空间中的点为承载状态点，不同的点表示不同情况下的承载状态。状态空间法中的承载状态点，可表示一定时间尺度内区域的不同承载状况。利用状态空间中的原点同系统状态点所构成的矢量模数表示区域承载力的大小。承载状态点构成承载曲面，高于承载曲面的点表示超载，低于承载曲面的点表示可载，在承载曲面上的点表示满载。应用状态空间法利用GIS技术可以定量地描述和测度区域承载力及其承载状态。

五、模型预测法

经常使用的生态承载力计算模型主要有以下几种：

1. 分类统计法

把研究区域内的土地分为多种类型，每一种类型的土地假定一个最高可支持人口密度，计算出每一种类型土地的支持人口数，然后汇总得出区域可支持的最大人口数量。

2. 比较密度法

计算单位面积农用土地上的平均人口数。农用土地包括耕地、多年生植物和可利用的草原牧场。

3. 趋势外推法

根据连续性原理，依据时间序列的发展趋势，结合合适的曲线模型，对未来趋势进行外推预测。

4. 限制因子法

选定区域内生态系统的主要限制因素，用该限制因子来确定，一般选取粮食作为限制因子。限制因子还可以是淡水资源、土地空间、能源、绿地面积等。如果限制因子超过一个，则分别计算出可供养的人口数，以其中的最小值作为生态承载力的大小。

5. 线性规划法

既可用于单目标规划（极大或极小），也可用于多目标问题求解最优折中解。现实目标或约束条件可由有限的资源和其他加在决策变量选择上明显的或隐含的约束确定。用线性规划法对极小生态承载力进行研究，可动态地反映一个区域生态承载力的状况。

6. 系统动力学

该方法能比较容易地得到不同方案下的生态承载力，较真实地模拟区域资源和社会经济、环境协调发展状况，模拟区域承载力的变化趋势。建立系统动力学仿真模型，一般包括以下程序：划定系统边界、划分系统层次、确立指标体系、建立仿真模型、模型分析检验。

第二节　生态承载力估算方法

本研究利用生态足迹法来估算西北民族地区贫困县的生态承载力水平。采用生态足迹法测算生态承载力具有如下优点：

第一，计算简便，应用广泛。生态足迹算法相对简单，目前已在国内外相关研究中得到了较广泛的应用。根据文献的检索情况，全国主要省市都有利用该算法进行生态承载力测算的相关文献。

第二，反映信息全面。生态足迹算法综合考虑了生物消耗需求、能源消耗需求和不同地类的承载能力，较其他仅测算单一因素（如水、热、植被、土地面积等）供需平衡的方法，更能够全面反映资源消耗和生态承载情况。

第三，统计指标较多，并能够直接或间接获取。生态足迹算法涉及数十项指标，对生态承载力的反映较为全面。同时，数十项指标均能够利用目前的主要统计和详查资料获取，在实际研究中具有较高的可行性。

第四，直接利用截面数据，对年份的连续性要求不高。生态足迹算法直接利用截面数据测算，不需要进行不同年份的数据间换算比较和趋势分析，可以在仅掌握少数年份数据的情况下完成测算。

本研究用于生态足迹测算的主要参数如表 5-1 所示，对各县区土地产量因子结合表中相似地区产量因子进行了折算。

表 5-1　主要参数

生物资源全球平均产量			
名称	全球平均产量	名称	全球平均产量
稻谷	3916.9	蔬菜	18000
小麦	2720.2	水果	3500

续表

生物资源全球平均产量			
名称	全球平均产量	名称	全球平均产量
玉米	4342.8	木材	126.54
高粱	2744	猪	74
大豆	1859	羊	33
马铃薯	1260.7	牛	33
棉花	1000	牛奶	502
油菜籽	1856	水产	29

能源资源全球平均产量					
名称	全球平均产量	折算因子	名称	全球平均产量	折算因子
煤炭	55	20.934	柴油	93	42.705
焦炭	55	28.470	燃料油	71	50.200
原油	93	41.868	液化石油气	71	50.200
汽油	93	43.124	天然气	93	38.978
煤油	93	43.124	电力	1000	3.360

各地区土地的产量因子及均衡因子对照							
土地类型	世界产量因子	中国产量因子	甘肃产量因子	宁夏产量因子	青海产量因子	新疆产量因子	均衡因子
耕地	1.49	1.74	0.36	0.46	0.55	0.74	2.8
林地	0.8	0.86	0.67	0.50	0.77	0.97	1.1
草地	2.19	0.51	1.26	1.13	0.76	0.54	0.5
水域	1	0.74	1.26	1.13	0.76	0.54	0.2
建筑用地	1.49	1.74	1.74	1.49	1.74	1.74	2.8
化石燃料用地	0	0	0	0	0	0	1.1

第三节　新疆维吾尔自治区、宁夏回族自治区贫困县生态赤字估算及承载力变动趋势

本节利用生态足迹法，对新疆维吾尔自治区、宁夏回族自治区贫困县生态赤字进行估算并考察生态承载力的变动趋势。

一、生态赤字估算

原始数据来源于新疆维吾尔自治区、宁夏回族自治区 2007~2015 年历年统计年鉴。在此以新疆巴里坤哈萨克自治县 2014 年数据为例，说明生态赤字的估算过程，如表 5-2、表 5-3 所示。

表 5-2　2014 年巴里坤哈萨克自治县生态承载力需求账户

<table>
<tr><td colspan="6">生物需求账户</td></tr>
<tr><td>项目</td><td>总产量</td><td colspan="2">总需求</td><td>人均需求</td><td>调整后人均需求</td></tr>
<tr><td>粮食</td><td>94443</td><td colspan="2">34418.0029</td><td>0.3262</td><td>0.9135</td></tr>
<tr><td>薯类</td><td>37149</td><td colspan="2">29466.9628</td><td>0.2793</td><td>0.7821</td></tr>
<tr><td>棉花</td><td>293</td><td colspan="2">293.0000</td><td>0.0028</td><td>0.0078</td></tr>
<tr><td>油料</td><td>205</td><td colspan="2">110.4526</td><td>0.0010</td><td>0.0029</td></tr>
<tr><td>蔬菜</td><td>56142</td><td colspan="2">3119.0000</td><td>0.0296</td><td>0.0828</td></tr>
<tr><td>瓜果</td><td>3240</td><td colspan="2">925.7143</td><td>0.0088</td><td>0.0097</td></tr>
<tr><td>猪</td><td>9427</td><td colspan="2">127391.8919</td><td>1.2075</td><td>0.6038</td></tr>
<tr><td>牛羊肉</td><td>11171</td><td colspan="2">338515.1515</td><td>3.2087</td><td>1.6043</td></tr>
<tr><td>禽</td><td>510</td><td colspan="2">15454.5455</td><td>0.1465</td><td>0.0732</td></tr>
<tr><td>生物总需求</td><td colspan="5">4.0801</td></tr>
<tr><td colspan="6">能源需求账户</td></tr>
<tr><td>项目</td><td>煤</td><td>电力</td><td>煤油</td><td>液化石油气</td><td>天然气</td></tr>
<tr><td>人均需求</td><td>0.0426</td><td>0.0001</td><td>0.0001</td><td>0.0028</td><td>0.0018</td></tr>
<tr><td>能源总需求</td><td colspan="5">0.0475</td></tr>
<tr><td>能源总需求（调整）</td><td colspan="5">0.2712</td></tr>
<tr><td>生态承载力总需求</td><td colspan="5">4.3513</td></tr>
</table>

表 5-3　2014 年巴里坤哈萨克自治县生态承载力供给账户

项目	总面积	人均供给	调整后人均供给
耕地	33793.6700	0.3203	0.6637
林地	5199.2000	0.0493	0.0526
草地	1451935.0000	13.7624	3.7159

续表

项目	总面积	人均供给	调整后人均供给
建筑用地	72051.6000	0.6830	3.3274
水域	6945.2000	0.0658	0.0071
承载力总供给	7.7667		
生态承载力总供给（扣除12%）	5.1967		

利用承载力总供给与承载力总需求之间的差额，可以得到该县的生态赤字情况，用以反映生态承载压力。最终新疆维吾尔自治区和宁夏回族自治区的国家级扶贫重点县生态赤字计算结果如表5-4、表5-5所示。

表5-4 2006~2014年新疆维吾尔自治区国家级扶贫重点县生态赤字估算

地区＼年份	2006	2007	2008	2009	2010	2011	2012	2013	2014
巴里坤县	4.0592	3.4913	3.3677	2.5616	2.6269	1.9218	2.0547	1.6086	1.6379
察布查尔县	-0.6524	-0.8136	-1.2763	-1.8743	-2.2138	-2.3698	-2.7193	-3.2052	-3.4403
尼勒克县	-2.0168	-2.4531	-2.5561	-2.8041	-2.5366	-3.1025	-3.1223	-3.5659	-3.6143
托里县	-1.8316	-1.9799	-3.1593	-3.6578	-3.4657	-3.5133	-3.9027	-3.9041	-4.1700
青河县	-0.4227	-0.7829	-0.8505	-0.8795	-0.6942	-0.8393	-1.0024	-1.6519	-2.6783
吉木乃县	3.3997	3.1832	2.9559	-0.0174	0.3197	1.6702	2.2728	1.7074	2.1394
乌什县	-1.3483	-1.2977	-1.4562	-1.5365	-1.6609	-1.9450	-2.1738	-2.3531	-2.8088
柯坪县	-1.5497	-1.4670	-1.6724	-1.4893	-1.7166	-1.7429	-2.0641	-2.2195	-2.4781
阿图什市	-0.3335	-0.3978	-0.5462	-0.7221	-0.8305	-1.0084	-1.1881	-1.3472	-1.5237
阿克陶县	0.6812	0.5779	0.3606	0.0345	-0.1131	-0.3397	-0.6020	-0.8105	-0.9689
阿合奇县	1.2557	0.6322	0.2202	0.0951	-0.0301	-0.1035	-0.1714	-0.3241	-0.4533
乌恰县	-1.3495	-1.2643	-1.3376	-1.4772	-1.4880	-1.7008	-1.9486	-1.9930	-2.0276
疏附县	-2.0401	-2.1867	-2.5354	-3.0729	-3.5152	-3.6797	-3.6902	-4.1939	-3.9761
疏勒县	-1.9032	-2.0006	-2.4949	-3.0535	-3.1824	-3.2910	-3.3901	-3.5686	-4.1095
英吉沙县	-1.9998	-2.0888	-2.3478	-2.5831	-2.8274	-2.9068	-2.9004	-3.0263	-3.3362
莎车县	-1.7993	-1.9257	-2.2157	-2.3097	-2.2927	-2.5941	-2.8106	-3.0337	-3.0919
叶城县	-2.4678	-2.4728	-2.7574	-3.3856	-3.2550	-3.8647	-3.6639	-3.8892	-4.0498

续表

地区 \ 年份	2006	2007	2008	2009	2010	2011	2012	2013	2014
岳普湖县	-1.8023	-2.0678	-2.2506	-2.3593	-2.7857	-2.8334	-3.0911	-3.2010	-4.0249
伽师县	-1.8368	-2.2954	-2.5857	-2.5681	-2.9299	-3.0934	-3.2063	-3.3747	-4.1256
塔什库尔干县	-1.7958	-2.3140	-2.3208	-2.9768	-3.4109	-2.9514	-2.9275	-2.9995	-3.3461
和田县	-0.7767	-0.8532	-0.9773	-1.1071	-1.2180	-1.4641	-1.6405	-1.7336	-1.8063
墨玉县	-0.9847	-1.0245	-1.1590	-1.3069	-1.3814	-1.5409	-1.6903	-1.9300	-2.0462
皮山县	-0.5642	-0.6203	-0.8324	-0.9493	-0.9974	-1.2443	-1.3264	-1.5653	-1.6165
洛浦县	-0.7313	-0.8207	-0.9761	-1.0715	-1.1534	-1.2968	-1.4058	-1.5612	-1.6877
策勒县	-0.9709	-1.0670	-1.2269	-1.3655	-1.4148	-1.6593	-1.7277	-1.8749	-2.2408
于田县	-0.9322	-0.9422	-1.2796	-1.3984	-1.5064	-1.6455	-1.8999	-2.1276	-2.2515
民丰县	-1.7840	-1.6658	-1.8449	-1.8819	-1.9298	-2.1007	-2.4343	-2.7072	-2.9170
平均值	-0.8333	-0.9969	-1.2502	-1.5984	-1.6890	-1.8237	-1.9397	-2.1795	-2.4079

表 5-5　2007~2014 年宁夏回族自治区国家级扶贫重县生态赤字估算

地区 \ 年份	2007	2008	2009	2010	2011	2012	2013	2014
盐池县	0.4071	0.2085	-0.4549	-1.1333	-1.7187	-1.9707	-2.0308	-2.1454
同心县	-0.7554	-1.0058	-1.6090	-2.3398	-2.9102	-3.1162	-3.2999	-3.8028
原州区	-1.4313	-1.5344	-2.0769	-2.6745	-3.2380	-3.5186	-3.6185	-3.5144
西吉县	-1.4076	-1.6122	-2.1359	-2.6903	-3.2302	-3.5143	-3.6648	-3.3292
隆德县	-1.5634	-1.9398	-2.5031	-3.0258	-3.5253	-3.7663	-3.8113	-3.5235
泾源县	-1.3151	-1.5076	-2.0415	-2.5229	-3.0220	-3.2160	-3.2898	-3.1191
彭阳县	-1.6159	-1.8158	-2.4417	-3.1211	-3.6073	-3.8778	-4.0571	-3.6418
海原县	-0.7917	-1.0815	-1.5915	-2.1487	-2.6801	-2.9737	-3.0882	-2.9743
平均值	-1.0592	-1.2861	-1.8568	-2.4570	-2.9915	-3.2442	-3.3576	-3.2563

二、生态承载力变动趋势

当前，生态承载力评价模式主要有三种：一是以系统理论和方法构建指标体系的模式，以联合国可持续发展委员会提出的“驱动力—状态—响应”

模型为代表；二是基于环境金钱分析的指标体系，以“可持续经济福利指数”和“真实发展指标”为代表；三是非货币化指标体系，主要以“生态足迹”模型为代表。本研究主要以第三种评价模式对贫困县生态承载力进行了测度。

生态足迹法的成功之处就在于将生态足迹与生态承载力进行了比较，用简单、明了、易于理解的定量指标来度量和判断可持续发展或不可持续发展状态。然而，生态足迹法是一个静态的评价方法，虽然该方法的两个数学模型均是计算一定时间段的生态足迹和生态承载力，但模型本身并没有引入时间变量，因此，生态足迹法在时间尺度上测算生态足迹和生态承载力动态发展趋势及其内在规律，以及预测未来的发展趋势上具有明显的局限性。

为了分析贫困县生态承载力变化趋势，本节中进一步引入“变化速率”和“剪刀差”两种时间动态模型。

1. 时间动态模型

就生态足迹模型本身而言，仅能反映区域某一时刻的生态状况。然而人们消费水平、消费模式、生产能力以及人口与经济增长是一个连续渐变的过程，因此生态足迹与生态承载力随诸多因素的变化而变化。这种变化宏观地反映在土地利用变化以及人类日渐累积的生产对生态环境的破坏上。就消费与人口及经济增长的关系，生态足迹应当是一个时间变量。所以本研究在时间尺度上引入以下两个基于时间尺度的动态模型。

(1) 变化速率分析法。时间尺度上的多项式一般用于模拟和描述在一个长时间序列中相应数据的动态规律，其曲线在给定时刻的斜率就是数据的变化速率。对于生态足迹与生态承载力在时间尺度上的变化，可以采用如下多项式来描述：

$$EF(t)=a_0+a_1t+a_2t^2+\cdots+a_tt^n \tag{5-1}$$

$$EC(t)=b_0+b_1t+b_2t^2+\cdots+b_tt^n \tag{5-2}$$

式(5-1)和式(5-2)就是生态足迹和生态承载力的一般时间动态模型。对两式分别求一阶导数，可以得到生态足迹和生态承载力在给定时间的变化速率，以反映二者在某一时间的变化趋势。

（2）剪刀差分析法。剪刀差可以用描述生态足迹和生态承载力动态趋势的曲线之间的夹角的大小来表征，用于综合反映二者的变化趋势。计算方式如式（5-3）所示：

$$\alpha=\arccos\frac{1+EF'(t_0)EC'(t_0)}{\{1+[EF'(t_0)]^2\}^{\frac{1}{2}}\{1+[EC'(t_0)]^2\}^{\frac{1}{2}}} \tag{5-3}$$

剪刀差分析法可以看作是在变化速率分析法基础之上的进一步分析。如式（5-3）所示，α 为生态足迹曲线与生态承载力曲线间的夹角，其值即为剪刀差值。α 值越大，表明二者的变化趋势差异更加明显；当 α 值越接近于 0，表明二者变化趋势差异越不显著（见图 5-1）。

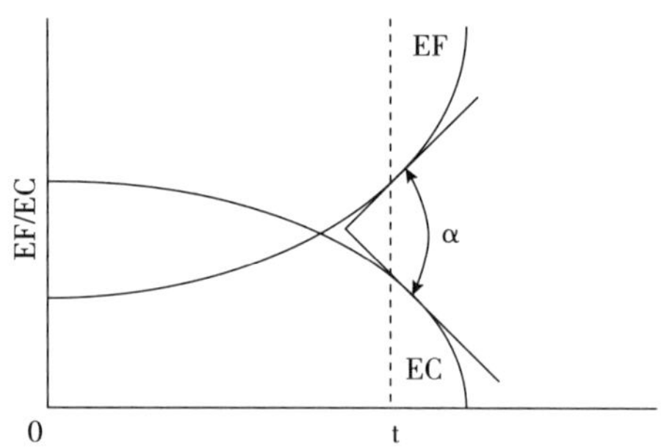

图 5-1　生态足迹和生态承载力趋势线和剪刀差

2. 估算结果

利用式（5-1）和式（5-2）对新疆维吾尔自治区和宁夏回族自治区的生态足迹和生态承载力进行模型拟合，可以得到式（5-4）至式（5-7）。

新疆：$EF_1(t)=1.316+0.02t-0.007t^2+0.001t^3$　（R=0.813）（5-4）

$EC_1(t)=3.971-0.27t+0.023t^2-0.002t^3$　（R=0.997）（5-5）

宁夏：$EF_2(t)=1.611-0.019t+0.004t^2$　（R=0.743）（5-6）

$EC_2(t)=4.206+0.849t-0.256t^2+0.015t^3$　（R=0.996）（5-7）

对以上 4 个方程分别求时间 t 的一阶导数，可以得到生态足迹和生态承载力变化速率方程：

新疆维吾尔自治区人均生态足迹变化速率：$EF'_1(t)=0.02-0.014t+0.003t^2$ (5-8)

新疆维吾尔自治区人均生态承载力变化速率：$EC'_1(t)=-0.27+0.046t-0.006t^2$ (5-9)

宁夏回族自治区人均生态足迹变化速率：$EF'_2(t)=-0.019+0.008t$ (5-10)

宁夏回族自治区人均生态承载力变化速率：$EC'_2(t)=0.849-0.512t+0.045t^2$ (5-11)

再根据式（5-3），可以得到新疆维吾尔自治区和宁夏回族自治区的剪刀差表达式：

新疆维吾尔自治区生态足迹和生态承载力的剪刀差模型：

$$\alpha_1=\arccos\frac{1+(0.02-0.014t+0.003t^2)\times(-0.27+0.046t-0.006t^2)}{\{1+(0.02-0.014t+0.003t^2)^2\}^{\frac{1}{2}}\{1+(-0.27+0.046t-0.006t^2)^2\}^{\frac{1}{2}}} \tag{5-12}$$

宁夏回族自治区生态足迹和生态承载力的剪刀差模型：

$$\alpha_2=arccos\frac{1+(-0.019+0.008t)\times(0.849-0.512t+0.045t^2)}{\{1+(-0.019+0.008t)^2\}^{\frac{1}{2}}\{1+(0.849-0.512t+0.045t^2)^2\}^{\frac{1}{2}}} \tag{5-13}$$

利用式（5-8）至式（5-13），可以得到新疆维吾尔自治区和宁夏回族自治区的生态承载力趋势分析结果（见表 5-6）。新疆维吾尔自治区在 2006~2014 年整个样本期间，人均生态足迹变化速率均为正值，且不断增大，说明人均生态消耗程度在不断加剧；人均生态承载力变化速率均为负值，说明人均生态承载力在不断下降；剪刀差值扩大了近一倍，说明生态足迹与生态承载力的背离趋势越加突出。宁夏回族自治区在 2007~2008 年生态承载力有所好转，但从 2009 年之后，也开始出现了生态足迹与生态承载力的背离趋势，但比新疆维吾尔自治区的情况略好。

表 5-6 新疆维吾尔自治区和宁夏回族自治区的生态承载力变化趋势

省区	年份	人均生态足迹变化速率	人均生态承载力变化速率	剪刀差
新疆维吾尔自治区	2006	0.009	-0.230	0.235
	2007	0.004	-0.202	0.203
	2008	0.005	-0.186	0.189
	2009	0.012	-0.182	0.192
	2010	0.025	-0.190	0.213
	2011	0.044	-0.210	0.251
	2012	0.069	-0.242	0.306
	2013	0.100	-0.286	0.378
	2014	0.137	-0.342	0.466
宁夏回族自治区	2007	-0.011	0.382	0.376
	2008	-0.003	0.005	0.008
	2009	0.005	-0.282	0.280
	2010	0.013	-0.479	0.460
	2011	0.021	-0.586	0.551
	2012	0.029	-0.603	0.572
	2013	0.037	-0.530	0.524
	2014	0.045	-0.367	0.397

进一步，可以对新疆维吾尔自治区和宁夏回族自治区 2015~2020 年的生态承载力变化趋势进行预测，结果如表 5-7 所示。新疆维吾尔自治区的生态承载力变化趋势在此期间仍然没有显著改善，人均生态足迹与人均生态承载力的背离趋势将进一步扩大。宁夏回族自治区的人均生态承载力变化速率从 2016 年之后开始出现正值，说明生态承载力有显著好转，但是剪刀差值显示人均生态足迹与人均生态承载力间的背离趋势仍将拉大。

表 5-7　2015~2020 年新疆维吾尔自治区和宁夏回族自治区的生态承载力变化趋势预测

省区	年份	人均生态足迹变化速率	人均生态承载力变化速率	剪刀差
新疆维吾尔自治区	2015	0.180	-0.410	0.567
	2016	0.229	-0.490	0.681
	2017	0.284	-0.582	0.804
	2018	0.345	-0.686	0.933
	2019	0.412	-0.802	1.067
	2020	0.485	-0.930	1.201
宁夏回族自治区	2015	0.053	-0.114	0.166
	2016	0.061	0.229	0.164
	2017	0.069	0.662	0.516
	2018	0.077	1.185	0.793
	2019	0.085	1.798	0.978
	2020	0.093	2.501	1.098

第四节　甘肃省少数民族贫困县生态赤字及相对资源承载力估算

本节主要利用改进后的生态足迹测算方法，对甘肃省少数民族贫困县生态赤字进行估算，并对于临夏州 7 个扶贫重点县进行相对资源承载力估算。

一、生态赤字估算

对于新疆维吾尔自治区和宁夏回族自治区的测算，所用数据仅来自于历年统计年鉴，没有能够采用县区一级的土地详查数据，测算的结果存在一定的误差。对于甘肃省的生态承载力估算，采用了 2006~2010 年《甘肃省土地利用变更调查》（甘肃省国土资源厅）和《甘肃农村年鉴》数据，基础数据的质量更高。与此同时，本研究认为虽然生态足迹算法已在实践中得到广泛应用，但是相关文献中对该方法的使用缺乏对评估标的的瞄准性。本研究对生态足迹算法进行了改进，具体思路如下：

1. 测算参数利用了最新资料

在近年的相关研究成果中，全球平均产量大多采用 2000 年世界环境与发展委员会（WCED）公布数据，产量因子使用 Rees 和 Wackernagel 于 1996 年的建议数据。这种参数选择没有考虑世界生产效率的进步和地区间生产水平的差异，测算的误差应该较大。本研究中的全球平均产量和产量因子数据分别采用了 2008 年和 2010 年的最新测算结果，同时考虑了省区特征，以便更准确地反映甘肃省的情况。

2. 对各类型土地面积进行了折算处理

甘肃省一部分主要承担生态功能的地区，虽然地广人稀，人均土地面积较大，但是生态十分脆弱，水资源缺乏，旱地和天然草地、改良草地的产出极低。在听取相关专家意见后，本研究对这些地类进行了折算处理，具体方法如下：

耕地面积=灌溉水田面积+望天田面积+水浇地面积+旱地面积×1/10+菜地面积

林地面积=有林地面积+灌木林地面积×1/3+疏林地面积×1/5+未成林造林地面积×1/8+迹地面积+苗圃面积

草地面积=天然草地面积×1/100+改良草地面积×1/10+人工草地面积

建筑用地面积=建设用地总计面积-独立工矿面积×1.2①

水域面积=河流面积+湖泊面积+苇地面积×1/5+滩涂面积×1/10+冰川及永久积雪面积×1/100

① 考虑到独立工矿面积主要是化石燃料用地，不仅不能减缓对环境的破坏，反而会增加破坏，所以增加 20%（即生物多样性保护面积）从建筑用地面积中减去。

3. 提高了生物多样性保护面积

按照世界环境与发展委员会（WCED）的建议，生物多样性保护面积为12%。考虑本研究中地区生态极为脆弱，同时主要承担生态功能，将生物多样性保护面积增加为20%。

利用改进后的生态足迹法估算甘肃省少数民族贫困县区2006~2009年的生态承载力情况（见表5-8）。

表5-8 2006~2009年甘肃省国家级扶贫重县生态赤字估算

地区＼年份	2006	2007	2008	2009
天祝县	-0.7165	-0.6237	-0.6502	-0.7653
临夏县	-0.5310	-0.6552	-1.8168	-0.6591
康乐县	-0.6542	-0.6116	-0.4223	-0.4906
永靖县	-0.9992	-2.0291	-0.9196	-0.9756
广河县	-0.6982	-0.7502	-0.4597	-0.4552
和政县	-0.8225	-0.8658	-0.7513	-0.7741
东乡县	-0.8727	-0.9289	-0.8901	-0.9756
积石山县	-0.6964	-0.7508	-0.5413	-0.6143
合作市	-0.4230	-0.3739	-0.4971	-0.5529
临潭县	-0.3458	-0.3113	-0.4999	-0.5531
卓尼县	0.0491	0.1154	-0.0664	-0.1248
舟曲县	0.1826	0.2088	0.1749	0.1421
夏河县	-0.0000	-1.2190	-1.4443	-1.6124
平均值	-0.5021	-0.6766	-0.6757	-0.6470

二、相对资源承载力估算

相对资源承载力是计算一个地区可承载的适度人口的一种方法，具体是指通过选定资源承载力的理想状态作为参照区（一般选择全国或上一级行政区划单位)，以该参照区人均资源拥有量为标准，将研究区与参照区的资源存量进行对比，从而确定研究区内资源相对可承载的人口数量的研究方法。

本研究的相对资源承载力由两部分构成，一部分为相对土地资源承载力，另一部分是相对经济资源承载力。以此二者为依据，加权平均计算出综合资源承载力。通过与实际人口的比较，能够获取不同时间阶段该地区相对于参照区域的承载状态，包括三种类型：超载状态，实际人口大于相对资源承载人口；富余状态，实际人口小于相对资源承载人口；临界状态，实际人口等于相对资源承载人口。

以临夏州7个国扶贫困县（临夏县、康乐县、永靖县、广河县、和政县、东乡县、积石山县）为对象，估算各县的相对资源承载力。采取如下研究步骤：以全国为参照区，计算各县的相对资源承载力；以甘肃省作为参照区，计算各县的相对资源承载力；以临夏全州作为参照区，计算各县的相对资源承载力；将三个参照区的相对资源承载力赋予不同的权重加总求和，最终计算出临夏州各县的相对资源承载力。再以全国参照区权重为0.2、甘肃省参照区权重为0.3、临夏州参照区权重为0.5来赋值，估算2000~2009年临夏州7个国扶贫困县相对资源和经济承载力（见表5-9）。

表5-9　2000~2009年临夏州贫困县相对资源承载力　　单位：万人

年份	临夏县	康乐县	永靖县	广河县	和政县	东乡县	积石山县
2000	27.66	21.41	23.58	14.98	16.08	21.84	17.31
2001	27.95	21.83	23.47	15.13	16.13	22.43	17.43
2002	27.85	21.70	23.28	14.91	15.79	22.84	17.41
2003	27.75	21.79	28.13	15.33	15.92	23.15	17.58
2004	28.26	21.95	28.66	15.43	16.11	23.24	17.55
2005	26.45	21.19	29.09	14.30	15.58	22.96	17.53
2006	26.43	21.13	28.96	14.26	15.72	22.89	17.47
2007	26.47	21.36	28.84	14.34	15.79	22.84	17.50
2008	27.07	21.37	29.52	14.28	15.87	23.20	17.33
2009	26.77	21.24	29.17	14.19	15.77	23.09	17.27

表5-9中的结果显示，除永靖县的相对资源承载力在十年间有较大幅度的增加外，各县的相对资源承载力变化幅度均不大。永靖县于2003年就提出了具有前瞻性的发展思路，即“吃科技饭、发养殖财、种洋百田、挣外地钱、往好处搬”，促进了当地经济的发展，提高了承载能力。

表5-10显示，除永靖县之外，其余6县都存在不同程度的人口超载，而且其中5县（临夏县、康乐县、广河县、和政县、积石山县）的人口超载情况呈现愈加严峻的趋势。

表5-10 2000~2009年临夏州贫困县人口超载情况

单位：万人

年份	临夏县	康乐县	永靖县	广河县	和政县	东乡县	积石山
2000	9.08	2.33	-3.79	5.07	2.88	4.10	5.07
2001	9.09	2.11	-4.39	5.12	2.95	3.71	5.16
2002	9.47	2.43	-3.30	5.55	3.42	3.55	5.37
2003	9.84	2.47	-7.92	5.16	3.31	3.50	5.23
2004	9.61	2.51	-8.33	5.28	3.27	3.68	5.49
2005	11.01	2.98	-9.07	6.20	3.52	3.69	5.26
2006	10.77	3.17	-9.53	6.64	3.46	3.92	5.43
2007	10.92	2.98	-8.88	6.75	3.47	4.21	5.51
2008	10.56	3.33	-9.68	7.36	3.40	3.98	5.66
2009	11.09	3.48	-9.07	7.71	3.65	3.47	5.91
整体趋势	递增	递增	递减	递增	递增	递减	递增
承载状态	超载+++	超载+	富余	超载++	超载+	超载+	超载++

第五节 小结与启示

本章利用生态足迹法对新疆维吾尔自治区、宁夏回族自治区和甘肃省[①]的

① 由于缺乏青海省县级行政区的土地详查数据，所以本章未能对青海省各贫困县区的生态承载力进行估算。但是这并不影响本章的基本结论。

少数民族国家级扶贫重点县的生态承载力进行了判断，可以得出如下几个结论：

第一，在整个样本期间，各少数民族国家级扶贫重点县的生态压力逐年增大。如图 5-2 所示，新疆维吾尔自治区贫困县的生态赤字平均值从 2006 年的 0.8333 增加到 2014 年的 3.2563；宁夏回族自治区贫困县的生态赤字平均值从 2007 年的 1.0592 增加到 2014 年的 3.2563；甘肃省少数民族贫困县的生态赤字平均值从 2006 年的 0.5021 增加到 2009 年的 0.6470。这说明在一定程度上，西北民族地区的国家级扶贫重点县区并没有实现绿色增长，而是以牺牲生态环境为代价获得收益增加。

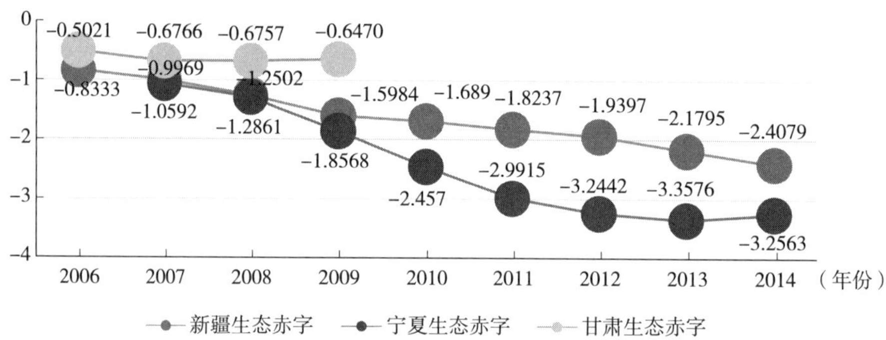

图 5-2　2006~2014 年西北三省区贫困县生态赤字平均值

第二，自然条件和人口状况是生态承载力高低的初始决定因素。以甘肃省少数民族贫困县区为例，根据各县区生态赤字的大小、趋势、突变等特征，可以将甘肃省少数民族贫困县区的生态承载力变化趋势归结为以下六种：

其一，生态赤字较大，且改善不明显。该类地区各年生态赤字数值大于 0.5，且不存在明显的变化趋势，主要包括东乡、积石山。这一地区土地垦殖率高，人口密度较大，部分丘陵山地人口密度超过 350 人/千平方米。农业生产以旱作为主，多山坡地，生产结构单一，耕作粗放，广种薄收，生产水平低，产量低而不稳，贫困面较大。在现有的生产力发展水平上，人口已经超载。本区生态脆弱，水土流失严重，农业发展水平低，同时也为自然灾害多发地区。

其二，生态赤字较大，且逐步恶化。该类地区各年生态赤字均值大于0.5，且存在明显的增加趋势，主要包括天祝、夏河。天祝地区横跨石羊河流域及黄河流域，植被以草原草甸为主，山麓地带有一些草原和灌木，自然条件较差，生态环境脆弱。夏河地区虽然人口稀疏，受全球气候变暖、草场超载过牧、鼠害及人为采药等因素的影响，草地出现明显退化，草地畜牧业的可持续发展受到威胁。

其三，生态赤字较大，但有所改善。该类地区各年生态赤字均值大于0.5，且存在明显的下降趋势，主要包括康乐、广河、和政。该区域位于陇中黄土丘陵地带，属半干旱温凉气候，年降水量300~650毫米，海拔1100~3200米。地形以黄土丘陵为主，还有一些土石山地和河谷川道，地面破碎，水土流失严重。植被类型由南部的森林草原带到中部的半干旱草原带再到北部的半干旱、干旱荒漠草原带，植被覆盖程度低，局部地区分布着天然次生林，有较好的植被覆盖。由于该区属黄土高原丘陵区，气候温凉无霜期短，各种气象灾害多发。

其四，生态赤字不大，但较敏感。该类地区各年生态赤字均值小于0.5，且存在明显的极大值点，主要包括临夏县。临夏县地貌为青藏高原、黄土高原参半，多山沟，兼有塬、川，水资源较为丰富，2008年人均生态足迹达到1.88，比2007年的0.88增加了1.0，2008年人均生态赤字显著。

其五，生态赤字不大，且较稳定。该类地区各年生态赤字均值小于0.5，且不存在明显变化趋势，主要包括合作、临潭、卓尼。合作、卓尼、临潭地区气候温寒，山地面积大，山高谷深，地表高差变化剧烈。区内植被茂密，为甘肃省重要的林区，其生态功能十分重要，是洮河上游的重要水源涵养地。

其六，生态盈余，且较稳定。该类地区各年均有生态盈余，主要包括舟曲。舟曲西南与四川九寨沟接壤，全境天然植被良好，生态环境优美。

第三，能源需求的快速增长显著加大了贫困县区的生态承载压力。以宁夏回族自治区的贫困县区情况为例，2007年生态承载力的能源人均需求仅为1.6052，2014年显著增长为3.2897，大幅增加了贫困县的生态承载压力。

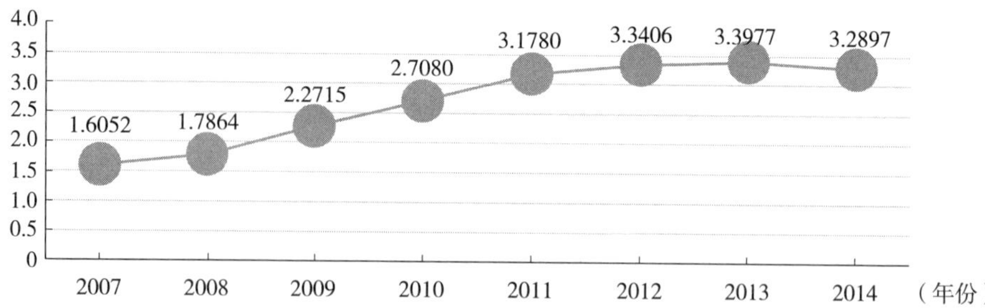

图 5-3　宁夏回族自治区生态承载力能源人均需求

如果把上述结论与第四章关于产业结构对贫困变动影响的研究结论相结合，可以得出 2006~2014 年西北民族地区扶贫工作的一个基本路径，如图 5-4 所示。

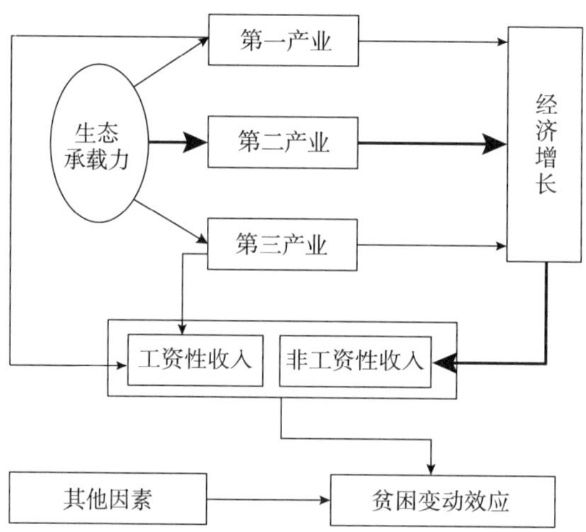

图 5-4　2006~2014 年西北民族地区扶贫工作的基本路径

西北民族地区贫困人口的收入增加主要来自于两个途径：其一是工资性收入，这一部分收入主要通过第一产业、第三产业的发展产生，这也是样本期间吸纳贫困人口就业的主要渠道。但是由于贫困县区的第一产业、第三产业发展相对缓慢，贫困人口由此改善境遇的成效并不显著。其二是非工资性收入，这一部分收入主要来源于国民收入再分配。其基本路线是，通过第二产业带动总体经济增长，再由财政支出增加贫困人口的非工资性收入。这与西北民族地区的贫困县区以“第二产业带动经济增长，再以‘工业反哺农业’”的发展思路是一致的。但是其代价也是十分明显的，主要是生态承载力的显著下降，尤其是由能源需求大幅增长带来的生态承载力下降。

综合上述论断，从长期的绿色增长战略着眼，在西北民族贫困县区要以生态环境建设为目标，合理安排区域产业结构，减轻土地承载压力，协调人口、资源和环境的关系，提高区域的可持续发展能力。在以后的产业政策中应当重点做好以下几个方面的工作：

第一，制定区域生态环境发展规划及目标。要以重要生态环境建设项目为核心，提高生态环境的功能效应，突出生态保护区建设，增强环境保护能力。

第二，制定与区域环境目标相一致的产业发展政策。要求在对区域农业自然资源和社会经济条件正确分析与评价的基础上，确定农业资源开发与利用方向、规模、强度；合理调整产业结构，农业资源的开发利用必须服从于生态环境建设，如在农业生态较脆弱的地区鼓励林草产业的发展，在缺水的地区限制耗水量大的农业产业发展、鼓励耗水少的农业产业发展，以维持农业生态环境基础；落实生产力的合理布局政策；从区域农业生态承载力和环境容量来衡量和布局产业发展；通过合理确定或调整有关农业产业的布局，在发挥区域比较优势的同时，减轻或避免环境污染和生态退化。

第三，加强区域农业生态环境的综合治理。要通过对包括水土流失、土地沙漠化、土壤盐渍化及工业污染在内的环境问题的有效治理，促进区域生态环境的良好循环，增强环境发展能力。

可以根据贫困县区的生态条件特点，因地制宜地采取以下多种拓展方向和途径：①对于水土易流失地区，重点是水土保持，有效阻止降水和土壤养分流失；以小流域治理为单元，以陡坡地退耕还林为突破口，稳定基本农田建设规模，山、水、田、林、路综合治理，分片开发；加强现有植被的保护，营造不同结构的乔、灌、草植被系统，确保城镇的生态安全。该区应立足自然条件，适度发展生态旅游、休闲农业。②对于自然植被较好的地区，应注意保护自然资源，搞好发展生产和保护环境的和谐关系，要利用生物资源丰富多样的特点，适度发展药材种植；利用山高林密的优越条件，合理保护野生动植物资源，逐步拓展生态旅游、休闲农业功能。③对于绿洲农业地区，应以防沙治沙为核心，强化水源涵养林的建设，逐步培育和扩大森林资源，不断提高森林的涵养水源能力。绿洲地区完善农田林网建设，在沙漠边缘地区采取综合治理措施，遏制荒漠化，保护绿洲，从而为农产品供给功能与生态调节功能创造良好的环境条件。在注重水土保持、充分考虑自然环境承载力基础上，合理安排发展农产品供给功能，向生态调节、农产品供给双功能方向发展。④对于高寒牧业地区，不应盲目力图通过发展畜牧业生产增加农牧民收入，应在特别重视水土保持、充分考虑自然环境承载力基础上，发展生态旅游和生态农业。重点是保护现有草场资源不再退化，限制超载过牧，积极防治鼠害，通过围栏、封育、轮牧和人工种草加快草地生态系统的恢复和建设。做好江河源头生态保护。结合生态移民引导牧民向小城镇定居，转变生产结构和生活方式，保护草原生态环境。

第六章 基本公共服务对贫困变动的影响分析

改革开放以来，我国经济持续快速增长，经济发展方面取得的成就助推了我国社会建设的发展，尤其是市场化进程中政府职能的转变，极大地推动了公共服务事业的发展。但与此同时，公共服务领域市场机制的引入、公共服务资金的部分个人化以及各地方政府财政投入的差别，也导致公共服务领域出现了地区之间、城乡之间、不同人群之间公共服务提供和享有的不均等问题。如今，在人们生活水平普遍提高、对公共服务需求相应提高的同时，人们对公共服务相关领域的不均等也产生了不满。这一现象在西北民族地区尤为明显，已经成为影响西北民族地区全面小康社会建设和和谐社会建设的重要问题。本章作为研究贫困变动效应的第三个平行对照系统，重点探讨基本公共服务对贫困变动的影响。

第一节 相关研究述评

相关研究表明，政府的公共服务支出能够从多方面发挥减贫效果。王娟等（2012）根据1994~2004年的中国省级面板数据分析得出，社会救济、基本建设支出和农业性公共支出对减贫具有显著效果，但科教文卫支出作用并不显著。胡江辉（2009）对7种类型公共服务支出的减贫力度进行了分析，认为教育投资的减贫力度较大，然后依次是研发、公路、电话、电力和灌溉等。此外，相关研究还对各类公共服务支出的减贫效果开展了针对性分析：

Van de Walle（2002）、鞠晴江（2006）和郭君平（2013）重点研究了交通基础设施的作用。这些研究普遍认为，在一定条件下，这些投入有助于增加非农人口的就业机会，降低农业生产、运输和劳动力转移成本，提高社会服务可得性，并促进农业产业结构调整和乡村旅游资源开发等。

Wu（2008）、尹飞霄（2013）分别研究了人力资本对减贫的成效，认为人力资本对减贫具有积极效果，但存在明显的门槛特征——当人力资本水平较低时，它的减贫效果相对较高。

Jamison（2005）利用53个国家1965~1990年的数据研究了健康对于经济增长的贡献，认为健康的改善可以解释11%的收入增长。

此外，相关研究还认为，公共服务支出对不同收入组家庭影响并不相同。如田飞丽等（2014）的研究认为，增加农业基础设施建设支出和农户信贷支出有利于减少农村贫困人口数量，但由于贫困家庭在资源获得过程中处于不利地位，可能导致贫困与非贫困群体间的收入差距、贫困群体内部的不平等程度不断扩大。

综合上述研究，公共服务支出具有明显的减贫成效是较为一致性的结论。只是由于样本的差异，导致结论中对公共服务具体项目的减贫成效在排序上有所差别。与上述研究不同，本研究认为，目前社会各界对公共服务的关注程度空前提高，这一方面反映了经济发展取得巨大成就之后，人们的需求结构有了变化；另一方面也反映出在共同富裕的社会主义发展目标指导下政府在公共服务中的价值取向相应调整。所以，判断贫困状况的改善标准不应单纯是贫困人口收入的提高或贫困人口数量的下降，而是与非贫困人口收入距离的拉近，否则将无法体现“共同富裕”这一本质要求，因此需要对前述章节得出的西北民族地区贫困人口的相对农民纯收入增长率进行重新估计。

第二节　公共服务均等化的省际差异与效率

公共服务均等化早已成为许多国家的基本政策取向。与此相适应，国外学者们对公共服务均等化的实证研究也更系统和全面。研究主要围绕三个方面展开，即指标选择、模型构造和估计方法。一是指标数量的增加和结构的改进，如 Berman 等（1989）仅以“覆盖率”为指标考察了印度尼西亚基础医疗状况，而在 Levine 等（1992）的模型中，已运用了 50 多个变量来解释公共支出效率；Landau（1986）在截面数据分析的基础上，首次采取了混合截面数据分析，而 Grier（1989）已采用面板数据对 24 个 OECD 国家与其他 89 个国家的数据进行了时序和截面数据的综合分析。二是模型构造从传统的生产函数、成本函数和自回归分析等计量经济模型向复杂系统建模方向发展。三是估计方法的创新，如 Barro（1990）利用的 OLS 估计法和 Folster 等（1999）采用的 GLS 估计法；而对于变量的具体数据无法获得的模型估计，研究者主要采用了 IV 和 GMM 的分阶段估计方法；Conte 等（1988）利用格兰杰因果检验法，证明公共服务供给与经济增长之间的关系是不确定的；Holnes 等（1990）运用了基于秩的序列非参数因果检验方法等。

国内学者在借鉴国外相关研究成果的同时，与本国及地区的社会经济发展特殊需求相适应，也已展开并进行着卓有成效的研究，成果较为丰富。专门针对民族地区公共服务均等化问题的探讨，主要有两种代表模式：第一种为三段模式，基本思路为“表述现象—列出问题—提出对策”，此类研究在成果总量中占相当比例，但由于缺乏相应的实证分析，很难提出客观和富有实践价值的结论；第二种为比较模式，即通过将民族与非民族地区或东部发达地区比较，从而找出在公共服务均等化方面的差距，但此类研究缺乏对历史原因、禀赋条件和意识形态等方面的区分。

考虑到实现公共服务均等化在维护西北民族地区安定团结和推进各项社会事业建设进程中的重要意义，本节首先选取了甘肃省、青海省、宁夏回族自治区和新疆维吾尔自治区 4 个西北民族地区作为研究样本，并以内蒙古自治区、广西壮族自治区、云南省、贵州省、西藏自治区 5 个少数民族省区作为平行对照系统的研究样本，从多个视角对其公共服务均等化问题展开讨论。

一、指标体系构建

在类似研究中，用于评价公共服务状况的指标主要集中于公共服务投入类因素，而产出类多以单一指标（如 GDP 增长率、人均 GDP 增长率、收入增长率等）反映。这样处理虽然方便了数据获取和计量模型的构建，但是对于公共服务是否直接具备增长效应仍然缺乏有力的支持证据。

本研究结合西北民族地区相关统计资料，构建指标体系（见表 6-1）。这一指标体系共包含 2 项一级指标、13 项二级指标和 22 项三级指标。在这一指标体系中，公共服务投入方面涉及基础教育、医疗卫生、公共设施、环境保护、社会保障、公共文化和公共安全 7 个方面的指标；公共服务产出方面涉及基础教育、医疗卫生、交通通信、环境保护、社会保障和公共文化 6 个方面的指标。这些指标从多个角度反映了北部民族地区公共服务均衡化的状况。

表 6-1　公共服务均等化评价指标体系

<table>
<tr><td rowspan="15">评价指标体系</td><td>一级指标</td><td>二级指标</td><td>三级指标</td></tr>
<tr><td rowspan="7">公共服务投入指标</td><td>基础教育</td><td>人均经费投入（元）</td></tr>
<tr><td>医疗卫生</td><td>人均经费投入（元）</td></tr>
<tr><td>公共设施</td><td>人均经费投入（元）</td></tr>
<tr><td>环境保护</td><td>人均经费投入（元）</td></tr>
<tr><td>社会保障</td><td>人均经费投入（元）</td></tr>
<tr><td>公共文化</td><td>人均经费投入（元）</td></tr>
<tr><td>公共安全</td><td>人均经费投入（元）</td></tr>
<tr><td rowspan="7">公共服务产出指标</td><td rowspan="2">基础教育</td><td>小学生师比</td></tr>
<tr><td>初中生师比</td></tr>
<tr><td rowspan="2">医疗卫生</td><td>每万人拥有卫生技术人员数（人）</td></tr>
<tr><td>每万人拥有医疗机构床位数（张）</td></tr>
<tr><td rowspan="3">交通通信</td><td>每万人拥有公共部门运营汽车数（辆）</td></tr>
<tr><td>移动电话普及率（百人/部）</td></tr>
<tr><td>固定电话普及率（百人/部）</td></tr>
</table>

续表

<table>
<tr><th></th><th>一级指标</th><th>二级指标</th><th>三级指标</th></tr>
<tr><td rowspan="8">评价指标体系</td><td rowspan="8">公共服务产出指标</td><td rowspan="2">环境保护</td><td>工业废水排放达标率（%）</td></tr>
<tr><td>工业固体废物综合利用率（%）</td></tr>
<tr><td rowspan="3">社会保障</td><td>基本医疗保险参保率（%）</td></tr>
<tr><td>失业保险参保率（%）</td></tr>
<tr><td>养老保险参保率（%）</td></tr>
<tr><td rowspan="3">公共文化</td><td>每万人拥有文化馆、图书馆等数量（个）</td></tr>
<tr><td>广播节目综合人口覆盖率（%）</td></tr>
<tr><td>电视节目综合人口覆盖率（%）</td></tr>
</table>

二、公共服务投入的省际差异分析

公共服务投入的省际差异主要体现在两个方面：一是投入总量上的差异，二是投入项目上的差异（见表6-2）。从变异系数来看，除云南省、内蒙古自治区、宁夏回族自治区三个省区外，其余省区均高于全国水平，其中新疆维吾尔自治区、西藏自治区、贵州省等落后地区的投入差异更为显著。从公共服务各项具体投入指标来看，非均等的排序依次为社会保障、基础教育、公共安全、公共设施、公共文化、医疗卫生和环境保护。

表6-2　公共服务投入的省际差异比较

地区＼指标	公共服务总支出	公共设施	基础教育	公共安全	环境保护	社会保障	公共文化	医疗卫生
全国	0.6574	0.1229	0.2333	0.2022	0.3706	0.2241	0.2560	0.3715
内蒙古	0.6388	0.1687	0.3062	0.2913	0.2352	0.2941	0.3044	0.4397
广西	0.7114	0.1351	0.2711	0.1767	0.5706	0.3216	0.1705	0.4830
贵州	0.7076	0.1460	0.2250	0.2478	0.2992	0.3067	0.2047	0.4077
云南	0.6360	0.1186	0.2871	0.2337	0.3921	0.2610	0.2353	0.3680
西藏	0.7106	0.1565	0.2589	0.3253	0.4147	0.2626	0.2699	0.3292

续表

指标 地区	公共服务总支出	公共设施	基础教育	公共安全	环境保护	社会保障	公共文化	医疗卫生
甘肃	0.6703	0.1344	0.2423	0.2699	0.2855	0.2894	0.2830	0.3777
青海	0.8329	0.1153	0.3553	0.3439	0.3172	0.6216	0.3278	0.2963
宁夏	0.5940	0.1289	0.2415	0.3202	0.3687	0.2505	0.4360	0.4519
新疆	0.7034	0.1240	0.3214	0.3804	0.3418	0.3121	0.1696	0.3544

资料来源：由 2008~2011 年的《中国统计年鉴》和 9 个分省区统计年鉴计算得到。

三、公共服务产出的省际差异分析

考虑到各省区在要素禀赋方面的差异，采用因子分析法对民族地区公共服务产出均等化水平进行估算。提取 4 个公共因子的累计方差贡献率为 84.572%。经过正交旋转后，各因子的情况如下：第 1 因子主要体现了“基本医疗保险参保率”“失业保险参保率”和“养老保险参保率”三项指标，可以命名为“社会保障类因子”；第 2 因子主要体现了“工业废水排放达标率”和“工业固体废物综合利用率”两项指标，可以命名为“环境保护类因子”；第 3 因子主要体现了“小学师生比”和“初中师生比”两项指标，可以命名为“基础教育类因子”；第 4 因子主要体现了“每万人拥有卫生技术人员数”和“每万人拥有卫生机构床位数”两项指标，可以命名为“医疗卫生类因子”。各省区的因子得分情况如表 6-3 所示。其中，内蒙古自治区在“环境保护类”和“社会保障类”两项因子得分较高；新疆维吾尔自治区在“社会保障类”和“医疗卫生类”两项因子得分较高；宁夏回族自治区、青海省在“社会保障类”和“基础教育类”两项因子得分较高；甘肃省在“医疗卫生类”一项因子的得分较高；云南省在“环境保护类”和“医疗卫生类”两项因子得分较高；贵州省在“基础教育类”和“医疗卫生类”两项因子得分较高；广西壮族自治区在“环境保护类”和“基础教育类”两项因子得分较高；西藏自治区各项因子得分都不突出。

表 6-3　公共服务产出的因子得分情况

指标 地区	社会保障类 因子得分	环境保护类 因子得分	基础教育类 因子得分	医疗卫生类 因子得分	均等化综合 因子得分	综合因子 得分排名	综合因子 得分分类
西藏	-0. 3059	-0. 4384	-0. 0957	-0. 0974	0. 0316	5	第二类
新疆	0. 2935	-0. 1700	-0. 1824	0. 1025	-0. 7675	7	第二类
青海	0. 3350	-0. 3004	0. 1254	-0. 0580	0. 6063	4	第一类
内蒙古	0. 1712	0. 1309	-0. 2272	-0. 0808	0. 7230	1	第一类
宁夏	0. 5938	-0. 0287	0. 1584	0. 0049	0. 6712	2	第一类
甘肃	-0. 3623	-0. 0442	-0. 0713	0. 0114	-0. 5181	6	第二类
云南	-0. 3791	0. 0977	-0. 0262	0. 1179	-1. 2843	8	第三类
贵州	-0. 2393	-0. 2142	0. 1847	0. 1050	-1. 5146	9	第三类
广西	-0. 3591	0. 3300	0. 1368	-0. 0522	0. 6235	3	第一类

资料来源：由 2008~2011 年的《中国统计年鉴》和 9 个分省区统计年鉴计算得到。

聚类分析显示：内蒙古自治区、宁夏回族自治区、广西壮族自治区、青海省的综合因子得分最高，属于第一类型地区；西藏自治区、甘肃省、新疆维吾尔自治区的综合因子得分较高，属于第二类型地区；云南省、贵州省的综合因子得分最低，属于第三类型地区。

四、公共服务投入—产出效率分析

“基于相对指标的效率分析，既不涉及提高服务的成本因素，也不涉及公共服务的质量因素，因而能够相对准确、客观地评价公共服务效率”。因此，本节选取各省区的公共文化、环境保护、基础教育、社会保障和医疗卫生 5 个方面的指标，采用 DEA 评价的 VRS 方法进行投入—产出效率测算，结果如表6-4所示。

表 6-4　投入—产出效率的 DEA 评价结果

指标	公共文化				环境保护				基础教育				社会保障				医疗卫生			
地区	技术效率	纯技术效率	规模效率	规模效益	技术效率	纯技术效率	规模效率	规模效益	技术效率	纯技术效率	规模效率	规模效益	技术效率	纯技术效率	规模效率	规模效益	技术效率	纯技术效率	规模效率	规模效益
全国	0.812	1.000	0.812	drs	0.617	1.000	0.617	drs	0.705	0.777	0.908	irs	1.000	1.000	1.000	—	0.973	1.000	0.973	drs
西藏	0.725	1.000	0.725	drs	0.158	0.284	0.556	irs	0.258	0.317	0.812	irs	0.200	0.365	0.549	irs	0.273	0.290	0.940	irs
新疆	0.478	0.489	0.978	drs	0.335	0.470	0.713	irs	0.386	0.521	0.741	irs	0.708	0.749	0.946	irs	1.000	1.000	1.000	—
青海	1.000	1.000	1.000	—	0.105	0.164	0.638	irs	0.529	0.529	1.000	—	0.279	0.302	0.926	irs	0.471	0.472	0.998	drs
内蒙古	0.844	1.000	0.884	drs	0.200	0.215	0.929	irs	0.369	0.572	0.646	irs	0.544	0.556	0.980	irs	0.768	0.805	0.954	irs
宁夏	0.777	0.787	0.998	drs	0.197	0.229	0.863	irs	0.564	0.580	0.971	drs	1.000	1.000	1.000	—	0.778	0.803	0.968	drs
甘肃	0.675	0.681	0.991	irs	0.329	0.383	0.858	irs	0.644	0.739	0.872	irs	0.511	0.589	0.868	irs	0.829	0.883	0.939	irs
云南	0.872	0.964	0.905	drs	0.509	0.538	0.946	irs	0.829	0.883	0.938	irs	0.441	0.592	0.744	irs	0.613	0.710	0.864	irs
贵州	0.893	0.937	0.954	irs	0.473	0.593	0.796	irs	0.885	1.000	0.885	drs	0.686	0.953	0.720	irs	0.765	0.851	0.898	irs
广西	1.000	1.000	1.000	—	1.000	1.000	1.000	—	1.000	1.000	1.000	—	0.845	1.000	0.854	irs	1.000	1.000	1.000	—
平均效率	0.808	0.886	0.920		0.392	0.448	0.792		0.617	0.692	0.877		0.621	0.711	0.858		0.747	0.781	0.953	
最小值	0.478	0.489	0.725		0.105	0.164	0.556		0.258	0.317	0.646		0.200	0.302	0.549		0.273	0.290	0.864	
最大值	1.000	1.000	1.000		1.000	1.000	1.000		1.000	1.000	1.000		1.000	1.000	1.000		1.000	1.000	1.000	
变异系数	0.194	0.200	0.102		0.691	0.681	0.194		0.392	0.326	0.132		0.447	0.378	0.172		0.318	0.302	0.047	

注："drs""irs"和"—"分别表示规模报酬递减、规模报酬递增和规模报酬不变。

1. 公共文化的投入—产出效率

在技术效率方面，广西壮族自治区的效率最高，西藏自治区和甘肃省的效率较低，省区间差异不显著（变异系数为0.194）；在纯技术效率方面，西藏自治区、青海省、内蒙古自治区和广西壮族自治区的效率较高，新疆维吾尔自治区和甘肃省的效率较低，省区间差异不显著（变异系数为0.2）；在规模效率方面，青海省和广西壮族自治区的效率较高，西藏自治区的效率最低，省区间差异不显著（变异系数为0.102）；在规模效益方面，青海省和广西壮族自治区的效率较高，贵州省和甘肃省需要加大公共文化投入。

2. 环境保护的投入—产出效率

在技术效率方面，广西壮族自治区的效率最高，青海省、宁夏回族自治区和西藏自治区的效率较低，省区间差异显著（变异系数为0.691）；在纯技术效率方面，广西壮族自治区的效率最高，青海省的效率最低，省区间差异显著（变异系数为0.681）；在规模效率方面，广西壮族自治区的效率最高，西藏自治区最低，省区间差异不显著（变异系数为0.194）；在规模效益方面，广西壮族自治区效率较高，其他民族地区都需要加大环境保护投入。

3. 基础教育的投入—产出效率

在技术效率方面，广西壮族自治区的效率最高，内蒙古自治区和新疆维吾尔自治区效率较低，省区间存在一定差异（变异系数为0.392）；在纯技术效率方面，贵州省和广西壮族自治区的效率较高，西藏自治区效率较低，省区间存在一定差异（变异系数为0.326）；在规模效率方面，青海省和广西壮族自治区的效率较高，内蒙古自治区效率较低，省区间不存在显著差异（变异系数为0.132）；在规模效益方面，青海省和广西壮族自治区效率较高，其他民族地区都需要加大基础教育投入。

4. 社会保障的投入—产出效率

在技术效率方面，宁夏回族自治区的效率最高，西藏自治区最低，省区间存在一定的差异（变异系数为 0.447）；在纯技术效率方面，宁夏回族自治区和广西壮族自治区效率较高，青海省、西藏自治区较低，省区间存在一定差异（变异系数为 0.378）；在规模效率方面，宁夏回族自治区的效率最高，西藏自治区最低，省区间差异不显著（差异系数为 0.172）；在规模效益方面，宁夏回族自治区效率较高，其他省区都需要加大社会保障投入。

5. 医疗卫生的投入—产出效率

技术效率方面，新疆维吾尔自治区和广西壮族自治区的效率较高，西藏自治区和青海省较低，省区间存在一定差异（变异系数为 0.318）；在纯技术效率方面，新疆维吾尔自治区和广西壮族自治区的效率较高，西藏自治区和青海省较低，省区间差存在一定差异（变异系数为 0.302）；在规模效率方面，新疆维吾尔自治区和广西壮族自治区效率较高，云南省最低，省区间不存在显著差异（差异系数为 0.047）；在规模效益方面，新疆维吾尔自治区和广西壮族自治区效率较高，贵州省、云南省、甘肃省、内蒙古自治区和西藏自治区等省区需要加大医疗卫生投入。

第三节　公共服务投入对贫困变动的影响

结合相关文献和数据可得性，本研究构建如下模型：

$$pi_{it}=\beta_1 \cdot grog_{it}+\beta_2 \cdot x_{it}+\phi y_{it}+\alpha_t+\mu_i+\varepsilon_{it} \quad (6-1)$$

其中，pi 是因变量，在模型中用各县区的贫困指数来表示。α 和 μ 分别用于控制时间效应和地区效应。grog 为各县区的国民生产总值增长率，用于体现经济增长整体情况。x 为一组体现产业结构的变量：efa 表示人均农林水事务支出，efs 表示人均科学技术支出，efm 表示人均医疗卫生支出，efe 表示人均教育支出。y 为一组控制变量：ul 为城镇人口占总人口比重，用于控制城市化水平；cog 为消费与国民生产总值之比，用于控制地区消费水平；iog 为投资与国民生产总值之比，用于控制地区投资规模。β_1 和 β_2 为本研究测算的重点。按照经济增长与减贫存在非均衡性的假定，则 β_1 应当小于 0 或不显著；如果存在基本公共服务对贫困变动的显著影响，则 β_2 应显著。

分析用样本采用了 2009~2014 年青海省 12 个贫困县区的面板数据，这些数据来自于各年份的《青海统计年鉴》。由于存在一定的数据缺失，最终得到一组样本量为 72 的平行面板数据。表 6-5 显示了样本的描述性统计情况。

表 6-5　描述性统计

Variable	Obs	Mean	Std. Dev.	Min	Max
pi	72	-0. 51	15. 84	-59. 64	96. 90
grog	72	18. 62	35. 04	-32. 99	250. 77
efa	69	2042. 02	1441. 567	12. 37	5594. 27
efs	59	48. 00	70. 84	0. 43	252. 55
efm	70	652. 74	351. 79	9. 13	1956. 99
efe	69	1775. 98	1039. 30	18. 71	5296. 10
ul	72	18. 59	8. 25	3. 91	46. 00
cog	71	16. 97	9. 92	4. 37	45. 78
iog	71	127. 42	157. 73	3. 20	978. 28

对模型（6-1）进行 Hauaman 检验得到的 P-value 为 0. 7742，显示采用随机效应模型是合适的。逐步回归的估计结果如表 6-6 所示。

表 6-6　逐步回归估计结果

Variable	Reg. 1	Reg. 2	Reg. 3	Reg. 4	Reg. 5
Dependent Variable：pi					
grog	-0. 130**	-0. 086**	-0. 095**	-0. 113**	-0. 114**
	(0. 056)	(0. 051)	(0. 055)	(0. 054)	(0. 055)
efa		-0. 001	-0. 002	0. 001	-0. 001
		(0. 001)	(0. 002)	(0. 002)	(0. 003)

续表

Variable	Reg. 1	Reg. 2	Reg. 3	Reg. 4	Reg. 5
Dependent Variable：pi					
efs			0. 003 (0. 038)	0. 037 (0. 043)	0. 020 (0. 046)
efm				−0. 018* (0. 010)	−0. 020** (0. 010)
efe					0. 004 (0. 004)
ul	−0. 006 (0. 236)	−0. 042 (0. 212)	−0. 003 (0. 246)	0. 032 (0. 249)	0. 036 (0. 246)
cog	0. 176 (0. 196)	−0. 012 (0. 183)	0. 018 (0. 216)	0. 114 (0. 228)	0. 114 (0. 224)
iog	0. 001** (0. 012)	0. 027** (0. 013)	0. 028** (0. 014)	0. 032** (0. 015)	0. 033** (0. 014)
Cons	−0. 964 (5. 801)	2. 160 (6. 144)	3. 149 (7. 566)	5. 566 (7. 782)	4. 314 (8. 081)
Obs	72	72	72	72	72

注：表中 *、** 分别表示在 10%、5%水平下显著，括号内数据为标准差。

表 6-6 中数据显示贫困指数与县区的国民生产总值之间存在显著的负相关关系，证实了经济增长与减贫成效之间存在非均衡性的论断。第 2 列中增加了人均农林水事务支出作为自变量，回归结果显示其与减贫成效之间不存在显著关系。第 3 列增加了人均科学技术支出作为自变量，结果显示其与减贫成效之间不存在显著的相关关系。第 4 列中增加了人均医疗卫生支出作为自变量，结果显示其与减贫成效之间存在一定的负相关关系，系数仅为 -0. 018；第 4 列中增加了人均教育支出作为自变量，其与减贫成效之间不存在显著的相关关系。此外，在控制变量中，消费与减贫成效之间不存在显著性相关关系，投资与减贫成效之间存在显著性正相关关系。

第四节　贫困县区基本公共服务综合评价

为了进一步明确减贫成效与基本公共服务之间的关系，本节利用主成分分析方法，对青海省国家级扶贫重点县的基本公共服务情况进行综合评价。基础评价指标体系及描述性统计结果如表 6-7 所示。

表 6-7　描述性统计

变量名称	变量代码	样本数	均值	标准差	极小值	极大值
普通中学生师比	X_1	54	20. 58	14. 32	8. 20	78. 34
普通小学生师比	X_2	54	23. 28	12. 80	10. 67	106. 60
每千人拥有技术人员数（人/千人）	X_3	54	12. 83	6. 25	0. 41	24. 04
每千人拥有公共图书数（册/千人）	X_4	54	1806. 68	4246. 67	4. 19	17323. 94
每千人拥有医疗机构床位数（张/千人）	X_5	54	2. 38	1. 11	0. 54	5. 24
每千人拥有卫生机构技术人员数（人/千人）	X_6	54	2. 19	1. 05	0. 35	5. 65
新型农村合作医疗参保人数占农村总人口比重（%）	X_7	54	87. 42	21. 15	3. 67	100
新型农村社会养老保险参保人数占农村总人口比重（%）	X_8	54	45. 76	21. 54	1. 87	95. 59

提取 5 个主成分的累计方差贡献率为 89. 355%，涵盖了解释变量的全部信息（见表 6-8）。碎石图显示提取 5 个主成分是适当的，如图 6-1 所示。

表 6-8　解释总方差情况

主成分	解释总方差		正交旋转后解释总方差	
	方差贡献（%）	累计方差贡献（%）	方差贡献（%）	累计方差贡献（%）
第 1 主成分	31. 829	31. 829	23. 366	23. 366
第 2 主成分	23. 322	55. 151	23. 080	46. 446
第 3 主成分	13. 477	68. 628	16. 875	63. 321
第 4 主成分	11. 703	80. 331	13. 041	76. 362
第 5 主成分	9. 025	89. 355	12. 994	89. 355

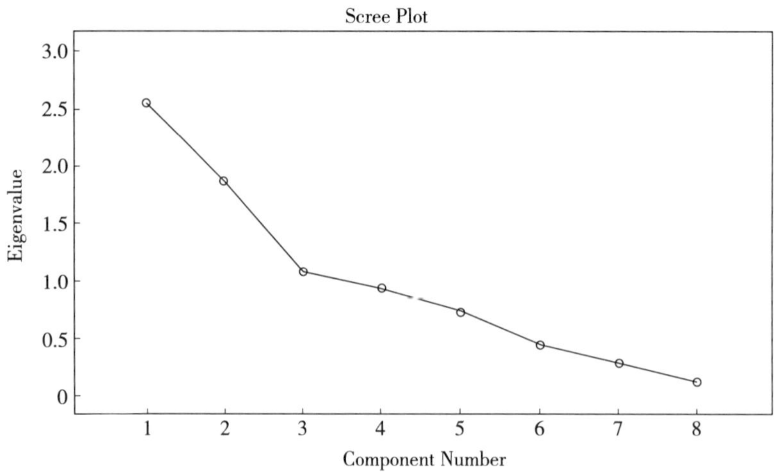

图 6-1 碎石图

经过正交旋转后，第 1 主成分为 X_1（普通中学生师比）和 X_2（普通小学生师比）得分最高，反映“基础教育水平”；第 2 主成分为 X_5（每千人拥有医疗机构床位数）得分最高，反映“科学技术水平”；第 3 主成分为 X_3（每千人拥有技术人员数）得分最高，反映“医疗卫生水平”；第 4 主成分为 X_7（新型农村合作医疗参保人数占农村总人口比重）得分最高，反映“社会保障水平”；第 5 主成分为 X_4（每千人拥有公共图书数）得分最高，反映“公共文化水平”（见表 6-9）。

表 6-9 正交旋转后的成分矩阵

变量名称	第 1 主成分	第 2 主成分	第 3 主成分	第 4 主成分	第 5 主成分
X_1	0.967				
X_2	0.960				
X_5		0.870	0.286		0.103
X_8		0.845	-0.108	0.240	-0.205
X_3			0.920		-0.119
X_6		0.576	0.614	0.210	
X_7		0.187	0.148	0.959	
X_4					0.979

根据各主成分得分的系数矩阵（见表6-10），可以得到部分县区各年份的基本公共服务得分，如表6-11所示。

表6-10　各主成分得分的系数矩阵

变量名称	第1主成分	第2主成分	第3主成分	第4主成分	第5主成分
X_1	0.529	-0.054	-0.052	0.119	0.025
X_2	0.513	0.033	-0.030	-0.063	-0.037
X_5	-0.033	-0.205	0.790	-0.084	-0.070
X_8	-0.003	0.007	-0.015	0.118	0.965
X_3	-0.007	0.530	0.049	-0.256	0.105
X_6	-0.034	0.194	0.381	0.019	0.134
X_7	0.029	-0.151	-0.063	1.032	0.101
X_4	-0.003	0.547	-0.343	0.040	-0.169

表6-11　部分县区各年份的基本公共服务得分

年份	地区	基础教育水平	科学技术水平	医疗卫生水平	社会保障水平	公共文化水平	综合得分
2014	大通县	-0.415	1.865	-0.439	0.380	-0.301	1.091
	民和县	-0.428	0.436	-0.510	0.536	-0.384	-0.349
	化隆县	-0.198	-0.050	-0.829	0.238	-0.393	-1.233
	循化县	-0.266	0.623	0.975	0.041	-0.208	1.166
	尖扎县	-0.737	2.187	-0.936	0.162	0.181	0.857
	泽库县	-0.314	-0.225	0.344	0.419	-0.372	-0.147
	甘德县	-0.247	0.260	0.091	0.200	-0.105	0.200
	达日县	-0.225	1.146	-0.005	0.260	-0.039	1.138
	治多县	0.193	0.863	-2.435	-0.469	-0.801	-2.649
2013	大通县	-0.547	1.301	0.826	0.300	-0.121	1.759
	民和县	-0.481	0.412	-0.341	0.581	-0.373	-0.203
	化隆县	-0.260	-0.017	-0.423	-0.203	-0.344	-1.248
	循化县	-0.407	1.139	1.539	-0.581	0.045	1.735
	甘德县	-0.044	-0.126	0.035	0.081	-0.164	-0.218
	治多县	0.381	0.348	-2.039	0.526	-0.269	-1.052
	囊谦县	-0.005	-0.140	-0.724	0.659	0.054	-0.157

续表

年份	地区	基础教育水平	科学技术水平	医疗卫生水平	社会保障水平	公共文化水平	综合得分
2012	大通县	-0.129	0.689	0.834	0.000	-0.318	1.076
	民和县	-0.097	0.089	-0.248	-0.006	-0.350	-0.613
	化隆县	-0.739	1.323	0.385	-0.031	-0.076	0.861
	循化县	-0.286	-0.778	1.768	-3.582	-0.478	-3.356
	尖扎县	5.701	0.996	1.093	0.271	-0.152	7.909
	泽库县	0.065	-0.393	0.085	0.443	-0.318	-0.119
	玉树市	0.594	-0.854	-1.297	-2.769	-0.727	-5.051
	治多县	0.215	0.243	-1.339	-3.276	2.103	-2.054
	囊谦县	0.211	-0.383	-0.578	0.698	5.040	4.988
2011	大通县	-0.423	0.307	0.635	0.092	-0.353	0.258
	民和县	-0.089	-0.294	-0.308	0.098	-0.404	-0.998
	化隆县	-0.460	-0.780	-0.848	0.063	-0.499	-2.524
	循化县	-0.212	-0.965	1.078	0.005	-0.634	-0.728
	泽库县	0.577	-0.564	-0.216	0.622	-0.323	0.096
	玉树市	0.700	-1.733	-1.306	1.006	-0.257	-1.590
2010	民和县	-0.120	-1.264	0.185	0.030	-0.215	-1.384
	化隆县	-0.151	-1.705	-0.269	0.129	-0.223	-2.219
	循化县	-0.133	-1.869	1.497	0.254	-0.339	-0.590
	尖扎县	-0.404	0.697	1.979	0.269	1.673	4.213
	泽库县	0.436	-1.051	-0.259	0.856	-0.342	-0.359
	甘德县	-0.524	-0.970	0.521	0.618	0.344	-0.011
	达日县	-0.429	-1.583	0.542	0.852	0.921	0.304

如果将表6-11的测算结果与第三章计算出的青海省国家级扶贫重点县的减贫成效相对照，可以发现一个规律：减贫成效排名与基本公共服务综合排名顺序极为接近。

减贫成效较显著的几个县，如2014年的达日县，2012年、2013年的囊谦县，2011年的大通县、泽库县，在相应年份中的基本公共服务综合排名也较为靠前。减贫成效不显著的几个县，如2014年的治多县、化隆县，2013年的化隆县，2012 年的循化县，2011 年的玉树县、民和县，在相应年份中的基本公共服务综合排名也较为靠后。

第五节　小结与启示

本章重点研究了基本公共服务与减贫成效间的关系。按照相关研究的结论，基本公共服务的各类项目与减贫成效之间，大体存在显著的正相关关系。主要原因在于基本公共服务项目投资可以显著改善产业发展的基本条件，提高人口的健康水平和科学文化素质，从而增加贫困人口收入和减少贫困人口数量。

本研究与上述相关研究的不同之处在于，本研究并没有直接将减贫成效设定为贫困人口收入增长或贫困人口数量减少等指标，而是依据第三章中的设定，以贫困人口的收入增长率与非贫困人口的平均收入增长率之差来表征减贫成效。这种设定使得减贫成效指标不仅关注于贫困人口的收入是否得到改善，而且关注于贫困人口与非贫困人口之间的收入差距是否缩小。在追求“共同富裕”的新一轮发展战略目标下，兼顾考察收入差距比单纯考察收入增长更具有现实意义。

本章的实证研究主要分为两个层次：在第一个层次中，主要测算了人均农林水事务支出、人均科学技术支出、人均医疗卫生支出和人均教育支出 4 项指标与减贫成效间的相关关系。测算结果显示，除了减贫成效与人均医疗卫生支出指标之间存在较弱的负相关关系外，与其余各指标间均不存在显著性相关关系。在第二个层次中，利用主成分分析方法，对各贫困县区的基础教育水平、科学技术水平、医疗卫生水平、社会保障水平和公共文化水平得分进行了测算，并测算出了综合得分。测算结果显示，各贫困县区的基本公共服务综合得分的排序与其减贫成效的排序之间较为接近。

综合上述研究结论，本研究认为：基本公共服务条件的改善，对于提高贫困人口收入、减少贫困人口数量具有积极作用，但是对于缩小贫困人口与非贫困人口的收入差距的作用并不显著。与此同时，基本公共服务水平存在明显的路径依赖，囿于贫困地区社会经济发展的初始水平，可能形成基于人口条件的贫困恶性循环。

一、贫困恶性循环

基于贫困县区人口发展的基本特征，可能存在着人口增长过快、受教育程度低、身体素质低三种因素共同形成贫困的恶性循环。由这三种因素导致的循环往复，造成了农村贫困问题的长期化，制约着减贫成效。

1. 人口过度增长

人口过度增长，使贫困县区原本已经极为匮乏的资源被平均到一个仍在日渐膨胀的分母之上，加剧了人均资源的不足，如耕地、资本总量等。在此种情况下，贫穷的人们会选择生育更多的孩子来争夺更多的资源，使资源承载能力急剧下降，从而进入贫困恶性循环。这种贫困恶性循环造成资源的过度利用，加速了生态环境的恶化。

2. 受教育水平低下

贫困人口受教育水平相对较低，劳动技术普遍不高、创新动力不足，思想观念守旧落后，接受新事物和思想的能力差，不重视教育性投资，形成的劳动力劳动技能低，技术含量及附加值低，劳动力多从事体力劳动。家庭中总希望后代能尽早投身于家庭劳动之中，获取眼前利益，而且这一观念代代相传，因此步入贫困恶性循环。缺乏一定水平的科学文化知识，缺乏创新性思维，导致生产劳动长期处于低效状态，经济效益始终难以得到提高。

3. 身体素质不高

贫困人口身体素质不高导致生活成本增高、生产能力趋低。在农村，劳动力的身体素质是农村收入的主要影响因素，身体素质差的劳动力，就意味着较低的生产能力和较高的医疗成本。在收入有限的情况下，一方面，需要承担改善健康状况的医疗支出；另一方面，无力提高经济能力，增加收入。所以，因病致贫是农村贫困人口脱贫后重新返贫的一个重要问题。

事实上，这三种循环又存在着相互交错作用，使农村贫困问题陷入了极其复杂的怪圈之中，如图 6-2 所示。

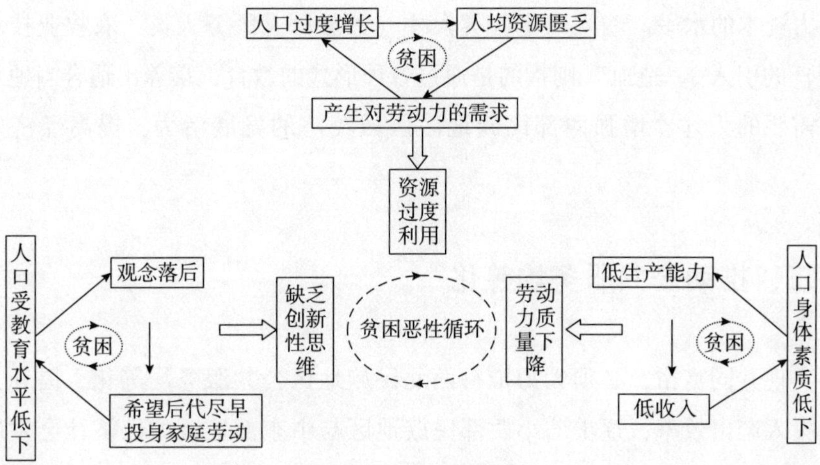

图 6-2　贫困恶性循环

二、公共资源的合理调配

西北民族地区要摆脱贫困束缚，必须设计新公共资源调配机制，促进人口素质及人力资本的大幅度提高，才能实现该区域的有效脱贫。就公共资源而言，就是要通过打破上述三种基于人口资源畸形发育的贫困恶性循环，促进人地关系和谐，实现贫困地区经济社会健康快速发展。提倡少生优生，降低人口自然增长率；进一步发展教育事业，建立健全教育体系，坚持义务教育，提高教育质量，提升劳动力的劳动技能，增强创新能力，提高财富积累能力；提高社会保障能力，减轻老弱病残生活负担；建立人口发展与当地资源环境相协调的反馈机制，把经济增长点放在高附加价值的产品和产业上，减轻土地的人口压力。

公共资源的配置过程主要包括两个方面：一是要进行必要的“输血”；二是要进行“造血”。“输血”包括两个部分：输出与输入。“输出”指的是劳动力转移输出和移民，需要通过人口的城镇化发展，减少农村人口，让更多的人接受现代生活理念，产生提高生活质量的冲动，增强自我发展能力，提高人力资本的水平。输入则指各类人才（如教师、医务人员、农牧业技术人员等）的引入。“造血”则指的是通过各种形式的教育，培养出适合当地经济发展需要的人才，增强西部民族地区区域经济的发展活力，提高经济发展质量。

三、推动公共服务均等化

实现共同富裕，必须大力推行西北民族地区公共服务均等化，提升公共服务投入产出效率，逐步缩小西部民族地区与中东部地区的经济社会发展差距以及地域之间、城乡之间的贫富差距。具体包括以下措施：

1. 深度挖掘资源为扩大公共服务支出创造条件

事物的发展通常具有两面性，地理位置偏远、交通不便虽然造成了西北少数民族贫困县区的封闭与落后，但同时也较好地保持了当地自然、文化的原始风貌。很多民族村镇都存在发展特色农产品和生态旅游的资源条件。因此，西北民族地区各级政府要充分挖掘自身的资源优势，大力发展经济，为扩大公共服务投入创造有利条件。

2. 有倾斜地加大对贫困县区公共服务方面支出

公共服务的投入产出效率与公共服务的初始水平密切相关。由于长期以来，西北民族地区的公共服务倾向于城市和富裕地区，使贫困县区的公共服务初始水平很低，较低的公共服务初始水平又导致较低的公共服务投入产出效率。所以，不论是从投入产出效率还是从投入占 GDP 的比重来决策投入水平，西北少数民族贫困县区都处于公共服务支出的不利地位。要真正实现公共服务均等化，必须有计划、有步骤地加大对贫困县区的倾斜式投入，从而从根本上扭转公共服务支出不足的状况。

3. 建立推进贫困县公共服务的区际帮扶机制

公共服务水平的高低与所在县区的经济实力密切相关。西北少数民族贫困县较为落后的社会经济发展水平直接限制了在公共服务领域的财政支出。而贫困县区的分布又往往存在集中连片的特色，所以直接依靠周边县区的社会经济发展带动或者财政帮扶的可能性很小。在此情况下，建立推进贫困县公共服务的区际帮扶机制，由发展程度高的县区对口支援贫困县区的公共服务发展，将有可能在较短期内提高贫困县公共服务水平。

4. 探索公共服务的市场化道路

当前提供公共服务的主体主要是各县区政府，资金来源主要依靠政府的财政支出。在西北少数民族贫困县区财政收入水平不高的情况下，探索公共服务的市场化道路，具有一定的现实意义。随着中国社会主义市场经济体系的建立和完善，政府对公共服务事业进行了探索性改革，允许民间资本进入一些可以由市场提供的公共服务领域，如教育、卫生等领域。公共服务供给方式也日趋多元化。然而，由市场提供公共服务必须解决因企业的盈利性行为而带来的单纯追求经济效益不顾负面影响的各类弊端。因此，政府要在坚持公共服务市场化方向的同时，做好公共服务资源取得的社会化、供给的市场化，正确引导民间资本进入公共服务领域，同时加强对非公有制企业从事公共服务的监督管理，促进公共服务市场化的健康发展。

第七章 家庭基本状况对贫困变动的影响分析

少数民族贫困人口深受其传统性因素的影响，有独特的行为模式，这种行为模式将通过多种家庭要素（如教育、职业、预期、适应等取向），对劳动力供给、资本（人力和物质）形成等经济增长的贫困变动要素产生深刻影响。本章作为平行对照系统的第四部分，主要基于对家庭基本状况的调查数据，分析其对贫困变动的影响。

第一节 疏勒河生态移民项目家庭调查

本研究使用的数据来自“疏勒河项目区移民绩效调查”。该调查走访了疏勒河项目区的扎花、向阳、梁湖、毕家湾、饮马、黄花、七墩、七道沟、双塔、独山子、黄花等十多个移民定居点的居民户，详细调查了他们的移民安居现状、生产状况、生活状况和满意度。本研究选取了扎花乡和独山子乡两个典型的东乡族移民定居点的108份问卷作为有效样本，共涉及108个家庭和324名家庭成员。

一、地区基本情况

疏勒河项目是甘肃省利用世界银行贷款建设的集水利工程、移民安置、农经开发、生态保护为一体的大型农业综合项目，也是国家批准立项的地方重点建设项目，总投资 26. 97 亿元。修建以昌马水库为龙头的水利枢纽工程，开发灌溉 147 万亩土地（其中新开荒地 81. 9 万亩，改造 65. 1 万亩），计划安置甘肃省临夏、甘南、陇南、定西四个市（州）的岷县、礼县、宕昌、武都、舟曲、临潭、和政、东乡、临夏、永靖、积石山 11 个迁出县的移民 20 万人。项目于 1996 年启动，在实施过程中，甘肃省政府根据疏勒河流域水资源开发利用程度、生态环境保护情况和内配资金筹措能力等与世行达成共识，对项目进行了中期调整：水利工程做了小幅调整，重点调整移民安置及其农田水利工程。其中，移民由 20 万人调减为 7. 5 万人，新建移民乡（场）由 16 个调减为 6 个，行政村由 160 个调减为 57 个，新开耕地由 81. 9 万亩调减为 40. 82 万亩。通过对工程规模的调整，水资源利用率由 90%降低到 65. 7%，总投资由 26. 97 亿元调减到 19. 71 亿元。2004 年 12 月，甘肃省政府决定将引洮九甸峡库区的 1. 3 万非自愿移民置换成疏勒河项目的自愿移民。到 2006 年末移民完成，实际安置移民约为 6. 2 万人，开垦耕地约为 30 万亩①。

截至 2006 年末，疏勒河项目区共有少数民族移民家庭 3468 户，总人口达 19684 人。其中，东乡族移民家庭 2057 户，占全部少数民族移民家庭比重的 59%，移民总人口 10771 人，占全部少数民族移民总人数比重的 55%；回族移民家庭 1339 户，占全部少数民族移民家庭比重的 39%，移民总人口 8527 人，占全部少数民族移民总人数比重的 43%；藏族移民家庭 65 户，占全部少数民族移民家庭比重的 2%，移民总人口 347 人，占全部少数民族移民总人数比重的 2%；土族移民家庭 7 户，占全部少数民族移民家庭的比重不足 1%，移民总人口 39 人，占全部少数民族移民总人数的比重不足 1%。在疏勒河项目区，东乡族和回族移民占全部少数民族移民的 98%②。

---

① 疏勒河项目管理局．中国甘肃河西走廊（疏勒河）农业灌溉暨移民安置综合开发项目世行竣工报告［R］. 2007.

② 兰州大学人口研究所．疏勒河生态移民项目监测报告［R］. 2001~2006.

二、样本与指标体系

表 7-1 反映了调查中各家庭成员的年龄构成情况。以 324 个家庭成员样本分析，其中婴幼儿占全部移民家庭成员人数的 28%，中青年占全部移民家庭成员人数的 68%，老年人占全部移民家庭成员人数的 4%。中青年人口成为移民的主体，反映出中青年人对新环境具有较强的适应能力和对生存环境有更大的改善需求。

表 7-1　疏勒河项目区少数民族移民的家庭成员构成

迁入地		调查人口	0~12 岁			13~59 岁				≥60 岁
			0~6 岁	7~12 岁	合计	13~18 岁	19~35 岁	36~59 岁	合计	
扎花乡	人	264	32	45	77	55	58	66	179	8
	%	100	12	17	29	21	22	25	68	3
独山子乡	人	60	6	8	14	12	14	16	42	4
	%	100	10	14	24	20	24	26	70	7
合计	人	324	38	53	91	67	72	82	221	12
	%	100	12	16	28	21	22	25	68	4

表 7-2 反映了调查中各家庭成员的文化程度情况。在对 108 个家庭户主的调查中，文盲、半文盲人数占 55%，小学文化程度占 28%，初中文化程度占 13%，高中文化程度仅占 5%。在对 324 名家庭成员文化程度的调查中，文盲、半文盲人数占 55%，小学文化程度占 33%，初中文化程度占 9%，高中文化程度仅占 3%。移民的文化程度普遍很低，是当前西部少数民族贫困人口的一项重要特征，这也为进一步加强西部少数民族生态移民的“智力扶贫”措施提出了举证和要求。

为了全面反映影响移民绩效的因素，本研究从移民准备、政府管理、生活改善、基础设施、社会关系五个方面进行考察。移民绩效的考察，可以有两个基本维度：一是生态环境的维度，主要从移民对生态环境的影响及解决

表 7-2　疏勒河项目区少数民族移民家庭户主与成员的文化程度

迁入地	户主数	文盲、半文盲		小学文化		初中文化		高中文化	
		户主数	%	户主数	%	户主数	%	户主数	%
扎花乡	48	30	62	6	13	7	15	5	10
独山子乡	60	29	48	24	40	7	12		
合计	108	59	55	30	28	14	13	5	5
迁入地	成员数	文盲、半文盲		小学文化		初中文化		高中文化	
		人数	%	人数	%	人数	%	人数	%
扎花乡	264	158	60	74	28	24	10	8	3
独山子乡	60	20	33	32	53	6	10	2	3
合计	324	178	55	106	33	30	9	10	3

方法入手；二是移民本身的维度，主要考察移民行为和移民个体。对社会学进行生态移民绩效研究，主要从移民本身的维度探讨生态移民活动的影响，尤其是生态移民与社会、移民个体的相互影响或相互作用。鉴于这一考虑，本研究在测度生态移民绩效时依据的是移民家庭对移民后生活的满意程度。具体而言，移民家庭如果认为搬迁后生活满意度提高，赋值为 1；反之，赋值为 0。当这一组虚拟变量赋值为 1 时，表示生态移民绩效是正的。需要说明的是，由于以上绩效的定义主要取决于移民家庭成员对于移民后生活条件改善的一种主观判断，因此本研究对移民绩效的影响因素分析受到移民前生活状况和习惯性影响的可能性较大。因此，本研究中的影响因素也在这一方面有所侧重。

1. 移民准备因素

移民原因，采用 1~5 赋值，分别代表环境恶化、增加收入、政府要求、其他家庭影响和其他。迁移意愿，采用 1~5 赋值，分别代表很不愿意、不太愿意、无所谓、比较愿意和非常愿意。迁移前生活水平，采用 1~5 赋值，分别代表下等、中下、中等、中上和上等。

2. 政府管理因素

对政策了解程度，采用 1~5 赋值，分别代表不了解、不太了解、一般、比较了解和非常了解。政府移民补贴，采用 1~5 赋值，分别代表很不满意、不太满意、一般、比较满意和非常满意。

3. 生活改善因素

生活改善因素包括家庭经济状况、住房状况、饮食质量、工作劳动条件、工作劳动收入 5 项，采用 1~5 赋值，分别代表差多了、差一点、差不多、好一点和好得多。

4. 基础设施因素

基础设施因素包括治安状况、教育条件、交通状况、文化娱乐、购物条件、医疗条件、银行信用、水电状况 8 项，采用 1~5 赋值，分别代表差多了、差一点、差不多、好一点和好得多。

5. 社会关系因素

社会关系因素包括家族成员关系、邻里关系、与干部关系 3 项，采用 1~5 赋值，分别代表差多了、差一点、差不多、好一点和好得多。

三、实证分析

表 7-3 给出了主要解释变量的描述统计分析结果①。为了能更有效地反映生态移民主观态度的影响，把总样本细分为两个子样本。表 7-3 也同时给出了基于总样本和两个子样本的均值和标准差。

① 由于篇幅所限，此处省略了相关分析结果。相关分析中所有回归变量的相关系数都低于共线性存在的门槛值 0.7（Lind et al.，2002），可以认为主要解释变量间不存在共线性问题。

表 7-3 主要变量的描述统计分析结果

主要解释变量	整个样本		子样本 1：满意度=0		子样本 2：满意度=1	
	样本数=108		样本数=31		样本数=77	
	均值	标准差	均值	标准差	均值	标准差
移民原因	2.574	1.025	2.194	0.601	2.727	1.120
迁移意愿	3.352	0.970	2.871	0.957	3.546	0.911
迁移前生活水平	2.259	0.647	2.516	0.570	2.156	0.650
对政策了解程度	3.167	0.755	2.903	0.539	3.273	0.805
政府移民补贴	4.046	0.825	3.677	0.791	4.195	0.795
家庭经济状况	3.926	0.706	3.742	0.815	4.000	0.649
住房状况	3.824	1.040	3.645	1.018	3.896	1.046
饮食质量	3.704	0.659	3.452	0.624	3.805	0.650
工作劳动条件	3.556	0.688	3.387	0.803	3.623	0.629
工作劳动收入	3.750	0.775	3.484	0.851	3.857	0.720
治安状况	4.185	0.787	3.710	0.864	4.377	0.670
教育条件	4.315	0.757	4.129	0.885	4.390	0.691
交通状况	4.102	1.275	3.516	1.730	4.338	0.954
文化娱乐	3.778	0.801	3.807	0.833	3.766	0.793
购物条件	3.843	1.060	3.290	1.346	4.065	0.833
医疗条件	3.815	0.738	3.452	0.675	3.961	0.715
银行信用	3.954	0.778	3.516	0.724	4.130	0.732
水电状况	4.139	0.859	3.807	0.910	4.273	0.805
家族成员关系	3.954	0.802	3.581	0.807	4.104	0.754
邻里关系	4.028	0.703	3.871	0.718	4.091	0.692
与干部关系	4.407	0.762	4.097	0.870	4.533	0.680

样本家庭的移民绩效总体较好，表现如下：71%的移民家庭对移民绩效选择了满意。在整个样本的描述统计中，政府移民补贴、治安状况、教育条件、交通状况、水电状况、与干部关系、邻里关系 7 个选项的均值高于 4，表明移民对这些状况较为满意；其他生活改善、基础设施和社会关系的相应选项均值都高于 3.5，这也与总体样本家庭对移民绩效的满意选择是一致的。

在子样本1的描述统计结果中，只有教育条件、与干部关系2个选项的均值高于4，表明主要解释变量中的大多数在移民后的情况都低于移民家庭的期望。结合前4个选项，子样本1中的移民迁移原因主要是生态恶化，迁移意愿不强，迁移前的生活处于中等和中上水平，这一部分家庭在没有实现移民预期的情况下，主观上可能归结为对政策的了解不够。在子样本2的描述统计结果中，政府移民补贴、与干部关系、治安状况、教育条件、交通状况、购物条件、银行信用、水电状况、家族成员关系、邻里关系、家庭经济状况11个选项的均值高于4，而这一部分移民家族的生活水平处于下等或中下，迁移原因主要是政策要求，移民意愿强烈，对政策非常了解。比较子样本1和子样本2的描述统计结果，可以反映出疏勒河生态移民项目的一个倾向：移民政策倾向于生活极端贫困家庭。所以，在子样本比较中可以反映出：生活越是贫困的家庭，政府对其的宣传力度也越大，其也越容易了解政策，移民意愿也越强烈；也可以判断出：这一移民工程的生活、生产和基础设置安排也主要是针对极端贫困家庭设计，越是贫困家庭，迁移后满意度就可能越高。

针对移民家庭对移民绩效的满意度状况，表7-4给出了相应的影响因素回归结果。需要注意的是，回归分析中用来解释移民绩效的一些解释变量可能是内生的，如主观心态、社会关系等，因此有关的回归结果可能揭示的是这些因素和移民绩效之间的相关关系而非因果关系。但是，深入研究移民绩效与各种可能影响因素之间的因果关系，必须建立在首先识别出相关关系的基础上。本研究的贡献正在于讨论了一系列可能影响移民绩效的因素的具体效果，包括外生影响因素的因果关系和可能内生影响因素的相关关系。在此基础上，根据数据的可得性，可以进一步选择那些可能的内生变量、寻找合适的工具变量、探讨因果关系，这些是后期研究中需要关注的。鉴于被解释变量的虚拟变量性质，本研究采用了Logit回归模型。

表7-4反映了移民绩效的影响因素的回归结果，采用逐步回归方法，分别将移民准备、政府管理、生活改善、基础设施和社会关系等影响因素作为控制变量组合的不同选择。在5个模型中，显著且稳健的因素包括移民原因、

迁移前生活水平、治安状况、银行信用、邻里关系。

表 7-4 Logit 模型的回归结果

主要解释变量	模型 1	模型 2	模型 3	模型 4	模型 5
移民原因	0.896** (0.415)	0.867** (0.394)	0.932** (0.414)	0.820* (0.500)	0.742* (0.560)
迁移意愿	0.767*** (0.258)	0.528* (0.282)	0.460 (0.292)	0.616 (0.392)	0.537 (0.431)
迁移前生活水平	-0.786* (0.420)	-0.690* (0.424)	-0.699* (0.429)	-1.771*** (0.598)	-2.362*** (0.722)
对政策了解程度		0.349 (0.351)	0.358 (0.390)	-0.552 (0.533)	-0.704 (0.601)
政府移民补贴		0.743** (0.316)	0.703** (0.354)	0.069 (0.515)	-0.053 (0.725)
家庭经济状况			0.071 (0.467)	0.158 (0.637)	0.869 (0.745)
住房状况			-0.246 (0.315)	-0.307 (0.406)	-0.400 (0.538)
饮食质量			0.453 (0.479)	0.502 (0.807)	0.596 (1.056)
工作劳动条件			-0.240 (0.498)	0.204 (0.791)	0.859 (1.109)
工作劳动收入			0.147 (0.444)	-0.830 (0.760)	-1.079 (0.802)
治安状况				1.790*** (0.601)	2.624*** (0.836)
教育条件				-0.355 (0.716)	-1.378 (1.099)
交通状况				-0.351 (0.404)	-0.226 (0.549)

续表

主要解释变量	模型 1	模型 2	模型 3	模型 4	模型 5
文化娱乐				-1.092 (0.608)	-1.564 (0.936)
购物条件				0.964 (0.606)	1.483* (0.809)
医疗条件				0.474 (0.587)	0.957 (0.686)
银行信用				1.896*** (0.741)	2.868*** (0.928)
水电状况				-0.576 (0.554)	-1.407* (0.764)
家族成员关系					1.014 (0.781)
邻里关系					-2.749** (1.084)
与干部关系					0.373 (0.812)
常数项	-1.864 (1.765)	-5.288** (2.281)	-5.753** (2.521)	-6.740* (3.210)	-4.386 (4.398)
卡方值	10.311*	12.931*	15.578**	10.811	7.359
样本个数	108	108	108	108	108

注：*、**、***分别表示在10%、5%和1%的水平下显著，括号内为估计值的标准差。

模型 1 中解释变量只包括移民准备因素。移民原因对绩效判断的影响较显著，迁移意愿越强烈，对绩效的判断越高。迁移前生活水平与绩效判断呈较显著的负相关。

模型 2 中解释变量增加了政府管理因素。移民原因、迁移意愿与迁移前生活水平对绩效判断影响仍然显著，而政府移民补贴与绩效判断表现出较强的正相关关系。

模型 3 中解释变量增加了生活改善因素。虽然生活改善因素对绩效判断的影响都不显著，但是对迁移意愿的影响也不再显著，表明移民家庭对绩效的判断开始由移民前的预期逐渐转移到依靠实际的生活改善状况。但是模型反映出移民家庭的生活改善状况与移民绩效不存在直接的相关关系，说明移民家族的生活改善将是一个长期努力的过程。

模型 4 中解释变量增加了基础设施因素。只有治安状况和银行信用与移民绩效呈显著的正相关关系，说明对于新的生态移民家庭，首先关心的是安全问题，其次是如何通过银行信用解决资金缺乏问题，恢复生产条件，而此时政府移民补贴的影响已经不再显著。

模型 5 中解释变量增加了社会关系因素。与模型 4 相比，其他因素的相关性变量不大，只是增加了邻里关系因素对移民绩效的正相关影响。这也与已有研究中发现邻里关系对移民绩效存在重要影响的结论是一致的。

为了检验以上回归结果的稳健性，本研究还进行了一些尝试。首先，分别对 2003 年以前和 2003 年以后的子样本进行了回归分析，回归结果保持一致。其次，在总样本回归中还输入了区分两种子样本的虚拟变量与各解释变量的乘积，这些乘积变量并不显著，也不影响主要的回归结果。

四、小结与启示

生态移民主要针对生活在西北民族地区生态环境极端恶化地区的农牧民。生态移民将不可避免地会给少数民族的生存与发展带来影响，不但会使移民的生产、生活空间位置发生变化，而且也会使移民的生产、生活方式以及与此相关联的社会结构和文化习俗发生变化。如果由于某些生态移民工程的绩效不好，进而加重了少数民族移民离开故土的负担和对未来生活的困惑，单纯的经济或生态问题就很可能影响到民族团结。因此，合理安置少数民族生态移民，处理好各种社会适应关系，对于少数民族的未来与发展、社会主义和谐社会的建设都具有重要意义。本研究着眼于微观家庭对生态移民绩效的判断，从经济、生活和社会关系多角度进行考察。

1. 存在的不足

结合疏勒河项目区调查的一些开放式问题，可以发现生态移民工作存在以下不足：

（1）教育问题。一方面，在移民过渡期，东乡县抽调了一部分工作人员，包括一些教师赴移民基地。东乡县教育主要是民族教育，与当地汉语教育有一定的区别，特别是适龄儿童的启蒙教育需要东乡语和汉语的双语教学，普通教师难以做到这一点。但在移民移交过程中对教师的去留未做任何安排，这些从原籍迁出的教师面临去留两难的境地。另一方面，移民区没有中学，特别是五六年级学生辍学比较严重，因此在移民区建立一所中学非常必要。

（2）移民区的部分安置点基础设施不配套。有的安置点出现基础设施不配套的问题；同时，划分给部分移民的土地沙化、盐碱化严重，土地平整改造量大，且十分贫瘠，投入高、产出低，群众口粮不足。这对刚开始适应水耕田的东乡移民来说，更加困难。有的群众生产缺农具、耕畜，自我发展生产的能力比较弱，缺乏“造血功能”，仍需要一定程度的“输血”扶贫。

（3）劳务技能培训中劳务培训资金到位不及时，培训执行上出现问题，进度缓慢。在培训对象的选择上“瞄不准”贫困户，甚至在培训的劳务人员花名册中出现城镇户口人员和外县人员，扶贫培训资金没有得到合理使用。

（4）与安置地的政府和相关部门协调不畅。因为协调不善造成移民点各方面出现诸多问题，甚至移民点所在政府部门在户籍迁入等方面设置门槛，给移民群众的生活造成了很多不必要的困难。

2. 对策与建议

以疏勒河项目区为例，可以概括出以下提高西北部少数民族生态移民绩效的一般性思路：

（1）满足多样性的自愿移民家庭需求。生态移民工程主要针对生活极度贫困家庭，所以越是贫困家庭在移民中受益可能越多。但是这并不能排除一些状况稍好的自愿移民家庭也加入到移民队伍中，而满足这些移民家庭的需求应该更能体现出在社会大环境下一般农村家庭的发展期望，这也将是移民绩效得以提高的动力。

（2）逐步使移民工作由扶贫开发的特殊轨道，纳入到区域社会经济发展规划的正常轨道。在移民初期，政府的大力宣传和帮扶是十分必要的，但是当移民逐步安定以后，工作的重心就应当转移到为移民的生活和生产创造条件上来。否则，新的移民家庭就可能再度返贫。应当结合地区经济发展规划、产业发展政策、人力资源开发计划等，逐步使移民工作由扶贫开发的特殊轨道，纳入到区域社会经济发展规划的正常轨道中来。

（3）应当重视为移民提供安全、心理和社交方面的保障。人是环境的产物。生态移民离开的不仅是原有的住房、土地，更是离开了多年来已然构建起的社会关系。对于少数民族移民，更有民族、信仰、习俗等形成的羁绊。所以在保障移民生命财产安全的基础上，还要为移民提供良好的民族教育，保证民族宗教、习俗得以顺利传承。

（4）加强基础设施建设，多渠道提供资金支持。综合利用中央财政、地方财政、金融市场、吸引投资、NGO 帮扶等手段，提供资金支持，同时还应做好扶贫资金的监管，使每一分钱都能真正为扶贫做出贡献。

第二节 临夏州和政县（旱地生态保护与恢复）（IFAD/GEF）项目家庭调查

针对临夏回族自治州和政县 IFAD/GEF 项目实施状况，对当地村民的生计改善情况展开调查。调查以可持续生计（SLA）框架为依据，主要涉及五大资本，即人力资本、物质资本、金融资本、社会资本和生态资本，从不同的视角来测量和评价保护区农户的能力资本水平。

一、项目背景

20世纪90年代，以支持发展中国家实施防止气候变化、保护生物多样性、保护水资源、减少对臭氧层破坏等保护全球环境项目为主要内容的全球环境基金（GEF）正式建立。“林业持续发展项目保护地区管理部分”（简称GEF项目）就是在促进林业可持续发展、保护生物多样性的大背景下由世界银行支持的利用全球环境基金赠款的一个大型外资项目。在中国，GEF项目建设范围包含了湖北、湖南、四川、云南、贵州、海南和甘肃7省的13个自然保护区，通过制定自然保护区管理计划、社区参与式管理、机构能力建设、加强巡护监测和信息管理系统建设，不仅增加了自然保护的资金投入，而且引进了国际上先进的保护管理理念和技术，探索出许多符合中国实际的自然保护区管理方法和经验，对提高保护区建设与管理水平发挥了重要作用。

IFAD/GEF（旱地生态保护与恢复项目）是由GEF提供赠款、补充支持农村综合发展项目（IFAD）的生态保护项目。甘肃项目活动涉及广通河流域的太子山自然保护区和和政、广河二县。和政县国际农业发展基金（IFAD）项目计划总投资3115.8万元，其中IFAD提供高度优惠贷款1569.5万元（转贷1500214个SDR），政府配套1352万元，项目区农民自筹194.3万元。项目在2006~2011年实施，筛选了和政县的陈家集乡、三十里铺镇、吊滩乡、新庄乡、新营乡、罗家集乡、关滩沟乡7个乡镇51个行政村为项目区，项目区覆盖和政县贫困农民15311户73195人。

在项目实施过程中，随着自然保护区由以林为本的管理向以人为本的管理转变，由强制式的传统管理向参与式的现代管理转变，由单纯保护向保护与发展并重转变，特别是在自然保护区管理计划编制、参与式社区管理、生态环境建设等方面工作的深入开展，也提出了对自然保护区农户替代生计模式效果和可持续发展建设成果的可行性评价体系构建问题进行进一步探索的要求。

二、调查思路和指标设计

调查试图建立一套基于区域发展能力理论的“社会—生态—人的全面发展”分析框架。该框架涉及五大资本，分别是生态资本、物质资本、人力资本、社会资本和知识资本，进而体现能力视角下对生态环境和知识价值这两个因素的重视（见图 7-1）。

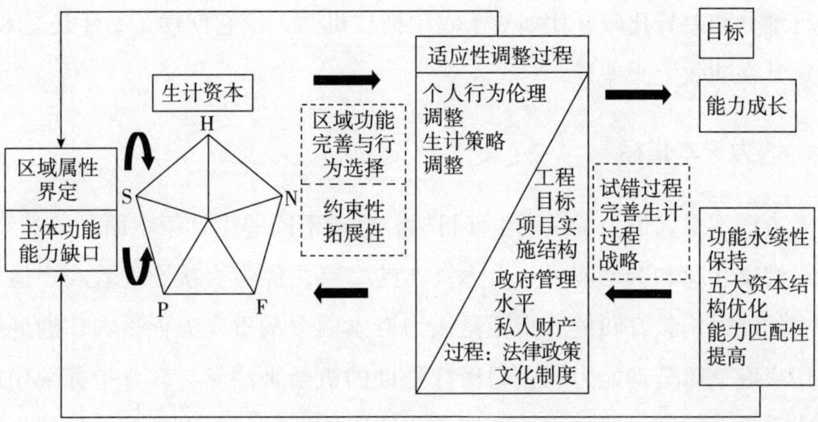

图 7-1　SLA 分析框架

调查认为，农户所在区域的生态环境状况是一个不容忽视的测量因素，因为能力视角下生计资本的提升，不仅关注农户生计方式的改善和该种生计的可持续，而且关注区域内生态环境与农户生计资本的可持续协调发展。同时，该调查区位于落后的贫困地区，大型企业等涉及知识创新的活动稀少，故知识资本不在本调查的测量之内。金融支持对地区产业发展意义重大，尤其是贫困区，要发展替代生计项目，资金的支撑是至关重要的。因而本调查的五大资本分别为人力资本、物质资本、金融资本、社会资本和生态资本，从不同的方面来测量和评价保护区农户的能力资本，其中生态资本包括自然资本和生态环境状况。各个资本指标下又分别选取如家庭整体劳动能力、人均拥有耕地面积、家庭住房情况等若干具有代表性的指标进行指标赋值、标准化处理、权重分配，测算各个资本得分值，进而构建农户能力资本量化指标体系，测算能够反映农户特别是低收入农户贫困程度的能力资本数值。

由于调查所取得的数据具有不同的量纲、数量级和变化幅度，本研究采用极差标准化法、均值标准化法和阶段复制法等办法进行处理。这样，所有测量指标标准化后的值都介于 0 和 1 之间，便于不同类别生计资本的对比分析。但也有个别指标如生态环境变化情况数值标准化后介于-1 和 1 之间，因为环境有所改善为正，环境变差为负。另外，部分生计资本的技术差别也无法进行细分和差异比较，比如对于农用拖拉机，无论它使用了 2 年还是 8 年，均假定其在功效上无差异。

1. 人力资本指标

人力资本是人们为了实现生计目标、追求不同的生计策略而具备的知识、技能、健康状况和劳动能力。人力资本的多寡与优劣直接影响着农户运用其他资本的能力。教育和健康指标是人力资本两个最重要方面，农户的健康指标采用家庭整体劳动能力和获得医疗帮助的机会来测量，教育指标采用成年劳动力受教育程度、家庭成员参加专业技能培训以及获得教育帮助的机会等指标来测量。本调查对人力资本的测量有四个指标：第一个指标是家庭整体劳动能力。测量时，首先将单个家庭成员劳动能力赋值（见表 7-5），其次加总单个家庭成员的劳动能力，最后对之做标准化处理（见表 7-6）。第二个指标是家庭成年劳动力受教育程度。测量时，首先将家庭单个成年劳动力受教育程度进行赋值（见表 7-7），其次对家庭内成年劳动力受教育程度赋值求和，最后对之做标准化处理（见表 7-8）。第三个指标是家庭成员参加专业技能培训的机会，一项培训，若有家庭成员参加则赋值 1；若无，则赋值 0。对各个技能培训得分求和，最后对之做极差法标准化处理。第四个指标是家庭成员所受医疗和教育帮助的机会，其测量方法类似于第三个指标。根据以往学者们在类似调查研究实践中的经验及本项目研究的实际情况，分别赋予家庭整体劳动能力指标、家庭成年劳动力受教育程度指标、家庭成员参加专业技能培训指标、家庭成员所受医疗和教育帮助指标以 0.4∶0.3∶0.15∶0.15 的权重。

表 7-5 单个家庭成员劳动能力赋值

类别	说明	赋值
劳动力	健康的成年劳动力，能够从事全部劳动	1
半劳动力	可以干活的儿童、老年人、患有慢性疾病的成年人，能从事部分劳动	0.5
非劳动力	不能干活的儿童、老人、残疾人及常年有重大疾病的人，不能从事劳动	0

注：可以干活的儿童、老年人指的是 10~14 岁的儿童和 60~65 岁的老人；10 岁以下的儿童和 65 岁以上的老人属于非劳动力。

表 7-6 家庭整体劳动能力指标的标准化

数据指标	最大值 5.0 及以上	4.5	……	0.5	最小值 0
度量值	1.00	0.90	……	0.10	0.00

注：指标度量值=家庭整体劳动能力/5.0。这是一个连续变量，除了表中所给几个度量值，还存在大量的中间值。该指标的最大值（5.0）是根据调查地区农户家庭人口规模的平均数确定的。

表 7-7 单个成年劳动力受教育程度赋值

类别	不识字	仅识字	小学	初中	高中或中专	大专及以上
赋值	0	0.1	0.25	0.5	0.75	1

注：该指标只对成年劳动力的受教育程度进行计算。成年劳动力是指 17~65 岁的劳动人口。

表 7-8 家庭成年劳动力受教育程度指标的标准化

数据指标	最大值 3.0 及以上	2.50	……	0.5	最小值 0
度量值	1.00	0.833	……	0.167	0.00

注：指标度量值=家庭总体受教育程度/3.0。这是一个连续变量，除了表中所给几个度量值，还存在大量的中间值。该指标的最大值（3.0）是根据调查地区农户家庭成年劳动力受教育程度的平均数确定的。

2. 物质资本指标

物质资本是农户用于生产和生活的基础设施和物资设备，如生产工具和生活用品等，它们是农户维持生计的物质基础。本调查中，物质资本的测量设定了三个指标：第一个是农户家庭住房情况，包括住房类型和人均住房面积（各赋0.6和0.4的权重）。住房类型的测量，根据调查问卷确定农户住房类型，再对之赋值（见表7-9）；人均住房面积（间）赋值如表7-10所示。第二个是农户家庭牲畜数量。根据调查结果可知，该项目区农户养殖的主要牲畜有鸡、羊、猪和牛，为便于做统计和处理该指标，本调查将所有牲畜数目转化为鸡的数量，转化标准根据目前市场鸡、羊、猪和牛的行情价格而定，大概为1头中等牛相当于8只中等羊或者8头中等猪，而1只中等羊相当于15只中等鸡，最后将之做标准化处理（见表7-11）。第三个是农户自有的其他物质资产情况，包括生产性用具和耐用消费品。考虑到农户自有物质资产

表7-9　住房类型赋值

住房类型	草木房	土木房	砖瓦房	楼房
赋值	0	0.5	0.75	1

表7-10　人均住房面积赋值

人均住房面积（间）	1/2以下	1/2~1	1~2	2~3	3及以上
赋值	0.2	0.4	0.6	0.8	1

表7-11　牲畜数量（鸡）的标准化

牲畜数量（只）	1000及以上	800	……	200	最小值0
度量值	1.00	0.800	……	0.200	0.00

注：指标度量值=牲畜数量/1000。这是一个连续变量，除了表中所给几个度量值，还存在大量的中间值。该指标的最大值（1000）是根据调查地区农户家庭拥有牲畜数量的平均数确定的。

种类多样，在预调研的基础上列举了 20 种自有物质资产，其测量按照被调查农户所拥有自有物质资产的数量占 20 种自有物质资产的数量比重确定。根据学者们的指标经验，考虑到本调查中对各类农户物质资产重要性的认识，物质资本的三个指标分别赋予 0.5∶0.25∶0.25 的权重。

3. 金融资本指标

金融资本是农户可自由支配和可筹措的资金，它有三个来源：一是农户自身的现金收入；二是农户从正规和非正规渠道筹措的资金；三是无偿援助，如政府的救助和补贴、帮扶项目赠款等。因此，本调查将农户家庭人均现金收入、获得信贷的机会（正规渠道与民间借贷）和获得无偿援助的机会作为测量金融资本的三个指标。农户家庭人均现金收入指标的测量是首先计算出农户家庭的人均现金收入，其次根据当地农户家庭现金收入的平均水平将其标准化。例如，2010 年甘肃省农村居民人均现金收入为 3856.0 元，而某农户人均现金收入为 2700 元，则该农户家庭人均现金收入的度量值为 0.7002（即 2700/3856.0）。获得信贷的机会以从银行或信用社贷款和从亲戚、朋友、邻居借款两个方面来衡量，这两个方面均为二分变量，即如果能获得某方面贷款，则赋值为 1，否则赋值为 0，然后根据重要性各赋 0.7∶0.3 的权重计算出农户获得信贷机会的度量值。获得无偿援助的机会也以作为二分变量的四个方面来衡量，它们分别是种植业补贴机会、养殖业补贴机会、房屋补贴机会和新购电器补贴机会，各赋 0.2∶0.2∶0.4∶0.2 的权重，进而得出农户获得无偿援助机会的度量值。考虑到农户自身现金收入在金融资本中的重要性，分别赋予家庭人均现金收入、获得信贷的机会和获得无偿援助的机会以 0.6∶0.2∶0.2 的权重。

4. 社会资本指标

社会资本是农户为了实现不同生计策略而利用的社会资源，包括加入的社区组织以及个人构建的社会网络，社会资本具有增强人们相互信任和相互协作能力的作用。本调查中，社会资本用三个指标来测量：一是农户参加专业性合作组织的情况；二是获得社会网络的支持状况；三是家庭是否有成员为村干部。其中第一个指标和第三个指标均为二分变量，即参加专业性合作组织（家庭成员有村干部）则赋值为 1，否则赋值为 0。而对于第二个指标，本次调研列举了 9 种社会网络支持类型，包括资金、劳动力以及信息等方面，其测量按照被调查农户所获得支持类型的数量占 9 种社会网络支持的数量比重确定。考虑到社会资本三个测量指标各自的重要性，分别赋予参加专业合作组织情况、获得社会网络支持状况和家庭成员是否有村干部以 0.3∶0.3∶0.4 的权重。

5. 生态资本指标

生态资本主要包括生态资源和生态环境两方面，在本调查中，采用耕地情况来测量农户具有的生态资源，采用生态环境感知指标来评估生态环境。鉴于本调查所研究区域为黄土高原丘陵地带，耕地质量和效率普遍较差和低下，故用家庭人均耕地面积来测量农户所拥有的生态资源，家庭人均耕地面积指标的测量是首先计算出农户家庭的人均耕地面积，其次根据当地农户人均耕地面积的平均水平将其标准化，如 2010 年甘肃省农村居民人均耕地面积为 2.68 亩，而某农户家庭人均耕地面积为 1.5 亩，则该农户家庭人均耕地面积的度量值为 0.55974（即 1.5/2.68）；生态环境感知用农户对保护生态环境重要性认知和生态环境现状评价来测量，各赋 0.5∶0.5 的权重，保护生态环境重要性认知和生态环境现状评价的测量分别见表 7-12 和表 7-13。考虑到调查对农户生计状况和生态环境相协调发展的极端重视性，分别赋予人均耕地面积指标和生态环境感知指标以 0.5∶0.5 的权重。

表 7-12　保护生态环境重要性认知赋值

保护生态环境重要性认知	不重要	重要	很重要
赋值	0	0.5	1

表 7-13　生态环境现状评价

生态环境现状评价	显著变坏了	变坏了	无变化	变好了	显著变好了
赋值	-1	-0.5	0	0.5	1

对以上五大资本进行指标赋值、量化，然后给每类资本下每一个方面指标赋予适当的权重，就可以计算出农户的各类能力资本分值，农户能力资本测量指标体系如表 7-14 所示。

表 7-14　农户能力资本测量指标体系

<table>
<tr><th colspan="2">资本类型</th><th colspan="2">测量指标及其权重</th></tr>
<tr><td rowspan="21">能力资本</td><td rowspan="4">人力资本</td><td colspan="2">家庭整体劳动能力（0.4）</td></tr>
<tr><td colspan="2">成年劳动力受教育程度（0.3）</td></tr>
<tr><td colspan="2">参加专业技能培训（0.15）</td></tr>
<tr><td colspan="2">获得医疗和教育帮助的机会（0.15）</td></tr>
<tr><td rowspan="4">物质资本</td><td rowspan="2">家庭住房情况（0.5）</td><td>住房类型（0.6）</td></tr>
<tr><td>人均住房面积（0.4）</td></tr>
<tr><td colspan="2">牲畜数量（0.25）</td></tr>
<tr><td colspan="2">其他物质资产（0.25）</td></tr>
<tr><td rowspan="7">金融资本</td><td colspan="2">人均现金收入（0.6）</td></tr>
<tr><td rowspan="2">获得信贷的机会（0.2）</td><td>获得银行或信用社贷款机会（0.7）</td></tr>
<tr><td>亲朋邻居借款机会（0.3）</td></tr>
<tr><td rowspan="4">获得无偿援助的机会（0.2）</td><td>种植业补贴机会（0.2）</td></tr>
<tr><td>养殖业补贴机会（0.2）</td></tr>
<tr><td>房屋补贴机会（0.4）</td></tr>
<tr><td>新购电器补贴机会（0.2）</td></tr>
<tr><td rowspan="3">社会资本</td><td colspan="2">参加专业性合作组织情况（0.3）</td></tr>
<tr><td colspan="2">获得社会网络的支持状况（0.3）</td></tr>
<tr><td colspan="2">家庭成员是否是村干部（0.4）</td></tr>
<tr><td rowspan="3">生态资本</td><td>耕地情况（0.5）</td><td>人均耕地面积</td></tr>
<tr><td rowspan="2">生态环境状况（0.5）</td><td>保护生态环境重要性认知（0.5）</td></tr>
<tr><td>生态环境现状评价（0.5）</td></tr>
</table>

三、样本情况

调研抽取了4个样本乡（镇），分别是和政县的城关镇、松鸣镇、新庄乡和三十里铺乡。每个乡（镇）又分别抽取教场村、吊滩村、前进村和三十里铺村为样本村，其中教场村农户数和总人口分别为270户和1161人；吊滩村为413户和1723人；前进村为280户和1360人；三十里铺村为367户和1765人。各村又分别抽取27户、27户、24户和36户为样本农户。入户调查工作在与村社干部深入访谈后逐户进行，每个农户的调查时间约为0.5个小时，总共完成问卷114份，获得112份有效问卷，问卷有效率为98.2%。

调研样本112户农户，总人口为551人，平均每户4.92人。每户人口数相对比较集中，大多农户都有4口、5口或者6口人，当然也不乏8口、9口之家。在这551口人中，少数民族人口占80%以上，主要为东乡族、回族、藏族。

从村民所受教育情况来看，所有551人中，不识字者127人，他们中的大多是还未上学的儿童和老人；小学文化程度的人数最多，为160人，这些人在各个年龄段分布比较均匀；上过初中的人数居于第二，有157人，他们中45.2%的人年龄在30岁以下；高中或中专文化程度有80人，占总人数的14.5%，他们中将近一半的人在20~29岁年龄段；读过（或正在读）大专及以上的有13人，其中12人年龄在30岁以下。超过1/4的人没上过学，除去还未入学的儿童，就会发现，年龄越大，没上过学的人越多；低年龄段村民的文化程度普遍较高，而高年龄段村民的文化程度普遍偏低。

从村民所从事职业情况来看（见图7-2），种植业仍是项目区农户最普遍的职业，有1/3的村民从事种植业，其中大多数为留守在家的妇女和老人；外出打工成了近年来村民创收的第二大选择，几乎每家都有外出打工者，从最近几年农民职业变化情况的数据可以看出，越来越多的村民尤其是中年男性，在每年的农闲时间外出打工，务工收入在农户总收入中的占比越来越大。

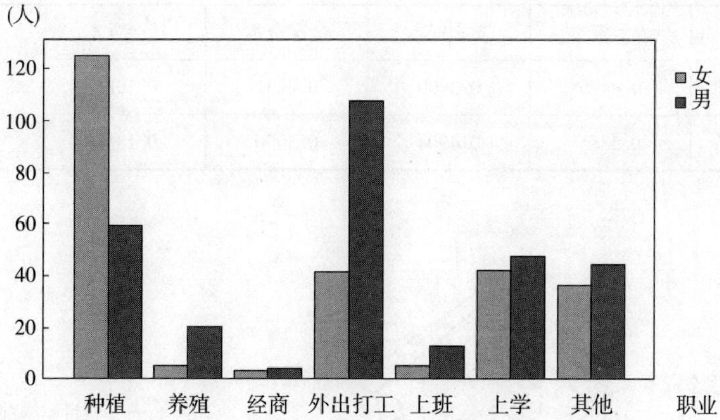

图 7-2 村民职业分布情况

土地是农户维持生计最重要的资源，以种植为主、养殖为辅的生计模式得以延续，并有了新的发展。传统的种植业以粮食作物如玉米、小麦、土豆和油菜为主，收获的粮食基本用于自家消费，能够出售的粮食几乎没有；养殖也是以家庭为单位，而且所养牲畜数量多为个位数。近年来农户种植作物种类有所增加，部分农户除了种植粮食作物以外，开始种植药材、培育苗木和护养果林等，试图增加收入，提高生活水平；农户养殖规模也有所扩大，很多村部分村民成立了养殖专业合作社，参与联户养殖，从“零星养殖”到“拼盘模式”，增收不少。

四、项目实施效果分析

项目实施前后，五类资本的得分情况如表 7-15 所示，可以看出项目实施后，农户的五类资本得分均有了明显的提高（见图 7-3）。

表 7-15 农户五大资本及其得分值

	人力资本	物质资本	金融资本	社会资本	生态资本
项目实施前	0.4490	0.3909	0.4231	0.1081	0.3942
项目实施后	0.5385	0.4904	0.5900	0.1858	0.4916

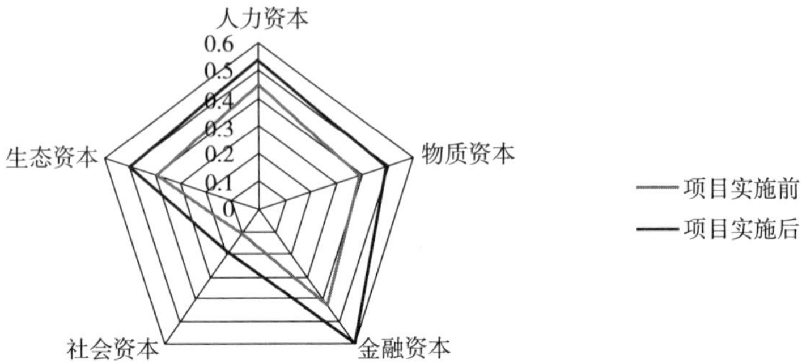

图 7-3 项目实施前后五类资本的得分比较

1. 人力资本情况

根据调研数据及人力资本指标测算公式，得出项目实施前农户的人力资本得分均值为 0.4490，而且可以看出项目实施前对人力资本贡献最大的是家庭整体劳动能力指标，其次是成年劳动力受教育程度指标。项目实施后农户人力资本得分的均值是 0.5385，分值高于项目实施前，这主要是因为在该项目实施过程中，项目区开展了大量针对农户的专业技能培训，如种植技术指导、牲畜养殖技术培训和汽车驾驶技术培训等；此外，近年来项目区得到的医疗和学生教育方面的优惠或扶助越来越多，而且覆盖面很广，受益农户比例也很高，如农村免费医疗，农村妇女和老人均能享受免费健康检查和就医，中小学贫困补助受助农户比例更是高达 96.4%。可以看出，自项目开展以来，农户的人力资本有了一定的发展，这对农户近年来生计能力的改善和生计资本的提高增添了动力。

2. 物质资本情况

作为维持生计的物质基础，农户物质资本在该项目实施过程中得到了长足的发展。测算结果显示，项目开展前和项目开展后农户的物质资本得分值分别为 0. 3909 和 0. 4904，这主要得益于近几年农户收入的普遍增加，反映在物质资本各指标中，就是农户住房条件的改善和生产生活用具使用的增多。根据调研数据的统计，近三年来有 69. 6%的农户进行过住房改造或者翻修，在 112 个样本户中，有 15 户修缮了原砖瓦房，有 48 户新建了砖瓦房，有 2 户修缮了原楼房，有 13 户新盖了楼房；农户的人均住房面积在项目实施前为 1. 63 间，而项目实施后为 1. 80 间；在生活用品中，拥有冰箱的农户比例从项目实施前的 12. 5%上升到现在的 57. 1%。与此同时，项目区的牲畜总量也有了较快的增长，这主要是因为近年来专业养殖户和联户养殖的增加。

3. 金融资本情况

农户的金融资本得分值从项目实施前的 0. 4231 变为项目实施后的 0. 5900，变化幅度比其他资本大。这一方面是因为农户人均收入大幅增加，另一方面是因为农户获得信贷机会和无偿援助的机会增加。根据调研数据，农户人均年收入从项目实施前的 3830. 45 元增加到项目实施后的 6443. 39 元；以前，农户信贷资金来源更多是亲戚、朋友和邻居之间的借贷，自项目开展以来，在 112 个样本农户中，有 39 户农户与银行、信用社以及专业合作互助社等比较正规的信贷机构发生借贷关系，贷款总额达 271 万元，平均每户贷款额为 69487 元，可见这些信贷机构在农户融资当中扮演着越来越重要的角色；在 78 户修缮或新建住房的农户中，有 31 户得到过无偿补助，补助总额为 455300 元，平均每户补助 14687 元；此外，部分农户获得过牲畜养殖补贴和新购电器补贴，几乎所有的农户得到了种植业补贴。

4. 社会资本情况

项目实施前后，农户的社会资本平均得分分别是 0. 1081 和 0. 1858，项目开展后农户的社会资本得分值有所提高，这有赖于个别农户成立或者参加了农村专业性合作组织，如畜牧养殖专业合作社、药材种植基地合作社和柳编合作社等，参与率高达 16.1%；农户获得的社会网络支持也明显增多，主要是资金的借贷、生产技术和市场信息的交流、劳动互助等的日渐频繁。但不论是项目实施前还是项目实施后，农户的社会资本得分较之其他资本，都是很低的，这与农户所在的大环境——农村的封闭性有关。

5. 生态资本情况

生态资本作为测量农户物质生活与周遭生态环境是否协调发展的指标之一，在项目开展过程中有了很大的提高。生态资本的测量值在项目实施前后分别为 0.3942 和 0.4916，分值的变化并不是得益于农户耕地情况的变化，而是农户对保护身边生态环境重要性认识的进一步提高和对自身所在村落环境状况更加满意的结果。在入户调研过程中了解到，项目区耕地为旱地，而且大多是山坡地，耕地质量普遍较差，虽然部分村庄近年来有过梯田建设、灌溉建设等土壤改良活动，但收效甚微，基本上改变不了该地区“靠天吃饭”的种植业现状，再加上人均耕地面积比较少，导致多年来农作物收入没有大的改观。由于该地区实施了退耕还林、退耕还草政策，如前进村退耕还林 400 多亩，退耕还草 100 多亩；教场村退耕还林 500 多亩；三十里铺村退耕还林 400 多亩，还有部分耕地被用作果林、苗圃基地等；教场村建设生态林 300 多亩，人均耕地面积从项目实施前到项目实施后有所减少，分别是 1.1135 亩、1.0406 亩。在关于保护身边生态环境重要性的调查中，52.7%的农户认为非常重要，45.5%的农户认为比较重要，而只有 1.8%的农户认为不重要，表明农户的生态环境保护意识很强。对于项目开展以来本村及其周围生态环境的变化情况，19.6%的受调研户认为显著变好了，62.5%的受调研户认为变好了，8.9%的农户认为基本没有变化，而只有 9%的农户认为变坏了或者显著变坏了，可见 82.1%的农户认为生态环境有所改善。在关于“保护生态环境是谁的责任”这个问题上，10.7%的农户认为是每位村民的责任，4.5%的农户认为是政府的责任，84.8%的农户认为政府和村民都有责任，而且认为政府和村民各负一半的责任，表明农户保护生态环境的责任意识越来越强。

五、小结与启示

根据项目实施前后保护区农户各类生计资本的变化情况，结合调研、访谈和座谈所获得的数据和信息，可以看出，在开展替代生计项目的这几年，调查区农户的生活水平、生计方式和思想认识都有了很大的变化。

1. 农户年收入增多，物质生活得到明显改善

农户物质生活水平的提高是显而易见的，翻修或新修的房屋、新置的生活用品和生产用具，无一不向我们昭示着这样一个信息：近几年来，他们的生活已经上了一个全新的台阶。而所有的这些变化，源自于农户收入的增加。调研数据显示（见表 7-16），保护区农户平均年收入由项目实施前的 18530.09 元增加到项目实施后的 30676.07 元，收入增加了 65.5%。其中，种植业收入有小幅增加，原因是近年来种植业作物种类的调整和新的种植技术的引进。项目实施前，主要的种植作物是玉米、小麦和油菜，有少量的大豆和果林，零星还有一些药材和草地（主要是苜蓿）；项目实施后，除了玉米，这些主要作物的每户种植面积都有所减少，而能给农户带来更高收入的药材和林地（苗圃）的种植面积有了大幅增加，与此同时，玉米全膜双垄沟等技术的普遍推广应用使得作物亩产量有所提高。这样，保护区农户种植业户均年收入从项目实施前的 2701.34 元增加到项目实施后的 3202.05 元。然而，种植业收入在总收入中的占比，由项目实施前的 15%下降到项目实施后的 10%。可见，较之总收入的增加幅度，种植业收入增加还是比较少。农户的经商收入很少，因为保护区农户很少从事商业活动，在 112 个受访农户中，项目实施前和项目实施后从事商业活动的户数分别是 5 户和 9 户，而且其中有 4 户是在村里面开小卖部的。来自于政府或者项目的资助也构成了农户的一小部分收入，这些资金主要以老年人养老补助和其他补贴的形式支付给农民。工资

收入占农户总收入的比例稍有提高，主要是因为近年来有一些青年人走上了工作岗位，提高了工资性收入。占农户总收入比重最大的是外出务工收入，这个比例大概是60%，不论是在项目实施前还是在项目实施后，保护区农户的主要收入是外出务工收入。通过调研了解到，绝大多数的外出务工者所从事的职业是建筑工，他们的足迹遍布甘肃省、宁夏回族自治区和青海省等省区的各个建筑工地。

表7-16　项目开展前后户均年收入构成　　单位：元

收入	合计	种植业	养殖业	经商	外出务工	上班工资	政府或项目资助
项目实施前	18530.09	2701.34	2833.93	337.5	11204.46	1241.07	211.79
项目实施后	30676.07	3202.05	4403.57	1010.71	19071.43	2566.07	348.94

2. 保护区农户原有生计模式得以延续和完善，新的生计模式悄然兴起

从农户收入构成的变化情况可以看出，调查区农户原有的增收方式没有得到根本性的改变，土地仍是农户维持生计最重要的资源，以种植为主、养殖为辅的生计模式得以延续，并有了新的发展。但从实际的访谈和座谈过程中我们了解到，农户的生计模式在不断得到优化，许多能给农户提高收入的生计模式，如松鸣镇和城关镇渐渐兴盛的农家乐，前进村和吊滩村越来越多的大型养殖、苗木基地和药材种植基地等正在悄然兴起。虽然目前它们为农户带来的收入甚微，但它们未来的市场潜力巨大，会给农户带来巨大的收益。

3. 保护区生态环境有所改善，农户环保意识和生计满意度得到提升

对于项目开展以来，本村及其周围生态环境的变化情况，82.1%的农户认为生态环境有所改善。在关于保护身边生态环境重要性的调查中，超过98%的受访农户认为比较重要。在关于“保护生态环境是谁的责任”这个问题上，84.8%的农户认为政府和村民都有责任，而且认为政府和村民各负一半的责任，表明农户保护生态环境的责任意识越来越强。关于项目开展前后，

在对自己生计状况（包括生产生活方式和质量、收入水平和生存环境等）的评分调查中，农户为原来的生计状况平均评分是55.76分，现在的生计状况评分是75.31分。

可见，无论是在物质生活方面，还是在生态环境和生计模式等方面，调查区农户的状况都得到了一定改善。随着新的生计模式的发展壮大，农户的状况会得到更大的改善。

从调研数据以及以上的分析可以得出一个基本的结论：调查区及其周边，在替代生计项目开展以来，生态环境得到了改善，农户生计模式有所改观，农民物质生活条件上了一个台阶。但同时，通过调研和数据分析也发现，调查区及其周边，在项目实施过程中，尚有一些不足和有待改进之处。

（1）生计模式替代不明显，新的生计方式尚未规模化。如上文所述，保护区农户以种植为主、养殖为辅的生计方式并没有得到根本改变。在种植业方面，虽然近年来有农户开始种植诸如药材、苗木和果林等经济作物，但这些只是在零星的农户或者村民大户中尝试，还没有在大多数农户间得到普及，还没有大范围增加农户的收入；养殖业的情况稍好一点，有政策的支持和联户养殖的推行，农户养殖的牲畜数量大幅增加，养殖方式也有所改变，但是限于养殖业市场不太景气和资金短缺，养殖业在农户间并没有得到普遍推广，大多数农户对养殖也不抱多大的希望，即使有养牲畜的，也是几只，养殖并没有普遍化和规模化。伴随着生态旅游兴起的度假村和农家园，依托保护区特有的生态环境和人文风貌，有很大的市场潜力，但我们在调研中了解到，目前的度假村和农家乐提供的产品和服务比较单一、质量较差，而且尚未产业化，没有得到大范围推广，也没形成产业集聚。

（2）农户能力资本偏低，各类资本尚需协调和提高。农户的各类资本得分值，较项目开展前均有所提高，这既有赖于项目的顺利开展，也受益于保护区独特的地理环境和文化背景。但同时我们可以看到，不论是项目实施前还是项目实施后，农户的各类资本得分值均比较低，项目实施前后各类资本得分值提高有限，平均提高0.1左右。人力资本方面，虽然有过种植、养殖、驾驶和拉面等技术培训，但从访谈中我们了解到，这些培训收效甚微，对农户裨益不大；在金融资本方面，农户的现金收入连年增高，农户从正规机构获得的贷款也逐年增加，但是相对农户生计替代过程中对资金的需求，这些尚不能满足农户扩大生产和改善生计条件的资金需求，毕竟能贷到款项的农户只有很少一部分，大多农户是通过邻里亲戚间借贷来勉强解决资金需求的；保护区农户的社会资本得分值严重偏低，这与其他资本显得不太协调，虽然有形式多样的合作组织和各种社会网络支持，但除了部分活跃、积极的农户，这些并没有惠及大多数农户，导致保护区农户的整体社会资本偏低。这些不仅说明近年来项目实施效率偏低，也预示着今后农户资本有更大的提升空间。

第三节　甘南州合作市贫困农户家庭调查

为了了解甘南藏族自治州合作市贫困农户的家庭状况，课题组依托该藏区生源地学生，进行了一项历时一年的针对贫困农户家庭状况的实地走访调查。

一、样本与指标体系

本次调研样本包括合作市 150 户贫困农户，总人口为 724 人，平均每户 4.83 人，其中汉族 394 人、少数民族 330 人。

考虑到研究区域的实际情况以及调研问题设定的局限性，构建了包括 4 项一级指标、14 项二级指标的指标体系。各项指标的赋值情况如表 7-17 所示。

表 7-17　指标体系

一级指标	二级指标	指标赋值
基本信息	年龄	0 岁以下赋值 1；21 ~ 50 岁赋值 2；51 ~ 60 岁赋值 3；60 岁以上赋值 4
	性别	男性赋值 1；女性赋值 2
	民族	汉族赋值 1；少数民族赋值 2
	受教育程度	不识字赋值 1；仅识字赋值 2；小学赋值 3；初中赋值 4；高中及中专赋值 5；大专及以上赋值 6
	主要职业	种植赋值 1；养殖赋值 2；放牧赋值 3；经商赋值 4；外出务工赋值 5；上班赋值 6；上学赋值 7；其他赋值 8
脱贫认识	对教育重视程度	非常有影响赋值 1；比较有影响赋值 2；一般赋值 3；有一点影响赋值 4；完全没影响赋值 5
	教育对个人发展	找工作方便，有固定的收入赋值 1；学习新事物的能力较一般人强赋值 2；能吸收到先进的技术，有利于农业和畜牧业的发展赋值 3；其他赋值 4
	自主脱贫的信心	非常有信心赋值 1；比较有信心赋值 2；一般赋值 3；有一点信心赋值 4；没有信心赋值 5
社会帮扶	农业废弃物资源化利用	如果有，赋值 1；如果没有，赋值 2
	农业污染治理	如果有，赋值 1；如果没有，赋值 2
	农产品批发市场	如果有，赋值 1；如果没有，赋值 2
	旅游休闲农业发展	如果有，赋值 1；如果没有，赋值 2
	村民得到的帮助	贷款赋值 1；生产技术指导赋值 2；劳动互助赋值 3；农资供应赋值 4；产品收购赋值 5；没有帮助赋值 6；其他赋值 7
生态改善	生活污水的处理	泼到院子里；浇到地里；通过排水沟排到屋外；下水道收集后排放；排入自家挖的污水下渗池；将污水集中，喂养家畜。如果有，赋值 1；如果没有，赋值 2

二、专题调查

调查主要由学历结构、职业结构、教育脱贫意识、对扶贫政策的了解程度、社会资本帮扶情况、生态环境改善情况和能源使用情况 7 个方面构成。

1. 学历结构

从调查对象所受教育程度来看（见表 7-18），所有的 724 人中，不识字者 139 人，年龄多数处于 21~50 岁，其中中年女性居多。大专及以上文化程度的人数最多，有 176 人，主要集中在青少年和中年，其中高学历的文化程度方面，男性要高出女性 28 人；其次是小学文化程度，人数也主要集中于中年，同样是男性人数高于女性。从整体来看，该地区男性的受教育程度普遍高于女性。中年人的学历普遍较高，其次是青少年，而高年龄阶段人的学历普遍较低。

表 7-18 调查对象的学历结构

<table>
<tr><th colspan="3" rowspan="2">年龄</th><th colspan="6">受教育程度</th><th rowspan="2">合计</th></tr>
<tr><th>不识字</th><th>仅识字</th><th>小学</th><th>初中</th><th>高中或中专</th><th>大专及以上</th></tr>
<tr><td rowspan="3">20 岁以下</td><td rowspan="2">性别</td><td>男</td><td>11</td><td>4</td><td>30</td><td>18</td><td>18</td><td>48</td><td>129</td></tr>
<tr><td>女</td><td>5</td><td>4</td><td>22</td><td>19</td><td>12</td><td>31</td><td>93</td></tr>
<tr><td colspan="2">合计</td><td>16</td><td>8</td><td>52</td><td>37</td><td>30</td><td>79</td><td>222</td></tr>
<tr><td rowspan="3">21~50 岁</td><td rowspan="2">性别</td><td>男</td><td>29</td><td>6</td><td>47</td><td>52</td><td>24</td><td>52</td><td>210</td></tr>
<tr><td>女</td><td>43</td><td>10</td><td>35</td><td>36</td><td>27</td><td>42</td><td>193</td></tr>
<tr><td colspan="2">合计</td><td>72</td><td>16</td><td>82</td><td>88</td><td>51</td><td>94</td><td>403</td></tr>
<tr><td rowspan="3">51~60 岁</td><td rowspan="2">性别</td><td>男</td><td>11</td><td>2</td><td>10</td><td>6</td><td>3</td><td>2</td><td>34</td></tr>
<tr><td>女</td><td>18</td><td>1</td><td>4</td><td>0</td><td>1</td><td>1</td><td>25</td></tr>
<tr><td colspan="2">合计</td><td>29</td><td>3</td><td>14</td><td>6</td><td>4</td><td>3</td><td>59</td></tr>
<tr><td rowspan="3">60 岁以上</td><td rowspan="2">性别</td><td>男</td><td>12</td><td>4</td><td>5</td><td>2</td><td></td><td></td><td>23</td></tr>
<tr><td>女</td><td>10</td><td>1</td><td>4</td><td>2</td><td></td><td></td><td>17</td></tr>
<tr><td colspan="2">合计</td><td>22</td><td>5</td><td>9</td><td>4</td><td></td><td></td><td>40</td></tr>
<tr><td rowspan="3">合计</td><td rowspan="2">性别</td><td>男</td><td>63</td><td>16</td><td>92</td><td>78</td><td>45</td><td>102</td><td>396</td></tr>
<tr><td>女</td><td>76</td><td>16</td><td>65</td><td>57</td><td>40</td><td>74</td><td>328</td></tr>
<tr><td colspan="2">合计</td><td>139</td><td>32</td><td>157</td><td>135</td><td>85</td><td>176</td><td>724</td></tr>
</table>

2. 职业结构

从调查对象所从事的主要职业来看（见表 7-19），20 岁及以下的人上学的较多；21~50 岁的人外出务工的较多，其次是种植；51 岁及以上的人大多从事种植业务。在上学人数中，男女人数几乎一致，差别不大。而在外出务工的人数里，男性明显大于女性。而从事种植业务的大多是老人，中年人和青少年人数相对偏低。从整体数据来看，该地区比较重视教育。

表 7-19 调查对象的职业结构

年龄			主要职业								合计
			种植	养殖	放牧	经商	外出务工	上班	上学	其他	
20 岁以下	性别	男	4	0	7	1	12	3	98	4	129
		女	2	1	1	2	3	4	75	5	93
	合计		6	1	8	3	15	7	173	9	222
21~50 岁	性别	男	37	4	10	8	74	21	39	17	210
		女	52	3	2	8	47	25	28	28	193
	合计		89	7	12	16	121	46	67	45	403
51~60 岁	性别	男	18	1	4	3	0	6		2	34
		女	16	1	2	1	1	2		2	25
	合计		34	2	6	4	1	8		4	59
60 岁以上	性别	男	13	4	3	1			1	1	23
		女	8	0	2	0			0	7	17
	合计		21	4	5	1			1	8	40
合计	性别	男	72	9	24	13	86	30	138	24	396
		女	78	5	7	11	51	31	103	42	328
	合计		150	14	31	24	137	61	241	66	724

3. 教育脱贫

对于是否能够通过教育脱贫，所有调查对象均持肯定态度（见图 7-4）。

大部分人希望自己的子女接受教育后可以找份稳定的工作，从而改变贫困现状，体现了较强的主动脱贫意愿。

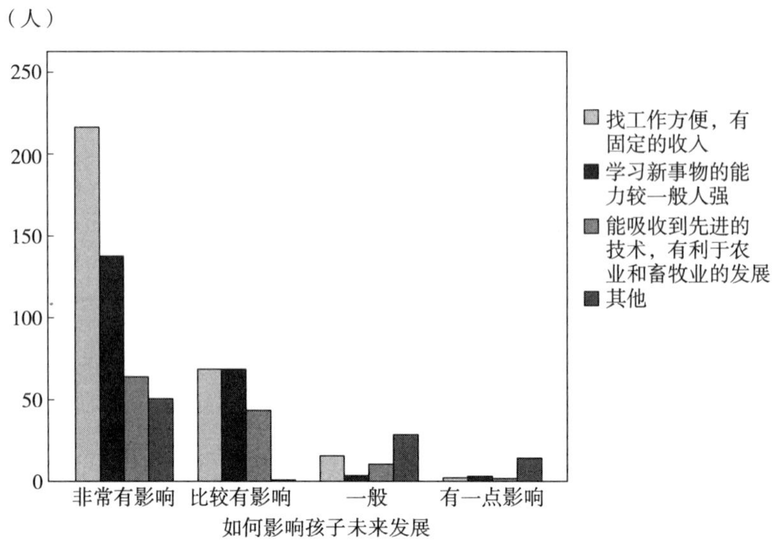

图 7-4　调查对象的教育脱贫意识

4. 政策宣传

研究把对扶贫政策的了解程度分为五个维度，即“非常了解（1.00~1.48）”“比较了解（1.48~1.96）”“一般（1.96~2.44）”“比较不了解（2.44~2.92）”“非常不了解（2.92~3.40）”，可以从表 7-20 中数据分析出，不论是汉族还是少数民族，对精准扶贫非常了解或者对精准扶贫非常不了解的人数很少，大多数人对精准扶贫的了解程度属于一般了解阶段。这种情况可以解释为，虽然经过政府宣传之后，贫困人口对精准扶贫有一定了解，但是距离合理利用国家政策、运用资源来刺激内源性发展还比较远，无法激发贫困人口脱贫的主动性。

此外，从图 7-5 可以看到一个很明显的现象，总体上汉族对精准扶贫的了解程度比少数民族要高。其中的主要阻碍在于当地很多少数民族（尤其是藏族）有语言障碍，很多人不认识汉字，而且对汉语理解程度不高（在调研

表 7-20　对精准扶贫了解程度的交叉表统计

分数	民族（人数）		合计（人数）
	汉族	少数民族	
1.00	0	7	7
1.20	27	16	43
1.40	17	44	61
1.60	37	35	72
1.80	39	72	111
2.00	57	33	90
2.20	53	56	109
2.40	52	18	70
2.60	51	26	77
2.80	31	16	47
3.00	13	2	15
3.20	10	4	14
3.40	7	1	8
合计	394	330	724

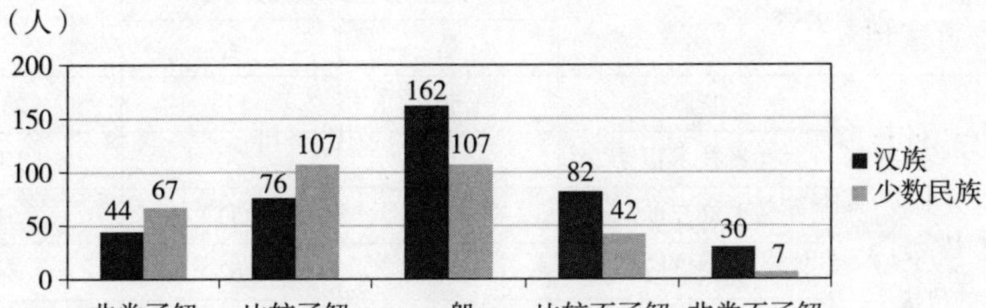

图 7-5　汉族和少数民族对精准扶贫了解程度的比较

期间和当地人讲普通话时，几乎一半的人听不懂，只能找当地学生翻译）。在文化程度偏低的少数民族老年人口中，这一问题尤其明显。综上所述，文化差异造成了沟通障碍，地区差异造成了信息不对称，这些在一定程度上影响了“精准扶贫”政策的宣传。但是少数民族贫困人口在对精准扶贫的深入了解程度方面要高于汉族，这从一个侧面反映出国家在扶贫攻坚方面给少数民族以更为优厚的特殊政策。

5. 社会资本帮扶情况

如表 7-21 所示，在社会资本帮扶方面，社会资本更愿意投资休闲观光农业。这是因为甘南州是著名的藏传佛教圣地，相对于其他的旅游景点来说，该地区接纳人数尚未达到饱和点，有着很大的提升空间。社会资本在联合种植、养殖业方面倾向于“农资互应”和“产品收购”。例如，调查中发现曾经有一个名为“甘南州种子管理站 2015 年青稞基地建设项目”的帮扶项目，这个种子管理站可以免费给贫困人口提供种子，当地村民丰收后，该种子管理站向村民回购青稞。此类帮扶加强了那些没有固定收入来源的村民自主脱贫的信心。但是，在国家大力倡导的农业废弃物资源化利用和农业污染治理方面，社会资本的参与度不高，即使有投资该方面的，也主要是贷款和技术指导。

表 7-21　社会资本帮扶情况的交叉表

项目名称		农业废弃物资源化利用		合计
		是	否	
得到社会资本的帮扶	贷款	59	173	232
	生产技术指导	37	70	107
	劳动互助	7	50	57
	农资互应	22	62	84
	产品收购	14	35	49
	没有帮助	47	51	98
	其他	8	89	97
合计		194	530	724

项目名称		农业污染治理		合计
		是	否	
得到社会资本的帮扶	贷款	40	192	232
	生产技术指导	40	67	107
	劳动互助	1	56	57

续表

项目名称		农业污染治理		合计
		是	否	
得到社会资本的帮扶	农资互应	13	71	84
	产品收购	11	38	49
	没有帮助	45	53	98
	其他	6	91	97
合计		156	568	724

项目名称		联合种、养殖		合计
		是	否	
得到社会资本的帮扶	贷款	85	147	232
	生产技术指导	48	59	107
	劳动互助	17	40	57
	农资互应	34	50	84
	产品收购	27	22	49
	没有帮助	47	51	98
	其他	10	87	97
合计		268	456	724

项目名称		旅游休闲农业发展		合计
		是	否	
得到社会资本的帮扶	贷款	127	105	232
	生产技术指导	37	70	107
	劳动互助	15	42	57
	农资互应	57	27	84
	产品收购	14	35	49
	没有帮助	58	40	98
	其他	40	57	97
合计		348	376	724

6. 生态环境改善情况

分析表 7-22 中的数据，项目开展前后，当地人对待污水的处理方式并没有大的改变，最主要的处理方式是“通过排水沟”排到屋外，并没有进行污水集中处理。这和当地政府对污水处理设备的安装以及对污水处理宣传力度不够有着密不可分的联系。在调研过程中，发现当地的大河几乎处于干涸状态（估计和季节有关系，处于枯水期），没有水流流动，但是可以明显看到河流里各种生活垃圾、动物粪便的存在。

表 7–22　生态环境改善情况的交叉表

		项目开展后							合计
		泼到院子里	浇到地里	通过排水沟排到屋外	下水道收集后排放	排入自家挖的污水下渗池	将污水集中，喂养家畜	其他	
项目开展前	泼到院子里	65	99	39	33	17	10	3	266
	浇到地里	25	38	17	0	8	6	9	103
	通过排水沟排到屋外	8	13	133	24	0	0	15	193
	下水道收集后排放	1	5	0	34	0	0	12	52
	排入自家挖的污水下渗池	0	12	4	0	28	0	2	46
	将污水集中，喂养家畜	0	4	0	0	0	0	13	17
	其他	0	2	0	0	3	4	38	47
合计		99	173	193	91	56	20	92	724

7. 能源使用情况

从能源使用的情况来看，焚烧秸秆等柴草的状况有了很大的改善，几乎降低了一半，新能源以及沼气的使用呈上升趋势。调研期间，当询问“为什么会减少秸秆的使用以及没有焚烧的秸秆又如何处置”时，农户的回答是，秸秆使用的减少是因为当地政府每到秸秆焚烧的季节，就会宣传焚烧秸秆对环境造成的不良影响，除此以外，如果发现对焚烧秸秆屡禁不止的情况会有相应的处罚。不能把秸秆当作柴火焚烧时，农户就把没有进行焚烧的秸秆放在地里，等秸秆腐烂后，变成养料增加土地的肥沃程度。

三、小结与启示

从调查数据来看，合作市扶贫工作存在以下主要问题：

1. “层级式”纵向识别与“参与式”横向识别的矛盾

本研究发现甘南州扶贫工作存在“层级式”纵向识别与“参与式”横向识别的矛盾。贫困户的认定由村干部确定，只有少数知识层次较高或者的确得到过帮助的人才了解扶贫政策的具体内容。甚至在某些村民看来，一些被确定的贫困户本身并不是真正的极度贫困人口。村民希望能实行贫困人口确定的公开评测制度。

2. 部分扶贫项目存在华而不实的问题

由于在反贫困实践中，政府基层组织对扶贫项目实施起主要支配作用，某些地方基层政府为了应付检查，把扶贫项目做成了“面子工程”。例如，在调研中发现，有的贫困村每栋房屋的外观都刷着一样的颜色，但是房屋内部结构和整体功能并未得到改善。据当地村民介绍，刷墙的钱是自己掏一部分，政府掏一部分。可是这些装饰对村民来说，尤其是对贫困户而言基本没有意义，反而可能加剧了当地村民与基层政府之间的矛盾。

3. 社会主体参与力度不够

根据上文提到的社会资本在甘南州的帮扶情况可以发现，营利性企业的贫困帮扶意愿并不是很强烈。而作为社会主体中的非营利性组织，由于往往存在官民二重性、半行政半社会的情况，所以很容易导致“职责不相分离”弊端的产生。由于在扶贫项目中，从资金申请到使用再到最后的评估，都是基层政府作为主要决定者，这给社会组织的参与造成了很大的壁垒。

4. 贫困主体的可行能力普遍不高

虽然贫困主体的可行能力没有被直接剥夺，但是根据上述三个方面存在的问题，贫困主体的可行能力实质上是被变相剥夺了。缺少政府的“实质性”作为，村民失去了很多在政府带领下发展可行能力的机会，相反，政府为了“绩效工程”增加了贫困主体的负担；缺少政府“公平、公开、公正”的选举，让真正贫困的村民丢失了本属于自己的权利；缺少社会组织的参与，村民失去了“中间力量”的支持。这些因素，都变相降低了贫困主体的可行能力。

第四节　农业女性化家庭决策模型分析

农业女性化是由农村留守妇女问题派生出的一个概念。由于城乡分割的二元制度因素的影响，自 20 世纪 80 年代以来，农村劳动力开始大规模地向城市流动。但是，由于城市生存空间的限制、人口的压力、户籍制度的制约，农民举家迁入城市不现实，制度的差距转换成空间的距离。随着中国各省区（直辖市）普遍以第二产业、第三产业作为发展重点，农业（种植业）的产业比重逐步下降，农村剩余劳动力逐渐向非农转移，出现了男性劳动力转移到工业、建筑业等第二产业，农村留守妇女主要从事农业生产活动，即所谓“农业女性化”现象。农业女性化作为一类基本要素禀赋条件的独特研究视角，对于说明西北民族地区贫困家庭的决策复杂性，具有一定的理论和现实意义。

一、相关研究述评

针对农业女性化研究的关注焦点主要在于农村妇女地位以及对妇女福利的影响方面。大部分的观点认为，农业女性化对妇女地位的提高和生存状况的改善明显不利。陈凤兰等（2008）认为，农业女性化是社会排斥的结果，农业女性化容易导致农村务农女性自我排斥、经济排斥和社会地位排斥的产生以及性别排斥的进一步加剧，从而形成社会排斥系统的恶性再循环。罗忆源等（2004）、周福林（2006）、邱红等（2009）的研究均认为，“男工女耕”的分工模式并没有从根本上改善农村妇女的家庭地位，只是再现了性别不平等关系；由于男性掌握着农业生产的关键技术、知识、信息、社会关系等关键因素，所以女性在农业生产中的作用更多地体现在她们对农田的管理上，决定农业生产大事的主体仍然是男性；在家庭中，留守妇女分享不到实际的权利，起到的作用只是辅助性的，她们的地位并没有得到根本改变，丈夫仍然是“管理者”“指挥者”，而留守妻子只是“生产者”“配合者”。

家庭组织及其分工决策对农民收入的影响，受到国内一些研究者的关注。钱忠好（2008）发现，家庭成员之间的劳动配置决策是相互依存和相互影响的，家庭在进行决策时，往往是利用家庭成员的比较优势，在农业生产和非农产业之间合理配置劳动力资源，实现家庭收入的最大化。此外，李楠（2009）在贝克尔的理论框架下，建立了一个农村留守妇女的家庭决策模型，研究了农村留守妇女家庭劳动时间配置与家庭福利间的关系。研究显示，家庭综合收入最大化是家庭福利最大化的关键，在当前约束条件下，女方选择留守、丈夫外出打工是家庭福利最大化的无奈选择。何军等（2010）的实证研究也表明，农业女性化现象具有一定的刚性，男性劳动力“回流”以及男性劳动力外出打工时间的长短，并不能显著影响女性从事劳动生产的比重，女性在农业生产诸方面的决策逐渐占据主导地位。郭剑雄等（2010）对农户家庭的适应性行为的研究表明，人口生产偏好的逆转提高了家庭成员的专业化技能，农户人均收入水平主要决定于家庭劳动力资源在工资率不同的就业机会中的选择性配置，家庭劳动分工的发展成为农户跳出长期以来由于低技能和低分工被动维系的“马尔萨斯陷阱”的重要契机。

与上述研究不同，本研究重点考察了贫困地区农业女性化、留守妇女的创业导向和家庭收益的关系，应用了新兴古典经济学提倡的分工思想，利用非线性规划方法构造以家庭收益决策为核心的概念模型，阐述农业女性化现象的经济内生绝对优势与外生比较优势的形成机理。

二、家庭决策模型

以分工理论作为研究的主要理论依据。分工是“一种特殊的、有专业划分的、进一步发展的协作形式”，“劳动生产力上最大的增进，以及运用劳动时所表现的更大的熟练、技巧和判断力，似乎都是分工的结果”。在经济学的研究领域中，分工的功效是少有的没有争议的问题之一。早期的相关研究主要关注于分工的自然起源与效率。斯密（1776）认为，分工起因于交换能力，是经济增长的源泉，分工的程度总要受交换能力大小（即市场广狭）的限制。杨格（1928）发展了斯密定理，认为市场范围和分工演进互相促进，导致报酬递增，从而推动经济进步。此外，杨格对市场规模的定义不仅仅限于斯密提出的人口和运输条件的范畴，而是扩大到商品、交易的种类以及价格水平，阐明了内生的分工演进机制和分工的网络效应。虽然马歇尔之后的古典经济学家将分工视为一个外在的公共场所，但其研究重心仍然在于分工对经济增长和福利的含义，并将其作为全面考察经济增长和繁荣的基础。

新兴古典经济学主要进一步阐述了分工理论。杨小凯等（1991，1998，2003）认为，分工是分工收益和分工交易费用两难冲突最优折中的结果。分工的起源取决于两点：财富的积累和交易费用。当财富积累到一定程度，可以弥补交易费用带来的风险时，在交易收益的驱动下，人们会选择专业化。贝克尔等（2000）把分工作为内生变量用于解释经济增长，认为在一般情形下，劳动分工主要取决于工人的协调成本和社会知识水平，“知识与专业化分工之间不是单向决定的，而是相互促进的，正是二者之间存在的正反馈机制导致了经济的内生增长”。

家庭分工理论始于贝克尔。贝克尔（1998）认为，家庭之所以亘古既有、绵延长存，其原因在于家庭生产是以明确细致的分工协作为基础的；家庭成员之间的分工仅部分地取决于生理上的差异，主要是基于经验和人力资本的不同；分工的程度决定着产出效率的高低。艾利思（2006）也注意到，家庭内女性和男性之间的劳动分工是社会而非生物学决定的，他认为此类分工将不断演化。总体上，没有任何一个经济学分支不会因为对分工的深入分析而得益。

1. 内生绝对优势模型

利用杨小凯（1998）提出的分工优势的模型原理，构造一个农村夫妻双方外出和留守问题的家庭收益决策模型，用于处理夫妻双方的外出和留守选择。模型的假设如下：第一，只存在两个决策者，丈夫和妻子；第二，只存在两种选择，外出或留守；第三，夫妻双方外出和留守具有相同的劳动产出率；第四，外出和留守的选择之间存在连续的可替代性；第五，不存在规模收益；第六，不存在技术进步。

设下标 1、2 分别表示丈夫和妻子；x^p、y^p 分别表示外出和留守时的产出；l 表示劳动的投入量；$a(a>1)$ 代表专业化经济程度参数，用来衡量劳动的边际产出。建立一组夫妻双方的生产函数式（7-1）、式（7-2）：

$$x_1^p = l_{1x}^a \quad y_1^p = l_{1y}^a \quad l_{1x}+l_{1y}=1 \tag{7-1}$$

$$x_2^p = l_{2x}^a \quad y_2^p = l_{2y}^a \quad l_{2x}+l_{2y}=1 \tag{7-2}$$

式（7-1）、式（7-2）表明，夫妻双方外出和留守的劳动边际产出相等，且外出和留守的劳动付出总和为 1。于是，夫妻双方有相同的外出和留守选择的转换函数（7-3）：

$$(x_i^p)^{\frac{1}{a}} + (y_i^p)^{\frac{1}{a}} = 1 \tag{7-3}$$

转换函数（7-3）表示了夫妻双方外出和留守选择的机会成本，即在劳动总量一定的约束条件下，外出与留守难以两全其美。将式（7-3）的 y_i^p 用 x_i^p 来表示：

$$y_i^p = [1-(x_i^p)^{\frac{1}{a}}]^a, \ x_i^p, \ y_i^p \in (0, \ 1) \tag{7-4}$$

求 y_i^p 对 x_i^p 的一阶导数：

$$\frac{dy_i^p}{dx_i^p} = -[(x^p)^{-\frac{1}{a}}-1]^{a-1}<0 \tag{7-5}$$

式（7-5）表示了夫妻双方在外出与留守选择中的边际转换率。

求 y_i^p 对 x_i^p 的二阶导数：

$$\frac{d\frac{dy_i^p}{dx_i^p}}{dx_i^p}=\frac{a-1}{a}\left[(x^p)^{-\frac{1}{a}}-1\right]^{a-1}(x^p)^{-\frac{1}{a}-1}>0 \tag{7-6}$$

式（7-6）大于0，表示了夫妻双方在外出与留守选择中的边际转换率是递增的，即随着外出或留守的选择增加，将需要减少更多的留守或外出来替代。夫妻双方外出与留守的边际转换曲线如图 7-6 所示。

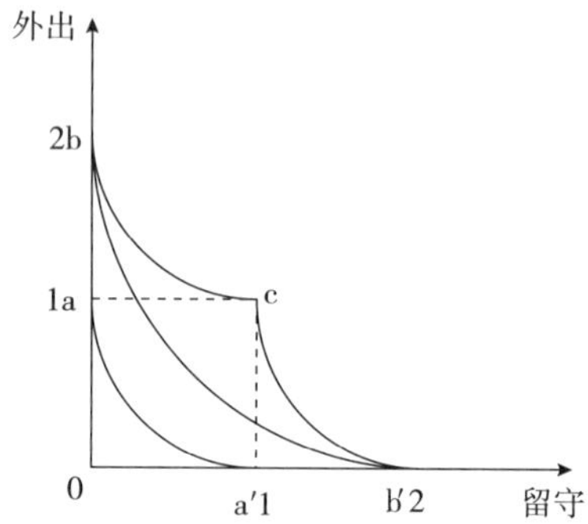

图 7-6　转换曲线与内生绝对优势

图 7-6 中，曲线 aa′为丈夫或妻子单个人对于外出打工与留守务农选择时的转换曲线；曲线 bb′为不进行严格分工，即夫妻双方不完全外出或留守时加总的转换曲线；曲线 bcb′（不包括两个端点）为家庭存在分工时的转换曲线，曲线 bc（不包括 b 点）和曲线 cb′（不包括 b′点）都表示有一人处于完全的专业化，即只从事外出或留守，c 点表示夫妻双方均处于专业化，即一人外出，一人留守时的情况。区域 bcb′表示夫妻双方分工后高于不分工的收益部分，即夫妻双方做出一方外出与一方留守的决策具有更大的家庭收益。这一现象，在经济学中被解释为内生绝对优势。如果考虑到规模经济，则分工后的家庭收益将会更大。

2. 外生比较优势模型

基本模型中严格假定丈夫和妻子在外出打工和留守务农两种工作的劳动边际产出相等，且各自从事外出打工和留守务农工作的劳动边际产出也相等，这使得基本模型的解释能力有限。在中国农村的贫困地区更一般的情况是，丈夫在外出打工和留守务农两种工作上都存在绝对优势。如果考虑到妻子在农村家务劳动中的主要作用，以及女性外出工资收入较男性更低的情况①，丈夫外出打工比留守务农具有比较优势。换言之，妻子留守务农比外出打工具有比较优势。这时，可以把基本模式的这一假设条件修改如下：

$a_1^x>a_2^x$，$a_1^y>a_2^y$，且$\frac{a_{1x}}{a_{2x}}<\frac{a_{1y}}{a_{2y}}$，如图 7-7 所示。

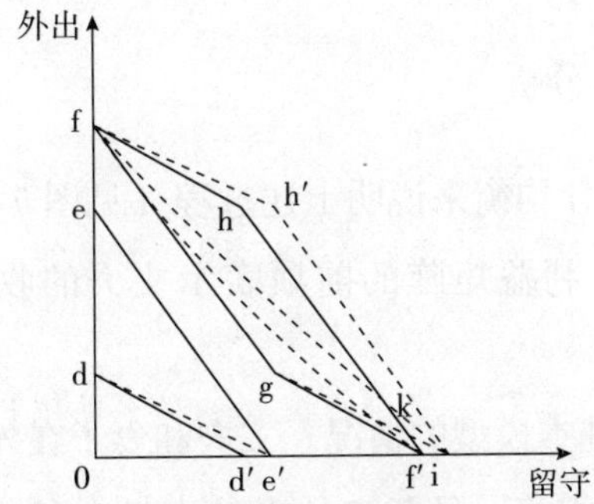

图 7-7 外生比较优势与家庭收益改善

图 7-7 中，dd′为妻子个人对于外出打工与留守务农选择时的转换曲线，ee′为丈夫个人对于外出打工与留守务农选择时的转换曲线。由于存在$\frac{a_{1x}}{a_{2x}}<\frac{a_{1y}}{a_{2y}}$，则曲线 ee′比 dd′的斜率更大。fgf′为不进行分工情况下加总的转换曲线。fhf′为严格分工情况下加总的转换曲线，fhf′包括的面积即为严格分工条件下的生产

① 女性工资低于男性，既受“重男轻女”的传统因素影响，也是由于在贫困地区普遍存在女性的受教育程度低于男性的既成事实造成的。

凸集，因为将点 f 和 f′连接的线均在这一生产集合中，因此出现了规模经济。这一分析表明，家庭决策中，在丈夫外出打工比留守务农具有比较优势（妻子留守务农比外出打工具有比较优势）的情况下，按照李嘉图式的分工方式“两利相权取其重，两害相权取其轻”，仍然可以取得分工收益，还可以存在规模经济。这种分工方式的收益被称为“外生比较优势”。

进一步分析外生比较优势改变的情况，如图 7-7 所示，如果通过外部条件的改变，使妻子留守务农的劳动边际产出提高，由 d′移动到 e′，de′成为提高后妻子个人对于外出打工与留守务农选择时的转换曲线，fgi 成为提高后不进行分工情况下加总的转换曲线。fhi 为提高后严格分工情况下加总的转换曲线，fh′i 包括的面积即为提高后严格分工条件下的生产凸集，同样存在规模经济，而且增加了 fhkih′包括的面积的决策集合，即家庭的总收益提高了。使妻子留守务农的劳动边际产出提高，就是外生比较优势的改变。

3. 家庭决策的博弈分析

以一个简化后的纳什均衡来说明上述过程（见图 7-8）。作为一个简化的家庭决策的博弈模型，利益矩阵的前项表示丈夫的收益，后项表示妻子的收益。

图 7-8（a）表示基本模型的情况。丈夫和妻子在外出打工和留守务农两种工作的劳动边际产出相等，且各自从事外出打工和留守务农工作的劳动边际产出也相等，双方都选择外出或留守时的家庭收益总和为 2，而分工以后的收益总和为 4。这可以被解释为分工后能够更加关注于一种工作，心无旁骛，所以劳动边际产出随之提高，是内生绝对优势带来的结果。这时，在（留守、外出）或（外出、留守）两种策略选择下都形成了纳什均衡。

图 7-8（b）表示有相对比较优势时的情况。丈夫不论选择外出还是留守都有比妻子更高的劳动边际产出，但是选择外出的比较优势为 4，选择留守的比较优势为 2，这样丈夫选择外出比留守更有比较优势，而妻子选择留守比外出也同样有比较优势。这时，策略（外出、留守）形成了纳什均衡。分工后比分工前丈夫选择外出打工的收益提高了 2，包括了没有规模经济下的分工收

丈夫＼妻子	外出	留守
外出	1，1	2，2
留守	2，2	1，1

(a)

丈夫＼妻子	外出	留守
外出	4，1	6，2
留守	3，3	2，1

(b)

丈夫＼妻子	外出	留守
外出	4，1	6，3
留守	3，3	2，2

(c)

丈夫＼妻子	外出	留守
外出	4，1	6，3
留守	4，3	2，2

(d)

图 7-8　家庭决策的博弈过程

益以及规模经济收益，家庭的收益总和为 8。造成这一相对比较优势的原因显然是外部的，如传统、制度和生理等因素，可以称之为外生相对优势。

图 7-8（c）表示使外生比较优势发生改变的情况。使妻子留守的收益增加，和丈夫选择留守时的收益相同都为 2，而妻子在分工后留守收益更是增加为 3。这时，仍然会在策略（外出、留守）形成纳什均衡，但是家庭的收益总和由 8 增加到 9。

图 7-8（d）表示了另一种外生比较优势改变的情况。因为一项使妻子留守收益增加的措施同时也能使丈夫在选择留守时的收益增加①，如妻子的留守收益由 2 增加到 3 的同时，丈夫的留守收益也由 3 增加到 4，和选择外出的收益相同。这时，形成了（留守、外出）和（外出、留守）两种策略选择下的纳什均衡。但是与图 7-8（a）的情况不同，选择（留守、外出）时的家庭收益总和为 7，低于选择（外出、留守）时的家庭收益总和 9。虽然同样符合纳什均衡，但是对于任何一个家庭的理性选择（即使经过多次重复的决策）都应是（外出、留守）。

① 如特色农业产业发展、农业科技培训、农业基础设施、农民生活改善可以同时提高夫妻双方选择留守时的劳动边际产出。

改善妻子留守收益的措施可以有很多，而且在改善妻子留守收益时并不排除同时可以改善丈夫留守时的情况，这样对家庭的收益总和的增加是有利的①。

第五节　小结与启示

本章的研究结论是，在中国城乡二元经济结构仍然存在、农村外出务工人员男女工作机会和待遇尚不平等的情况下，即使考虑非经济因素，农业女性化仍然符合内生绝对优势和外生比较优势条件下的家庭决策过程，是理性的选择结果。

张平等（2013）的研究认为，贫困地区经济增长与减贫的非均衡性问题是由四个原因造成的：一是贫困地区的劳动力素质不高或缺乏流动性，不能分享经济繁荣的好处；二是人民生活水平的普遍提高使得贫困线也随之提高，一部分潜在贫困人口成为了现实贫困人口；三是一些地区迁入贫困移民以后，人均纯收入下降，成为了新的贫困地区；四是受传统观念和习惯的影响，一部分人缺乏自主脱贫的主动性，脱贫后又重新返贫。由于外出打工人员本身的知识、技能水平不高，家庭决策的结果即使是夫妻分工，如果考虑非经济因素，分工后的总体收益不一定会提高，这也是为什么大量研究认为留守妇女的地位和福利下降的原因。只有当有利的农业产业和农村生活条件形成后，才能将农业女性化变被动为主动，获得内生和外生经济优势。同时，有利的农业产业发展和农村生活条件本身就是增加留守妇女的非经济性收益，从而使其获得地位的提高和福利的改善。这也应该是解决贫困地区经济增长与减贫非均衡性问题的一种基本思路。

① 假使增加妻子收益的措施使丈夫的留守收益能够超过外出收益，这时虽然可能形成（留守、留守）或（留守、外出）的纳什均衡策略，但是家庭收益的总和还是增加的。

第八章
基本要素禀赋条件的贫困变动效应分析

要素禀赋条件不同，由经济增长带来的贫困变动效应也会存在较大差异。从本质上看，西北民族地区贫困县经济增长的减贫成效是通过其引起的人力、物资资本的积累，产业技术结构、产业投入要素结构等变动来影响区域贫困人口的收益构成因子变化的。由于区域贫困人口的收益内生决定于该区域要素禀赋结构，因此，西部少数民族地区要素禀赋水平将会约束减贫成效，并会限制贫困人口的受益水平。其中，区域要素禀赋结构和要素的相对价格两个因子对贫困人口收益增加所产生的影响最大，是主要约束条件。

第一节　要素禀赋条件分析

地区贫困落后成因研究是多方面的。要素禀赋条件不同，由经济增长带来的贫困变动效应也会存在较大差异。

一、贫困形成的传统原因

西北民族地区贫困形成的传统原因可以归纳为以下几个方面：

1. 恶劣复杂的自然环境

自然因素是导致贫困的主要成因。西部民族地区气候复杂，自然灾害频发，而贫困地区多处于干旱地区，常年久旱，人畜饮水缺乏，农业生产的条件极差，地表水源都不能有效利用。如：

东乡县86.96%的耕地面积为山旱地，年均降雨量350毫米，但年蒸发量却是1387毫米。全县大部分地区平均海拔在2000米以上，从地貌上看，山脉无明显走向，基本上以县城锁南坝镇为中心，向四周延伸，属切割破碎的黄土地貌。山坡陡峭，切割较深，悬崖峭壁处处皆是。坡陡沟深，呈现出“V”字形，“隔沟能说话，握手走半天”就是这种状况的真实写照。由于自然因素及人类活动对土壤的影响，土壤表层腐殖质积累较少，土质贫瘠。保肥、保水能力差，抗旱性能弱。

甘南州农业生产光热条件不足，80%以上的耕地在海拔2500米以上，其中，同四川阿坝州、青海果洛州、黄南州接壤的迭部、玛曲、碌曲、合作、夏河五个县（市）平均海拔在3000米以上。气候条件差，大部分地方只能从事草原畜牧业。同时，大部分地方经常发生干旱、冰雹、霜冻等自然灾害且比较严重，十年九灾。根据2005年的资料，全州近2/3的天然草场出现了不同程度的退化，得不到及时治理，草地草产量较20世纪下降20%~40%，其中严重退化的草场达1414万亩，占可利用草场面积的36.8%；干旱草场沙化80万亩，已不能放牧利用。

另外，西北民族贫困地区地形复杂，自然条件恶劣，在这些地区进行交通建设投资大、工期长、效益低，交通不畅严重影响了这些地区与外界的交往。此外，这些地区大多处于边远、偏僻地区，远离大中城市等经济中心，接受大中城市的辐射线弱、冲击波小，故其发展在某种程度上呈自我封闭状态。

2. 区域封闭且居住分散

受自然因素的影响，西北民族贫困地区人口密度很低，有限的地区人口便零星分布在某些局部条件相对好的区域。但这种人口分布和布局状况对西北民族贫困地区经济发展的影响是巨大的。人口数量和人口密度是社会分工的物质前提，人口居住的极度分散化不会促成社会分工的形成。

西北民族贫困地区不仅每平方公里居住地人口的绝对数值小，居住分散，“三户一村，五户一庄”，而且交通阻塞、通信落后，因此，这就更加恶化了居住人口的极度封闭。在人口居住极度分散、交通阻塞、通信落后的西北民族贫困山区，很难形成经济意义上的社会分工，因此阻塞的交通、落后的通信极大地限制了人们从事生产和交换活动的空间地域。而在这十分狭小的空间地域内，居住人口数量稀少且极度分散，以致脱离耕地、独立从事手工业的艺匠都难以产生，更不用说专事流通的商人了。

在相当数量的西北少数民族贫困地区，方圆几里内也只有十几户、几十户人家，有的甚至只有三五户人家。在这种社会经济环境中，为了生存，不管人们的意愿如何，他们都只能采取自给自足的生产方式，不但商品流通难以产生，就连物资交换也不多见，更谈不上频繁。同时，由于人口居住地极度分散，加上交通通信的极其落后，地域内外的人们连见面都感到困难，更不用说信息交流、思想交流和观念更新。因此，这一状况必然带来区域经济发展的恶性循环。

3. 人口多、素质低

西北民族地区贫困人口的家庭规模较大，劳动力负担人口比重较高。在有限的土地上、有限的生活资料下，人口越多，意味着人均消费越少，从而导致人的基本生存条件恶化，无法保证良好的营养，加上有些地区近亲结婚以及水土地质条件造成的地方病，使人身体健康受到越来越大的损害。贫困县区往往也是地方病的多发区，主要地方病有地方性甲状腺肿、克山病、大骨节病等。由于地方病流行，造成婴幼儿发育迟缓、智力低下，这就进一步造成家庭及社会的负担。

西北民族地区贫困县区的文教卫生事业发展落后，有的居住分散、偏僻，很大区域范围内根本没有学校，加上贫困户缺吃少用没钱供子女上学，以致他们被迫过早地参加体力劳动，无法接受教育。由于人口身体素质和文化科技素质普遍较低，即使外出打工也难以适应一般技术工种的要求。在一些边远山区，一半以上的农民一生从未到达过乡政府以外的地区；一些贫困村，受过初中教育的青年屈指可数，文盲、半文盲率高得惊人。不懂科学文化知识、不懂法律等成为贫困地区的普遍现象。而研究发现，文盲率和贫困率之间存在着高度正相关关系。

此外，由于受传统思想的影响，在很多贫困县区，“不孝有三，无后为大”“男尊女卑”以及“多子多福”等观念极为盛行，加之女孩在结婚后离开娘家等传统习惯，这使女性的地位更加低下。即在男尊女卑的传统观念下，贫困的家庭往往把有限的财力都集中在男性身上（如受教育、就医等），女性并没有导致贫困，但却成为贫困的直接承受者。据调查，在这些地区的文盲人口中妇女超过70%。虽然男性、女性享受不了教育的主要原因是贫困，但两者对贫困的影响却大不相同。妇女受教育后会导致晚婚和总生育率的下降，能够帮助政府实施人口政策、推广医疗保健措施，对农业投入物、信贷、其他生产和社会服务的获得以及家庭内部的资源分配、消费类型都具有潜在决定性影响。因此，贫困地区妇女在教育方面的不利地位对甘肃省少数民族贫困地区的影响是一个长远的不可忽视的因素。

更为严重的是，有些贫困人口虽有劳动能力，但由于历史性的贫困，国家年年扶持救济，久而久之形成习惯性懒惰。加上文化低、素质差，不懂科技，思想观念守旧，小农意识浓厚，随着家庭人口不断增加，负担过重，进取心逐渐磨灭，得过且过，悲观宿命，缺乏致富动力。

4. 农产品价格问题

长期以来我国农产品的价格一直偏低。而贫困县区产业结构的特点是第一产业所占比重较大，因此价格问题对贫困地区脱贫有较大影响。一方面对初级农产品实行低价收购政策，另一方面农业生产资料和日用工业品的价格不断上涨，这就使农民受到“双重伤害”。尤其是对贫困户，农用生产资料的上涨使生产水平更低。

二、贫困成因的动态聚类分析

依据自然条件、资金条件和知识条件 3 类因素，选择了 7 项二级指标，建立了评价指标体系，如表 8-1 所示，以甘肃省少数民族国家扶贫重点县的监测数据为样本，进行贫困成因的动态聚类分析。

表 8-1 评价指标体系

地区	自然条件类因素			资金条件类因素			知识条件类因素
	新修梯田（万亩）	发展集雨节灌（万亩）	移民安置（人）	财政扶贫资金（万元）	以工代赈资金（万元）	扶贫信贷资金（万元）	开展科技培训（万人次）
临潭县	3.47	1.14	7244	2238	109	411	5.02
舟曲县	2.86	1.22	3948	5076	2968	4084	4.73
卓尼县	1.92	0.4	0	7495	419	8411	2.82
迭部县	0.64	0.05	0	2012	0	0	3.02
夏河县	0.2	0	0	1785	94	114	2.73
临夏县	5.21	0.94	0	1457	965	426	4.38
和政县	2.58	0.82	0	1344	240	483	2.85
积石山县	4.01	1.84	500	3322	120	538	3.54
广河县	3.68	0.97	0	3599	1014	5846	5.74
康乐县	3.89	0.98	0	726	0	363	4.89
东乡县	9.83	1.61	2718	4520	86	350	3.64
永靖县	6.35	3.1	8388	1838	942	538	9.98
张家川县	3.32	1.41	0	3847	3000	2030	4.65
天祝县	3.99	1.13	17875	3074	380	668	13.87

经过五次聚类重心调整，如表 8-2 所示，最终的聚类结果如下：临潭县、迭部县、夏河县、临夏县、和政县、积石山县、康乐县 7 个地区以自然条件改善为主；舟曲县、卓尼县、广河县、东乡县、永靖县、张家川县 6 个地区以资金条件改善为主；天祝县以知识条件改善为主，如表 8-3 所示。

表 8-2 五次聚类重心坐标

第 0 次调整后各类重心坐标							
组	X_1	X_2	X_3	X_4	X_5	X_6	X_7
1	0.0000	0.0000	0.0000	0.1564	0.0313	0.0136	0.0000
2	0.3925	0.3892	0.1063	0.3541	0.2740	0.2326	0.1683

续表

组	X_1	X_2	X_3	X_4	X_5	X_6	X_7
第0次调整后各类重心坐标							
3	0.3936	0.3645	1.0000	0.3469	0.1267	0.0794	1.0000
第1次调整后各类重心坐标							
组	X_1	X_2	X_3	X_4	X_5	X_6	X_7
1	0.0976	0.0935	0.0000	0.1459	0.0371	0.0237	0.0123
2	0.4417	0.4390	0.1275	0.3968	0.3208	0.2734	0.1983
3	0.3936	0.3645	1.0000	0.3469	0.1267	0.0794	1.0000
第2次调整后各类重心坐标							
组	X_1	X_2	X_3	X_4	X_5	X_6	X_7
1	0.1690	0.1492	0.0000	0.1094	0.0278	0.0285	0.0577
2	0.4483	0.4527	0.1417	0.4409	0.3564	0.2990	0.1988
3	0.3936	0.3645	1.0000	0.3469	0.1267	0.0794	1.0000
第3次调整后各类重心坐标							
组	X_1	X_2	X_3	X_4	X_5	X_6	X_7
1	0.2031	0.1929	0.0811	0.1322	0.0295	0.0326	0.0873
2	0.4618	0.4633	0.1088	0.4681	0.3964	0.3303	0.1979
3	0.3936	0.3645	1.0000	0.3469	0.1267	0.0794	1.0000
第4次调整后各类重心坐标							
组	X_1	X_2	X_3	X_4	X_5	X_6	X_7
1	0.2560	0.2113	0.0675	0.1282	0.0782	0.0356	0.0974
2	0.4535	0.4862	0.1243	0.5195	0.4071	0.3702	0.2051
3	0.3936	0.3645	1.0000	0.3469	0.1267	0.0794	1.0000
第5次调整后各类重心坐标							
组	X_1	X_2	X_3	X_4	X_5	X_6	X_7
1	0.2759	0.2659	0.0619	0.1647	0.0728	0.0397	0.0939
2	0.4631	0.4683	0.1404	0.5422	0.4683	0.4213	0.2271
3	0.3936	0.3645	1.0000	0.3469	0.1267	0.0794	1.0000

表 8-3　最终的聚类结果

地区	初始类别	最后类别	距凝聚点距离
临潭县	2	1	0.1500
舟曲县	2	2	0.3350
卓尼县	2	2	0.9160
迭部县	2	1	0.1310
夏河县	1	1	0.1620
临夏县	2	1	0.1330
和政县	2	1	0.0170
积石山县	2	1	0.1730
广河县	2	2	0.1620
康乐县	2	1	0.0600
东乡县	2	2	0.6500
永靖县	2	2	0.8950
张家川县	2	2	0.3640
天祝县	3	3	0.0000

第二节　减贫成效与要素禀赋的交互耦合度测算

系统耦合是指两个或两个以上的系统，在人为作用下，通过物流、信息流、资金流等能量交换，在系统中输入输出，形成的新的、高一级的结构功能体，即耦合系统。系统耦合已广泛应用于电子、林业等技术领域。两个或两个以上系统发生耦合的条件：系统间具有某种内在联系；各系统具有能量和物质上的异质性；有耦合途径。本节采用经济关联效应分析方法，建立要素禀赋集合，测算减贫成效与要素禀赋的交互耦合度。

一、基本原理

耦合是物理学上的一个概念，是指两个或两个以上体系或两种运动形式之间存在紧密配合与相互影响，并通过相互作用从一端向另一端输出能量的现象。耦合描述了系统内部各要素的良性交互关系。耦合度是度量系统之间耦合状况好坏程度的定量模型，且最优耦合度是系统之间相互耦合发展的最佳组合状态，由此，它可以用于定量描述减贫成效与要素禀赋之间的耦合程度。

减贫成效与要素禀赋之间的耦合程度评价模型的基本原理如下：

设 $X_i(t)$、$Y_i(t)$ 分别表示第 i 个县区在 t 时刻减贫成效与要素禀赋结构的综合指标。$X_i(t)$ 和 $Y_i(t)$ 的耦合不仅意味着二者本身指标值都比较大，而且还要求它们之间的相对离差较小，即离差系数 C_v 越小表示耦合效应越大，二者之间越协同。其计算公式如式(8-1)、式(8-2)所示：

$$C_V=\left\{\frac{X(t)-Y(t)}{[X(t)+Y(t)]/2}\right\}^2 \tag{8-1}$$

将式（8-1）右端展开，变形可得：

$$C_v=4\left\{\frac{X(t)-Y(t)}{[X(t)+Y(t)]}\right\}^2=4\left\{1-\frac{4X(t)Y(t)}{[X(t)+Y(t)]^2}\right\} \tag{8-2}$$

因为 $0\leqslant X(t)\leqslant 1$，$0\leqslant Y(t)\leqslant 1$，所以 C_v 最小的充分条件就是 $\frac{4X(t)Y(t)}{[X(t)+Y(t)]^2}$ 取最大值。

根据上面的公式计算出的离差系数很小，为了便于将不同县区之间的贫困成效与系统之间指标值进行分析与比较，定义耦合度为式（8-3）：

$$O_i(t)=\{G_i(t)\times T_i(t)\}^{\tau} \tag{8-3}$$

其中，$G_i(t)=\left\{\frac{4X_i(t)Y_i(t)}{[X_i(t)+Y_i(t)]^2}\right\}^{\varphi}$，$T_i(t)=X_i(t)^{\varphi}\times Y_i(t)^{\psi}$；$O_i(t)$ 为第 i 县区在 t 时刻的耦合度，$O_i(t)\in(0,\ 1)$；$T_i(t)$ 为减贫成效与要素禀赋整体协同效应；φ、ψ 为待定权重，且 $\varphi+\psi=1$。本研究认为减贫与要素禀赋结构同等重要，故 φ、ψ 取值相同，均设定为 0.5。式(8-3)中的 τ 为调节系数，取 $\tau=1/2$，表示在减贫成效和要素禀赋结构既定的条件下(X 和 Y 之和既定)，此时二者耦合效应(X 和 Y 之积)最大。

二、评价指标体系

减贫成效与要素禀赋耦合度测算是一个复杂的系统工程，反映两者的要素数目众多，且两个系统各要素之间的关系错综复杂，同时其内部各因子的关系也呈网状结构。参评指标的选取是耦合评价的核心工作，但目前尚无一致的研究结果。本研究在前述章节的基础上，建立减贫成效与要素禀赋构成系统的耦合度评价指标体系，如表 8-4 所示。

表 8-4 减贫成效与要素禀赋系统的耦合度评价指标体系

一级指标	二级指标	三级指标
减贫成效度量系统（X_i）	单一贫困指数	相对农民人均纯收入增长率（d_{nx}）
要素禀赋构成系统（Y_i）	资源约束条件	人均耕地面积（公顷/人）（Y_1）
		乡村从业人员数占乡村总人口比重（%）（Y_2）
	资本投入水平	新增固定资产占 GDP 比重（万元）（Y_3）
		人均公共财政预算支出（万元/人）（Y_4）
	市场化程度	社会消费品零售额占 GDP 比重（%）（Y_5）
		城市化率（%）（Y_6）

在整个指标体系中，减贫成效度量系统仍然沿用第三章中对减贫成效的度量方法，采用单一贫困指数，即相对农民人均纯收入增长率，利用这一指标可以涵盖西北民族地区全部 61 个国家级扶贫重点县。要素禀赋构成系统由 3 项二级指标构成，分别涉及资源约束条件、资本投入水平和市场化程度。在此之下，进一步划分为 6 项三级指标。

三、要素禀赋构成系统综合评价

度量减贫成效与要素禀赋的耦合度，需要首先对要素禀赋构成系统进行综合评价。本研究采用了主成分分析方法。各项指标的描述性统计情况如表 8-5 所示。

表 8-5　各项指标的描述性统计情况

	样本数	极小值	极大值	均值	标准差
Y_1	61	0.00	1.07	0.21	0.21
Y_2	61	0.16	0.77	0.50	0.13
Y_3	61	0.25	3.10	1.02	0.72
Y_4	61	0.55	2.95	1.17	0.57
Y_5	61	0.06	0.51	0.19	0.10
Y_6	61	0.05	0.78	0.31	0.15

提取前 3 项主成分的累计贡献率为 72.44%，概括了全部指标的绝大多数信息，如表 8-6 和图 8-1 所示。

表 8-6　主成分解释的总方差

成分	提取平方和载入			旋转平方和载入		
	合计	方差的百分比(%)	累计百分比(%)	合计	方差的百分比(%)	累计百分比(%)
1	1.819	30.321	30.321	1.552	25.871	25.871
2	1.318	21.975	52.296	1.453	24.217	50.088
3	1.209	20.144	72.440	1.341	22.352	72.440

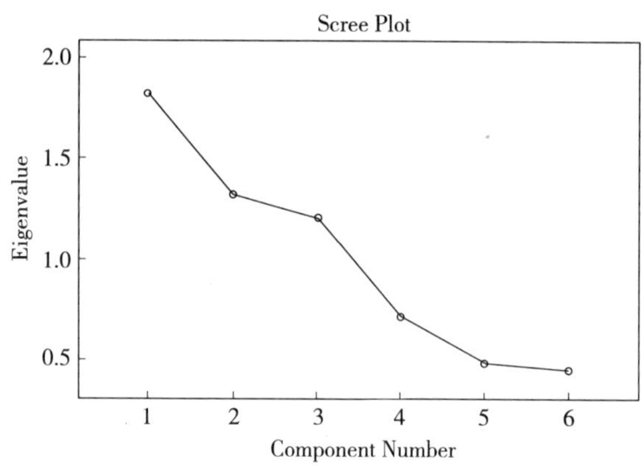

图 8-1　碎石图

经过正交旋转后，各主成分的情况如表 8-7 所示。其中，第一主成分体现了“市场化程度”，第二主成分体现了“资源约束条件”，第三主成分体现了“资本投入水平”。各主成分的得分矩阵如表 8-8 所示。

表 8-7　旋转后的成分矩阵

变量	第一主成分	第二主成分	第三主成分
Y_5	0.888		
Y_6	0.751	0.309	0.128
Y_1		0.876	
Y_2	0.266	0.762	
Y_4	-0.183		0.856
Y_3	0.298		0.766

表 8-8　成分得分系数矩阵

变量	第一主成分	第二主成分	第三主成分
Y_1	-0.167	0.634	0.024
Y_2	0.084	0.510	-0.064
Y_3	0.165	-0.087	0.560
Y_4	-0.176	0.046	0.652
Y_5	0.607	-0.160	-0.075
Y_6	0.458	0.123	0.050

最终，西北民族地区 61 个国家级扶贫重点县的要素禀赋构成系统得分如表 8-9 所示。

表 8-9　要素禀赋构成系统得分

地区	第一主成分	第二主成分	第三主成分	标准化后的综合得分（Y_i）
盐池县	-0.39	3.3	1.15	1.00
同心县	0.17	2.01	-0.67	0.63
原州区	1.09	0.76	-0.98	0.53

续表

地区	第一主成分	第二主成分	第三主成分	标准化后的综合得分（Y_i）
西吉县	0.09	1.79	-0.83	0.56
隆德县	0.56	-0.08	0.98	0.62
泾源县	0.56	-0.01	0.67	0.59
彭阳县	-0.26	2.19	0.53	0.77
海原县	-0.35	1.62	-0.96	0.45
张家川县	1.17	-0.12	-0.01	0.56
天祝县	2.5	-0.35	0.27	0.76
临夏县	0.76	-0.28	-0.63	0.39
康乐县	1.28	-0.34	-0.7	0.44
永靖县	0.61	0.21	-0.14	0.51
广河县	2.22	-0.54	-0.46	0.59
和政县	1.03	0.3	-0.3	0.56
东乡县	0.78	-0.28	-0.27	0.44
积石山县	1.56	-0.36	-0.84	0.46
合作市	2.89	0.64	-0.46	0.86
临潭县	0.87	0	0.45	0.60
卓尼县	1.22	-0.05	1.3	0.77
舟曲县	0.91	-0.11	-0.27	0.49
夏河县	2.14	-0.2	1.99	0.98
大通县	0.24	-0.49	-0.72	0.27
民和县	0.53	-1.15	-1.12	0.15
化隆县	-0.9	-0.88	-0.97	0.01
循化县	-0.13	-1.92	-0.75	0.01
尖扎县	-1.3	-0.43	1.2	0.33
泽库县	-1.36	-0.58	-0.4	0.07
甘德县	-0.46	-0.99	2.13	0.51
达日县	-0.71	-0.8	1.88	0.46
玉树市	0.8	-1.04	-0.58	0.29
杂多县	-1.1	0.03	-0.46	0.19
治多县	-0.32	0.22	0.48	0.46
囊谦县	-1.02	-0.96	-0.29	0.08
巴里坤县	-0.34	1.48	0.38	0.63
察布查尔县	-1.02	1.49	-0.76	0.37

续表

地区	第一主成分	第二主成分	第三主成分	标准化后的综合得分（Y_i）
尼勒克县	-0.39	0.29	-1.02	0.24
托里县	-0.78	1.15	-0.46	0.40
青河县	0	-0.12	1.25	0.57
吉木乃县	-0.28	2.31	1.98	0.99
乌什县	-1.08	1.15	-1.13	0.25
柯坪县	-1.12	0.24	-0.12	0.26
阿图什市	0.37	-0.9	-0.71	0.23
阿克陶县	-0.2	-0.79	1.2	0.44
阿合奇县	-1.21	-0.87	1.17	0.28
乌恰县	-0.7	-0.48	1.09	0.40
疏附县	-0.79	0.33	-0.57	0.26
疏勒县	-0.38	0.93	-0.67	0.39
英吉沙县	-0.14	-1.05	0.35	0.29
莎车县	-0.54	-0.81	-1.13	0.05
叶城县	0.34	0.43	-0.82	0.40
岳普湖县	-0.44	-0.22	0.22	0.34
伽师县	-0.66	-0.88	-0.76	0.07
塔什库尔干县	-0.47	-0.74	3.41	0.73
和田县	-1.4	-0.39	-0.97	0.01
墨玉县	-0.84	-1.21	-0.41	0.05
皮山县	-0.59	-0.68	-0.59	0.14
洛浦县	-1.09	-0.27	-0.96	0.07
策勒县	-0.56	-0.63	-0.19	0.21
于田县	-0.7	-0.55	-0.78	0.11
民丰县	-0.68	-0.34	0.77	0.37

四、耦合度测算

利用式(8-3)对西北民族地区61个国家级扶贫重点县的减贫成效与要素禀赋结构的耦合度进行测算，结果如表8-10所示。

表 8-10 耦合度测算结果

省区	地区	G_i	T_i	O_i	耦合等级
宁夏	盐池县	0.82	0.52	0.65	中等耦合
	同心县	0.92	0.41	0.61	中等耦合
	原州区	0.95	0.38	0.60	中等耦合
	西吉县	0.94	0.39	0.60	中等耦合
	隆德县	0.91	0.40	0.61	中等耦合
	泾源县	0.93	0.39	0.60	中等耦合
	彭阳县	0.88	0.46	0.63	中等耦合
	海原县	0.97	0.35	0.58	勉强耦合
甘肃	张家川县	0.92	0.37	0.58	勉强耦合
	天祝县	0.88	0.46	0.64	中等耦合
	临夏县	0.98	0.32	0.56	勉强耦合
	康乐县	0.97	0.34	0.58	勉强耦合
	永靖县	0.95	0.36	0.58	勉强耦合
	广河县	0.92	0.39	0.60	中等耦合
	和政县	0.93	0.38	0.60	中等耦合
	东乡县	0.96	0.34	0.57	勉强耦合
	积石山县	0.96	0.34	0.57	勉强耦合
	合作市	0.80	0.43	0.59	勉强耦合
	临潭县	0.90	0.37	0.58	勉强耦合
	卓尼县	0.83	0.41	0.58	勉强耦合
	舟曲县	0.96	0.36	0.59	勉强耦合
	夏河县	0.76	0.45	0.58	勉强耦合
青海	大通县	1.00	0.25	0.50	勉强耦合
	民和县	0.98	0.19	0.43	失调
	化隆县	0.34	0.04	0.12	严重失调
	循化县	0.26	0.04	0.10	严重失调
	尖扎县	0.99	0.29	0.54	勉强耦合
	泽库县	0.81	0.13	0.33	中度失调
	甘德县	0.94	0.36	0.58	勉强耦合
	达日县	0.96	0.34	0.57	勉强耦合
	玉树市	1.00	0.27	0.52	勉强耦合

续表

省区	地区	G_i	T_i	O_i	耦合等级
青海	杂多县	0.99	0.22	0.46	失调
	治多县	0.94	0.33	0.55	勉强耦合
	囊谦县	0.84	0.14	0.34	中度失调
新疆	巴里坤县	0.88	0.37	0.57	勉强耦合
	察布查尔县	1.00	0.37	0.61	中等耦合
	尼勒克县	0.99	0.28	0.53	勉强耦合
	托里县	0.97	0.30	0.54	勉强耦合
	青河县	0.66	0.22	0.38	中度失调
	吉木乃县	0.96	0.75	0.85	优质耦合
	乌什县	0.99	0.21	0.46	失调
	柯坪县	0.98	0.22	0.46	失调
	阿图什市	1.00	0.23	0.48	失调
	阿克陶县	1.00	0.42	0.65	中等耦合
	阿合奇县	0.37	0.05	0.14	严重失调
	乌恰县	0.90	0.63	0.75	良好耦合
	疏附县	1.00	0.26	0.51	勉强耦合
	疏勒县	0.98	0.33	0.57	勉强耦合
	英吉沙县	0.96	0.22	0.46	失调
	莎车县	0.73	0.11	0.28	严重失调
	叶城县	0.92	0.26	0.49	失调
	岳普湖县	1.00	0.33	0.58	勉强耦合
	伽师县	0.96	0.10	0.31	中度失调
	塔什库尔干县	0.88	0.43	0.61	中等耦合
	和田县	0.27	0.04	0.11	严重失调
	墨玉县	0.68	0.13	0.29	严重失调
	皮山县	0.91	0.22	0.44	失调
	洛浦县	0.76	0.15	0.34	中度失调
	策勒县	0.97	0.26	0.51	勉强耦合
	于田县	0.89	0.18	0.40	失调
	民丰县	1.00	0.35	0.60	中等耦合

按照表 8-11 的划分标准，宁夏回族自治区和甘肃省各贫困县的耦合情况普遍较好，其中宁夏回族自治区有 7 个县区处于中等耦合，1 个县区处于勉强耦合；甘肃省有 3 个县区处于中等耦合，11 个县区处于勉强耦合。而青海省和新疆维吾尔自治区的耦合情况较差，其中青海省仅有 6 个县区处于勉强耦合，其余 6 个县区均处于失调状况；新疆维吾尔自治区仅有 13 个县区处于耦合状况，其余 14 个县区均处于失调状况。

表 8-11　耦合等级划分标准

耦合等级	严重失调	中度失调	失调	勉强耦合	中等耦合	良好耦合	优质耦合
O_i得分	<0.3	0.3~0.4	0.4~0.5	0.5~0.6	0.6~0.7	0.7~0.8	>0.8

资料来源：刘耀彬，李仁东，张守忠．城市化与生态环境协调标准及其评价模型研究［J］．中国软科学，2005（5）：145-153.

第三节　减贫成效与要素禀赋的胁迫约束效应分析

本节利用灰色关联方法进一步测算西北民族地区重点贫困县的减贫成效与要素禀赋结构间的胁迫约束效应。具体测算方法如式(8-4)所示。

$$\xi_i(j)=\frac{\min\limits_i\min\limits_j\left|Z_i^x-Z_j^y\right|+\rho\max\limits_i\max\limits_j\left|Z_i^x-Z_j^y\right|}{\left|Z_i^x-Z_j^y\right|+\rho\max\limits_i\max\limits_j\left|Z_i^x-Z_j^y\right|}\tag{8-4}$$

其中，Z_i^x、Z_j^y 分别表示各个县区减贫成效与要素禀赋指标的标准化值，ρ 为分标系数，一般取值为 0.5。ξ_i（j）表示两个指数之间关联系数。

将关联系数按样本数 k 求平均数可以得到一个 M×L 的关联度矩阵 γ，反映了减贫成效与要素禀赋结构耦合作用的错综复杂的关系，通过比较各个关联度γ_{ij}的大小可以分析出要素禀赋结构系统中哪些因素与减贫成效的关系密切，而哪些对减贫成效的作用不大。若取最优值$\gamma_{ij}=1$，则说明要素禀赋结构

系统的某一指标 Z_i^x 与减贫成效指标 Z_j^y 之间关联性最大，并且反映 Z_i^x 与 Z_j^y 的变化规律完全相同，单个指标间耦合作用明显；若 $0<\gamma_{ij}<1$，说明 Z_i^x 与 Z_j^y 有关联性，γ_{ij} 值越大，关联性越大，耦合性越强，反之亦然。

$$\gamma=\begin{vmatrix}\gamma_{11} & \gamma_{12} & \cdots & \gamma_{1l}\\ \gamma_{21} & \gamma_{22} & \cdots & \gamma_{2l}\\ \vdots & \vdots & \ddots & \vdots\\ \gamma_{m1} & \gamma_{m2} & \cdots & \gamma_{ml}\end{vmatrix} \tag{8-5}$$

其中，$\gamma_{ij}=\dfrac{1}{\kappa}\sum_{i=1}^{k}\xi_i(j)$，κ=1，2，…，n，κ 为样本数，既可取时间序列样本求得变量间的时序变化规律，也可取截面数据样本求得变量间空间作用关系。

在关联度矩阵的基础上分别按行或列求其平均值，得到式(8-6)，根据其大小及其对应的值域范围可以遴选出减贫成效指标中对要素禀赋结构最主要的胁迫因素，以及要素禀赋结构因子对减贫成效最主要的约束因素。

$$\begin{cases}\gamma_i=\dfrac{1}{l}\sum\limits_{j=1}^{l}\gamma_{ij}(i=1，2，\cdots，m；j=1，2，\cdots，l)\\ \gamma_j=\dfrac{1}{m}\sum\limits_{i=1}^{m}\gamma_{ij}(i=1，2，\cdots，m；j=1，2，\cdots，l)\end{cases} \tag{8-6}$$

在表 8-4 的基础上，将减贫成效度量系统的二级指标以多维贫困指数替代（选取依据见第三章），建立减贫成效与要素禀赋系统的胁迫约束效应指标体系（见表 8-12）。

表 8-12　减贫成效与要素禀赋系统的胁迫约束效应指标体系

一级指标	二级指标	三级指标
减贫成效度量系统（X_i）	经济条件	财产收入比（X_1）
	社会机会	每万人拥有卫生机构床位数（X_2）
	透明性担保	贷款存款比（X_3）
	防护性保障	转移支付收入比（X_4）

续表

一级指标	二级指标	三级指标
要素禀赋构成系统（Y_i）	资源约束条件	人均耕地面积（公顷/人）（Y_1）
		乡村从业人员数占乡村总人口比重（%）（Y_2）
	资本投入水平	新增固定资产占 GDP 比重（万元）（Y_3）
		人均公共财政预算支出（万元/人）（Y_4）
	市场化程度	社会消费品零售额占 GDP 比重（%）（Y_5）
		城市化率（%）（Y_6）

表 8-13 显示了减贫成效对要素禀赋结构胁迫效应的关键因素遴选结果。其中，透明性担保指标（贷款存款比）对要素禀赋结构的影响最显著，其次是社会机会指标（每万人拥有卫生机构床位数），而其余指标对要素禀赋结构的影响大体相当。透明性指标指人们在社会交往中需要的信用，它取决于交往过程的公开性、对信息发布及信息准确性的保证。社会机会指标指在教育、保健等方面的社会安排，它们影响个人享受更好生活的实质自由，这说明随着社会发展和时代进步，贫困人口的需求已不仅仅限于基础生存条件，而是逐步向追求自由、共享繁荣方向迈进。

表 8-13　胁迫效应

X_i \ Y_i	Y_1	Y_2	Y_3	Y_4	Y_5	Y_6	均值
X_1	0.228	0.352	0.292	0.277	0.245	0.347	0.290
X_2	0.344	0.322	0.466	0.338	0.316	0.615	0.400
X_3	0.236	0.260	0.605	0.395	0.345	0.588	0.405
X_4	0.472	0.316	0.360	0.300	0.286	0.376	0.352

表 8-14 为要素禀赋结构对减贫成效产生约束效应的关键因素遴选结果。其中，城市化率对减贫成效起决定性的约束作用，其次是新增固定资产投资和财政支出，而资源约束条件的约束作用相对较弱。这说明通过城市化和资本投入，可以克服资源约束的不利条件。

表 8-14 约束效应

Y_i \ X_i	X_1	X_2	X_3	X_4	均值
Y_1	0.281	0.336	0.244	0.446	0.327
Y_2	0.426	0.339	0.295	0.313	0.343
Y_3	0.302	0.431	0.579	0.277	0.397
Y_4	0.384	0.390	0.479	0.322	0.394
Y_5	0.341	0.345	0.427	0.283	0.349
Y_6	0.386	0.610	0.610	0.344	0.487

表 8-15 显示了减贫成效和要素禀赋结构诸因素对耦合度的影响。其中，减贫成效类因素中社会机会与耦合度关联性最大，而要素禀赋结构类因素中人均公共财政预算支出与耦合度关联性最大。这一现象可以解释为，发展机会的多少往往影响着减贫成效与要素禀赋匹配的前景，而财政投入的多少对减贫成效与要素禀赋的系统耦合状况将产生重要影响。

表 8-15 对耦合度的影响

减贫成效对耦合度的影响		要素禀赋结构对耦合度的影响	
变量	关联系数（O_i）	变量	关联系数（O_i）
X_1	0.343	Y_1	0.425
X_2	0.389	Y_2	0.315
X_3	0.372	Y_3	0.350
X_4	0.292	Y_4	0.487
		Y_5	0.258
		Y_6	0.392

第四节 基于 BP 神经网络算法的总体分析模型

利用复杂系统建模方法，建立西北少数民族地区经济增长与贫困变动效应总体分析模型，并就模型模拟结果与实际结果相对照，修正模型参数，具有一定的理论与现实意义。本节利用 BP 神经网络模型，对减贫率与要素禀赋条件之间的关联关系，建立总体分析模型。

一、BP 神经网络模型原理

神经网络（Back Propagation，BP）是 1986 年由以 Rumelhart 和 McCelland 为首的科学家小组提出，是一种按误差逆转传播算法训练的多层前馈网络，是目前应用最广泛的神经网络模型之一。所谓的逆转传播是指对误差的调整过程是从最后的输出层开始，依次向之前的各层逐渐进行的。在 BP 网络中包含输入层、隐含层和输出层。隐含层可以为一层或多层，每层上的神经元称为节点或单元，神经元基本结构如图 8-2 所示，其中 u_i 为神经元 i 的内部状态，θ_i 为阈值，x_i 为输入信号，w_{ij} 表示与神经元连接的权值，s_i 表示某一外部输入的控制信号，y_i 为神经元输出。

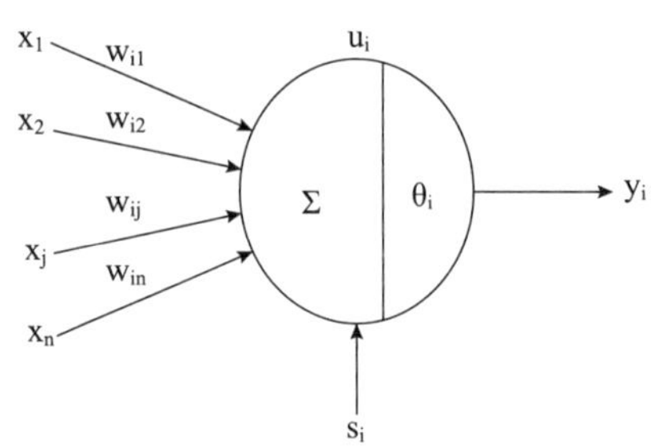

图 8-2　神经元基本结构模型

BP 神经网络的基本思想为正向传递与误差反馈两个部分。首先输入样本，样本从输入层进入隐含层，经过一层或是多层隐含层依次处理之后，传到输出层。如果输出结果与预期结果不符，则将误差作为一个调整的信号，进行反向传递，然后再次进行正向传递对神经元之间的权值进行修改，使误差减小，经过多次反复传递之后，将误差减小到可接受范围内时停止。

因此 BP 神经网络的学习过程是用已有的数据对其进行训练，多次重复之后得到误差值在理想范围内的神经元权值，将其记忆在网络内，然后可用于以后数据的预测以及评估。

二、模型构建

本研究使用的是三层 BP 神经网络，输入层为贫困县区要素禀赋构成系统要素，中间部分为隐含层，输出层为评价所得结果。建立神经网络评价模型首先需要确定每层中的神经元的数量，步骤如下所示：

第一，设贫困县区要素禀赋构成系统要素指标为 n 个，则输入层的神经元个数为 P_1（n 个）。

第二，输出层为经过神经网络对其的评价结果，将其定义为减贫成效变量（d_{nx}）。所以输出层的神经元个数 P_3 为 1 个。

第三，隐含层中的神经元个数 P_2 可以根据如下公式确定：

$P_2=\sqrt{P_1+P_3}+\alpha$（α 为 1~10 的常数）

第四，建立三层 BP 神经网络评价模型结构，如图 8-3 所示。

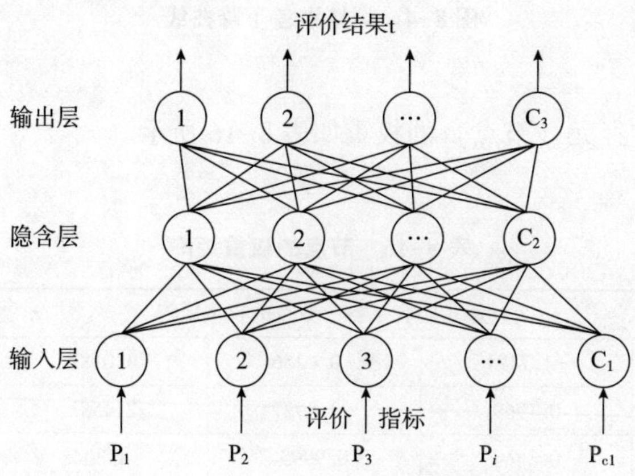

图 8-3 三层 BP 神经网络评级模型

三、训练与仿真

使用 DPS 中的人工神经网络工具箱训练网络，其中评价指标为 6 个，所以输入层神经元个数为 6，输出层为 1，经过多次训练，得到隐含层个数为 5。设定网络中训练函数为 Trainlm 函数，隐含层的传输函数为 Tansig 函数，输出层的输出函数为 Logsig 函数，最大的训练次数为 1000 次，目标的误差值小于 0. 0001，学习效率为 0. 1。阈值与权值全部取为随机数，如图 8-4 所示，当训练次数为 450 次时，样本误差等于 0. 000414，网络训练结束。

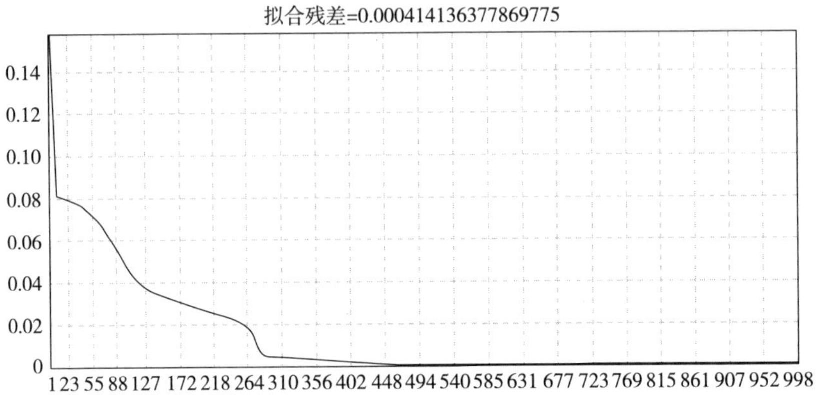

图 8-4　训练误差下降曲线

输出各个神经元（节点）的权重如表 8-16 所示。

表 8-16　节点的权重矩阵

第 1 隐含层各个节点的权重矩阵				
1. 4529	-1. 7191	-0. 4256	3. 0182	-1. 3883
3. 6762	0. 1969	-3. 8927	2. 4581	-3. 0928
-2. 1340	0. 3864	0. 9995	-4. 3048	0. 9996
-0. 7887	-0. 8700	0. 9199	-1. 1698	1. 1524
-0. 4217	0. 4221	-0. 3728	-1. 7377	-0. 0389
2. 7178	-0. 7123	-1. 2874	0. 2517	-1. 5054
输出层各个节点的权重矩阵				
3. 9786	2. 1762	-3. 8933	-5. 4558	-2. 8461

学习样本的拟合值和实际观察值以及根据 BP 神经网络对宁夏回族自治区 2014 年 8 个贫困县区的减贫成效预测结果与实际值比较情况如表 8-17 所示。结果表明，应用 BP 神经网络建立西北民族地区经济增长与贫困变量效应总体分析模式，拟合率较好。

表 8-17　预测值与实际值比较

样本	样本 1	样本 2	样本 3	样本 4	样本 5	样本 6	样本 7	样本 8
预测值	2. 0986	2. 0127	2. 3732	2. 1046	1. 8112	1. 9004	2. 1995	1. 9871
实际值	2. 1	2	2. 4	2. 1	1. 8	1. 9	2. 2	2

第九章
结 论

西北民族地区经济增长与贫困变动效应的研究结论，可以归纳为对四个问题的阐释：经济增长的减贫成效如何？是否存在一定的依赖路径？是否出现了新特征？如何设定未来的扶贫政策取向？

第一节 “一分为二”看待减贫成效

减贫成效判定取决于采取何种方式测度贫困。或者说，一种“适当”的贫困测度方式必须至少遵守一组属性：在道德范畴上具有吸引力且存在群体相关性。因此，贫困测度不单纯是一个经济问题，而是介于经济学与哲学、社会学之间的交叉分析领域。

本研究在第三章重点讨论了应该存在一组基础性的公理条件，如果一组贫困测度指数服从于上述公理，那么很有可能提出具备普适性的贫困测度方法。

对于贫困的理解有两种观点：一种是“被聚焦”的观点，对人口规模有一个标准化的限制；另一种是“不聚焦”的观点，不需要标准化的限制。代表前者的复制不变性公理在贫困的相关研究文献中占据较大部分。复制伸缩公理则为另一种观点，认为贫困程度不应当“被聚焦”。由此又衍生出对于贫困的测度也有两种观点：第一种从“被聚焦”的观点出发，以确保存在贫困指数的现实利益，对人口规模有一个标准化的限制，支持复制不变性公理，必须要求削弱强核心公理或弱化贫困增长公理（选择的依据在于哪种公理更具备现实说服力）。第二种观点认为贫困程度不应当“被聚焦”，也就是说支持复制伸缩公理，同时也容易符合强核心公理或弱化贫困增长公理，但是这种观点需要在“可能”的贫困概念下进行价值判断，必然要付出一些直觉性保留的代价。对于贫困研究者而言，多数情况下仅需要做一个简单的选择，但同时也需要进行复杂的测算。

所以，具体而言，本研究对于“贫困程度”的测试可以遵循两种理解：一种是标准化的贫困人口规模，另一种是非标准化的指标体系判别。前者作为“中心”概念，后者作为“辅助”概念。如果缺乏对这两种概念的区分，就很可能导致歧义以及贫困测度结果的不一致性。

将上述测度思想应用于实际：西北民族地区近年来保持了较好的经济增长势头，同时也伴随着贫困人口数量的大幅度下降和贫困人口境遇的大幅度提升。如果以第一种“亲贫式”增长的概念——只要使贫困人口受益（Ravallion，2001）来衡量，毋庸置疑，西北民族地区贫困人口收入绝对增长、生活条件显著改善……均是由经济增长带动减贫成效的证明。但是，如果以第二种观点，认为只有贫困人口的收入增长快于非贫困人口的收入增长，从而使二者的收入差距不断减小，才能构成亲贫式增长（Kakwani & Son，2006）来测度，那么在整个样本期间（2006~2014 年），西北民族地区贫困县区的减贫成效远不如第一种观点下的判断结果乐观，具体结果如下：

2006~2008 年，西北民族地区、宁夏回族自治区分别有 93.86%和 100%的贫困县农民人均纯收入增长率高于非贫困县农民人均纯收入增长率的平均值；青海省、新疆维吾尔自治区分别仅有 33.33%和 25.93%的贫困县农民人均纯收入增长率高于非贫困县农民人均纯收入增长率的平均值，高达 2/3 以上的贫困县减贫成效不显著。

2009~2011 年，西北民族地区、宁夏回族自治区分别有 85.71%和 87.5%的贫困县减贫成效显著；青海省、新疆维吾尔自治区分别仅有 33.33%和 14.81%的贫困县减贫成效显著。

2012~2014 年，西北民族地区减贫成效显著的贫困县比重下降为

64.29%；宁夏回族自治区减贫成效显著的贫困县比重为100%；青海省和新疆维吾尔自治区减贫成效显著的贫困县比重分别上升为58.33%和70.37%。

2006~2014年，西北民族地区、宁夏回族自治区分别有100%和87.5%的贫困县减贫成效显著；青海省和新疆维吾尔自治区分别有41.67%和48.15%的贫困县减贫成效显著。

综合上述年份的减贫情况：西北民族地区在各测算期间，减贫成效显著的贫困县比重有所下降，但总体上减贫成效显著；宁夏回族自治区在各测算期间的减贫成效显著且较稳定；青海省和新疆维吾尔自治区在2006~2011年，仅有不足1/3的贫困县减贫成效显著，从2012年以后，贫困县的减贫成效有了大幅提升。

所以，本研究认为应当以"一分为二"的方式看待减贫成效：一方面，由经济增长带来的贫困人口数量大幅下降以及贫困人口生活境遇明显改善，说明减贫成效显著；另一方面，很多贫困县的贫困人口人均收入增长率仍然低于非贫困人口的人均收入增长率，表明贫困人口与社会平均发展水平的差距在不断拉大，说明减贫成效有限。本研究倾向于以第二种方式测度西北民族地区的减贫成效，理由是，当整个国家尚处于"普贫"状态下，追求单纯收入增长能够解决当时贫困人口的基本诉求；但当整个社会的发展水平达到较高层次之后，从相对收入差距着眼，能够体现未来整个国家追求共同富裕的核心价值观。如果以第二种方式测度贫困变动效应就会引申出第二个问题：西北民族地区的贫困变动是否存在一定的路径依赖？

第二节　贫困变动的路径依赖

本研究发现在2006~2014年的样本期间，西北民族地区在经济增长过程中存在贫困变动的路径依赖。其具体过程可以表述为图9-1。

西北民族地区的经济增长主要依赖于第二产业拉动，而贫困人口的工资性收入却主要来源于第一产业，所以贫困人口收入的提高主要依靠非工资性

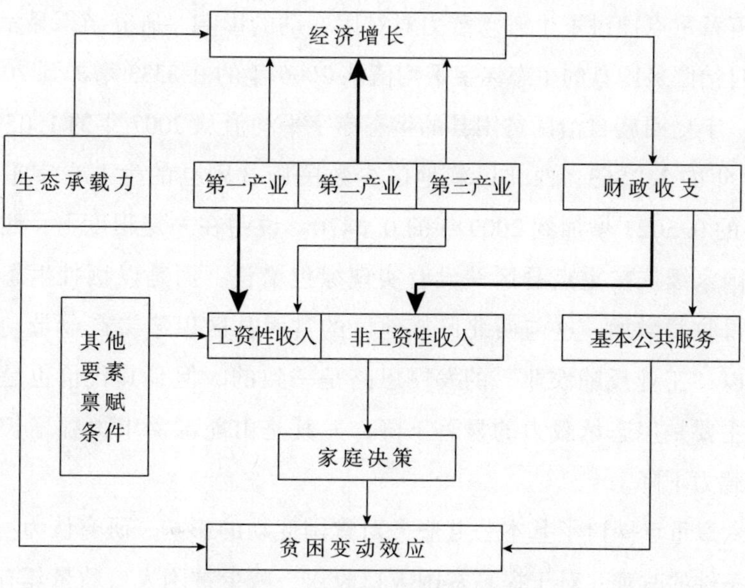

图 9-1 贫困变动效应的路径

收入，非工资性收入（主要是有针对性的扶贫专项资金）主要来源于国民收入再分配，贫困人口依靠自身脱贫的能力极为有限。此外，第二产业的过度发展，加重了生态承载压力，而财政支出要直接用于增加贫困人口收入，所以用于基本公共服务的投入有限，这些共同形成了制约当地发展的要素禀赋约束条件，影响到贫困家庭的理性决策。

本书的第四章至第八章，分别对上述路径的内在联系进行论证：

第四章重点探讨了产业结构变迁对贫困变动的影响。研究结果显示，在样本期间内，西北民族地区的经济增长主要依靠第二产业的快速发展，但是贫困人口却不能从第二产业发展本身直接获益。因为受传统因素的影响，第二产业的从业人员数量很少，大量从业人员仍然集中就业于第一产业。贫困人口的主要获益方式仍然是政府主导的国民收入再分配——财政扶贫支出，所以财政支出对于贫困变动始终具有明显的正向效应。与此同时，固定资产投资规模会在一定程度上挤出财政支出规模，对贫困变动始终具有明显的负向效应。

第五章重点探讨了生态承载力对贫困变动的影响。研究结果显示，新疆维吾尔自治区贫困县的生态赤字平均值从2006年的0.8333增加到2014年的3.2563；宁夏回族自治区贫困县的生态赤字平均值从2007年的1.0592增加到2014年的3.2563；西北民族地区少数民族贫困县的生态赤字平均值从2006年的0.5021增加到2009年的0.6470。说明在一定程度上，西北民族地区的国家级扶贫重点县区并没有实现绿色增长，而是以牺牲生态环境为代价获得收益增加。这与西北民族地区的贫困县区以第二产业带动经济增长，再以“工业反哺农业”的发展思路是一致的。但是其代价也是十分明显的，主要是生态承载力的显著下降，尤其是由能源需求大幅增长带来的生态承载力下降。

第六章重点探讨了基本公共服务对贫困变动的影响。研究认为：基本公共服务条件的改善，对于提高贫困人口收入、减少贫困人口数量具有积极作用，但是对于缩小贫困人口与非贫困人口的收入差距的作用并不显著。与此同时，基本公共服务水平囿于贫困地区社会经济发展的初始水平，可能形成基于人口条件的贫困恶性循环。

第七章重点探讨了家庭基本状况对贫困变动的影响，共包括3个专题调研和1个理论模型。在疏勒河生态移民项目家庭调查中，通过对108个家庭和324名家庭成员的调查，得出提高西北部少数民族生态移民绩效的一般性思路：满足多样性的自愿移民家庭需求；逐步使移民工作由扶贫开发的特殊轨道，纳入到区域社会经济发展规划的正常轨道；应当重视为移民提供安全、心理和社交方面的保障；加强基础设施建设，多渠道提供资金支持。在临夏州和政县IFAD/GEF项目家庭调查中，通过对4个乡镇家庭户的入户调查，从5类资本——人力资本、物质资本、金融资本、社会资本、生态资本进行项目实施前后的比较分析。在甘南州合作市贫困农户家庭调查中，包括合作市150户贫困农户，总人口为724人，平均每户4.83人，其中汉族394人，少数民族330人，调查认为合作市扶贫工作存在的主要问题：“层级式”纵向识别与“参与式”横向识别的矛盾、部分扶贫项目存在华而不实的问题、社会主体参与力度不够、贫困主体的可行能力普遍不高。此外，研究还利用非线性规划方法构造了农业女性化家庭决策模型，阐述了在内生绝对优势和外生比较优势条件下，农业女性化现象的决策过程，认为有利的农业产业发展和农村生活条件的改善，能够增加留守妇女的非经济性收益，从而使其获得地位的提高和福利的改善。这也应该是解决贫困地区经济增长与减贫成效之间存在非均衡性问题的一种基本思路。

第八章重点探讨了基本要素禀赋条件的贫困变动效应。在要素禀赋条件分析中，对贫困成因进行了动态聚类分析。交互耦合度测算显示：宁夏回族自治区和甘肃省各贫困县的耦合情况普遍较好，其中宁夏回族自治区有 7 个县区处于中等耦合，1 个县区处于勉强耦合；甘肃省有 3 个县区处于中等耦合，11 个县区处于勉强耦合。而青海省和新疆维吾尔自治区的耦合情况较差，其中青海省仅有 6 个县区处于勉强耦合，其余 6 个县区均处于失调状况；新疆维吾尔自治区仅有 13 个县区处于耦合状况，其余 14 个县区均处于失调状况。胁迫约束效应分析显示：透明性担保指标（贷款存款比）对要素禀赋结构的影响最显著，其次是社会机会指标（每万人拥有卫生机构床位数）；城市化率对减贫成效起决定性的约束作用，其次是新增固定资产投资和财政支出。而资源约束条件的约束作用相对较弱；减贫成效类因素中社会机会与耦合度关联性最大，而要素禀赋结构类因素中人均公共财政预算支出与耦合度关联性最大。利用 BP 神经网络算法建立了经济增长与减贫成效间的总体分析模型。

第三节 贫困变动的新特征

随着市场经济体制改革的深化与经济增长方式的转变，西北民族地区的贫困在这一过程中也逐步显现出一些新的特征：

一、经济增长方式的转变，使贫困地区面临新的困难

经济增长方式由粗放型转向集约型是有条件的。基础越好，实力越强的地区，实行转变就越容易。与发达地区相比，西北民族地区贫困县区不仅存在着经济规模、基础设施、市场体系建设、经济实力的差距和发展阶段的差距，而且经济增长的质量和经济效益也远远不如发达地区。集约型经济要求的内涵式扩大再生产、高科技含量、高附加值产品、高素质的劳动者、科学化的管理、集约化的经营方式，贫困地区难以在短时间内达到。

二、具有公益性质的扶贫工作与市场经济体制对人们的影响不相适应

首先，在经济利益的驱动下，相对于人才、技术、资金等资源流向条件好、回报率高的发达地区，西北地区在竞争中处于劣势，民族贫困地区更是如此。其次，由于个人和团体主体利益、主体意识日益强化，使社会扶贫济困的责任意识有所淡化，加之社会扶贫没有约束力，帮扶单位经济实力及重视程度差异较大。最后，由于市场规律和价值规律的作用增强，使政府行为和行政推动扶贫工作的功能和手段减弱，一些基层组织“啃硬骨头”“打攻坚战”的意识不强。再加上贫困地区经济实力不足，使扶贫在很大程度上处于“填鸭式救济”的低水平，扶贫优惠政策也难以完全落实。这些问题严重影响扶贫工作的顺利进行。

三、在扶贫过程中过分依赖政府的介入和扶持

以依赖政府强有力的介入和物质扶持为主的反贫困战略，在一定时期发挥了无可比拟的作用，但它最大的缺点在于，忽视了发挥贫困人口自身的作用，没有从根本上打破政府与贫困人口长期以来形成的救助与被救助的关系。

贫困人口仅仅是被动接受者，失去了主动权，他们的愿望和意见也往往被忽视，致使扶贫投资效率低下，贫困人口返贫率高。

四、扶贫资金的使用效率低

一方面，扶贫专用资金以种种理由转向别的方面，诸如把扶贫资金转化为财政补贴，扶贫资金直接受益者非贫困者，扶贫资金的投向是贫困地区而不是贫困户。另一方面，每年面向扶贫的数亿元贴息贷款事实上是通过价格（利率）补贴把资金价格人为地压低，在市场机制作用的条件下，价格补贴必然要导致寻租现象的出现，使价格补贴带来的好处主要流向能支付更高租金的利益群体。为了减轻寻租对贴息贷款分配的影响，政府有时不得不以某种方式直接介入分配过程，但是由于对贷款对象及其所选择项目缺乏完全、确定的信息，政府直接介入贴息贷款分配必然产生计划经济条件下所发生的各种问题，如扭曲资源配置、导致资源低效甚至无效使用以及挪作他用等。

第四节 扶贫政策取向

西北民族地区在扶贫开发工作中取得的巨大成就有目共睹，但是在吸取经验的基础上还必须做好扶贫开发的观念与思路的转变，以适应新的社会经济发展时期的客观要求。西北民族地区扶贫政策取向应重点体现在如下几个方面：

一、转变扶贫开发的观念与思路

转变扶贫开发的观念与思路应体现在以下方面：

1. 克服扶贫开发只靠政府的思想

政府在扶贫开发中应当起主导作用，但扶贫开发不能只靠政府。要使贫困人口真正脱贫，必须克服“等、靠、要”的拿来主义和平均主义思想观念。要积极采取思想工作、典型引路、培训提高等办法，使贫困人口认识到自主脱贫的能动作用。同时，政府和各组织机构要帮助困难群众创造自主脱贫的条件，加大群众投资力度，努力使自力更生方针转化成为地方和广大群众的实际行动，转化成为现实的生产力。

2. 克服救济式扶贫思路，树立开发式扶贫理念

要使贫困人口自主脱贫，必须由救济式扶贫思路转变为开发式扶贫理念。只有如此，才能从根本上改善贫困的依存条件，达到自主脱贫的目标。在实际工作中，要求各级政府、扶贫干部树立信心、选准目标、扎实工作、同心帮扶，把工作重心转到加强贫困地区、贫困人口的自我发展能力上来，在项目的选择上优先发展能够提高地区发展能力的项目，优先选择与当地产业链“关联效应”较大、带动作用明显的产业。

3. 克服行政化思维，建立市场化扶贫机制

传统行政化的思维，只能使扶贫工作主体单一、模式简单。在商品经济条件下的扶贫工作，必须大力发展市场化的扶贫机制。应当使扶贫工作内容（如产业结构调整、资源开发、劳动力输转等）立足于市场需求，使扶贫开发与市场机制相结合，鼓励贫困人口立足市场需求，依靠政府扶持，不断提高自我发展能力。

4. 克服重立项轻落实的思想，做好项目的前期论证、中期管理和后期监测工作

西北民族地区作为全国扶贫工作的重点地区，贫困市州（县）的数量较多，贫困程度相对较高，而扶贫工作投入的资金、资源严重不足。所以在扶贫工作中，往往只强调取得了多少扶贫项目，而在项目的实际落实上管理不

足，致使扶贫资金的使用效率较低、扶贫成效不高。因此，今后的扶贫工作，一方面还是应当积极争取项目立项，另一方面还应当注重项目的预期规划能够落实，做好资金的使用审计，控制项目的施工进度，完善项目建成后的长期监测工作。

二、动态化调整贫困划定标准和扶贫范围

社会经济在不断发展，而贫困划定的标准和范围的修订明显滞后。目前西北民族地区通常认定的贫困地区，已经历时多年，而现实的情况是，一些未受到国家及省内认定的县区，由于多种因素的影响，其贫困人口减少速度并不显著，因此需要进一步扩大扶贫的范围。

同时，如有可能应当核算各地区的实际生活成本，以此确定贫困线。如西北民族地区的一些少数民族贫困人口应提高贫困线标准。由于自然条件的限制，这些地区的生产生活成本相对较高，生活过程中的食物、取暖、御寒等开支明显高于其他地区。与其他地区执行同一贫困标准，对民族地区有失公平。

重新调整贫困线和贫困地区范围的工作，需要进行系统性论证。不排除一些地区“争当”贫困县，以取得国家补贴的嫌疑。所以关于动态化地调整贫困人口认定标准和贫困地区范围确定，还要综合各种潜在的利益关系。

三、扩展引资渠道

西北民族地区自然环境恶劣，经济基础薄弱，市场化进程相对缓慢，已经成为我国经济社会最不发达的地区之一，扶贫的难度相应较大。一方面，西北民族地区贫困人口较多，贫困人口分布的区域较广，并且贫困人口的贫困程度较高，这就导致西北民族地区扶贫任务较重，扶贫资金、资源的需求较多；另一方面，西北民族地区多为全国经济落后省份，财政收入较少，无法支撑本省经济社会发展的需要，也很难拿出更多的资金进行扶贫。扶贫的

资金投入主要来自中央扶贫、发改委、财政部门的资金。总体来说，西北民族地区在扶贫过程中扶持的力度较小，资金瓶颈是其主要原因。因此，西北民族地区在扶贫过程中必须要积极利用各种资金，以增加下阶段扶贫工作的扶持力度。

1. 要积极争取中央政府的资金支持

长期以来，西北民族地区的扶贫工作的资金主要来源于中央财政的支持。这一情况还会长期存在。西北民族地区本身的贫困人口基数大，而地区的经济发达程度又远逊于东部、中部地区。加之本身所处的自然环境的制约，如果强行开发，势必会对生态环境造成不可挽回的损失，这一点从国家的“退耕还林、还草”等政策中就可以得到验证。所以从这两个角度来说，中央政府需要将西北民族地区作为全国扶贫工作的重心，加大对西北民族地区扶贫资金的投入力度，以加快西北民族地区贫困人口的脱贫速度。

2. 积极利用金融市场融通资金

在市场经济条件下，金融市场已经成为非政府性扶贫资金的另一个重要来源。利用金融市场融通资金的好处在于，可以不受政府财政预算的约束。但是，要利用金融市场融通资金是有成本的，必须有好的扶贫开发项目的收益作为保证。否则，盲目利用这一融资渠道只能加重政府的还款负担。同时，应用积极筹措完善有效利用金融市场融资的机制：一方面，依靠政府信用，在全国发行西北民族地区扶贫开发特种债券，利用债券市场聚集社会闲置资金，投入到收益率较高的扶贫项目；另一方面，加强与商业银行的合作，提供优惠利率、信用贷款、信用担保等优惠政策，以扩大利用银行信贷资金的力度，拓展西北民族地区扶贫资金的来源。

3. 制定优惠政策，吸引外部资金投入

贫困地区都会遇到资本缺乏而导致的“贫困陷阱”，即越是贫困越是缺乏资金，越缺乏资金越是贫困，形成了恶性循环。所以西北民族地区的扶贫开发还需要引进外部资金。外部资金投入西北民族地区同样要取得收益，甚至要求更高的收益。收益来源于哪里？只能是对其给予优惠的政策。西北民族地区贫困地区的劳动力成本低，适合建设一些劳动密集型产业项目，特别是在“东业西移”的背景下，更有可能通过优惠政策吸引到外部的投资项目，通过这些项目的带动与辐射作用促进当地经济社会发展。

四、做好资金用途的监管

扶贫本身是一个公平的范畴，但不能因此就不讲效率。必须要做好扶贫资金的使用监管，使每一分钱都能真正为扶贫做出贡献，因此必须做到以下几点：

1. 在扶贫开发项目审批过程中坚持“公平、公开、公正”的原则

扶贫开发项目本身的经济利益和有限性，容易诱发各种“权力寻租”行为。“公平”能够在扶贫开发中创造一种“机会均等”的机制，给予每个贫困地区、每个贫困人口以平等的参与机会，在项目的审批中可以引入“匿名评审”的方法，避免各种人情、利益以及权力等问题的干扰，以保证每个参与者的机会均等；“公开”意味着在审批的各个环节、各个细节都要向社会及时公布、披露，做到审批过程透明化，以接受全社会的监督，避免项目审批过程中出现“内幕交易”“钱权交易”等问题；“公正”则意味着审批的标准和依据要公正，在标准的设立过程中要充分考虑每个贫困地区的具体情况，兼顾最广大贫困人口的利益，以保证扶贫项目的审批在公正的基础上进行，避免因为标准的设立不当而导致项目审批不公正。

2. 加强项目资金投放与使用过程中的监督与管理

首先，转变资金投入渠道，由经各级政府、财政部门的投放转变为由银行直接投放到农户手中，减少投放的中间环节，避免扶贫开发资金被各级政府挪用、截用。其次，要加强对农户扶贫开发资金使用过程中的监督与管理，

避免扶贫开发资金被挪为他用，要求各级扶贫部门要充分发挥各自职能，对于当地扶贫开发资金的使用情况开展定期和不定期的检查，确保扶贫开发资金被真正、全额用到扶贫开发项目上。最后，要加强监管各地政府所承诺的配套资金的投放与使用，防止配套资金不到位而出现资金缺口，从而影响扶贫开发项目的实际效果。

3. 加强项目的运行管理以及项目建成后的跟踪监测

扶贫项目是系统性工程，效果是长期的。因此，判断扶贫开发的成效主要依据建成后的跟踪监测情况。必须保证建成的项目能够基本符合设计之初的预期，运行过程中无重大偏差。长期监测建成项目的扶贫成效，对评估不合格的项目要追究相关人员的责任。

五、因地制宜地选择扶贫开发方式

西北民族地区幅员辽阔，地域差异性较大，生态环境的类型多样，社会文化具有多样性和复杂性，经济发展水平和发展状况的差异性也相对较大，这就导致西北民族地区贫困状况、贫困类型和贫困成因都各不相同，因此，在扶贫工作中就要因地制宜，根据各地具体情况选择适合当地经济社会以及自然条件特征的扶贫开发方式。主要思路可以概括如下：

第一，在市场条件、生产条件较好、有一定发展潜力的贫困地区，要坚定不移地实行整村推进的扶贫策略。以政府为主导，整合资源，在村党组织和村委会的领导下，组织和依靠村落社区力量，强化村落社区功能，发展生产，推动社会进步，深化村民自治，维护农村稳定，促进村落社区各项事业的协调、健康发展，不断提高村落社区成员物质文化生活水平。首先，推行整村推进的扶贫开发，有利于整合资源，提高扶贫资金的使用效率。在整村推进中，利用贫困村的自然资源，合理动员利用和科学有效配置社会资本、人力资源、信息资源、技术资源等生产要素，提高资源的使用效率，增大扶贫效果。其次，整村推进可以充分发挥扶贫开发过程中的外部经济。一方面，通过整村推进开发中的统一规划、合理组织，可以使得全村共同使用发展经济的基础设施，共同利用原材料市场和产品市场；另一方面，整村推进还有利于发挥“学习效应”，通过模仿、学习全村带头人的生产经验、经营经验，从而提高全村的生产和经营能力。最后，整村推进还有利于增强农户的市场力量，缓解小农经济与大市场之间的矛盾。众所周知，我国“三农”问题中较为突出的矛盾就是“小生产”与大市场的矛盾，由于农户的生产规模较小、市场知识缺乏、谈判能力较弱，因而在市场经济中总是处于不利的弱势地位。而通过整村推进的开发模式，农户通过村集体参与市场，可以有效地提高农户的经济实力和市场谈判能力，缓解小农经济与大市场的矛盾，提高农户的自我发展能力。

第二，在生态环境较差、生产生活条件较差以及发展潜力较弱的地区，要采取生态移民、扶贫移民的方式，结合新农村建设和生态涵养进行扶贫开发。西北民族地区的干旱地区、干旱戈壁地区以及高海拔山区，自然环境较为恶劣、交通不便、生态环境薄弱，对于这些地区的扶贫开发应结合新农村建设以及退耕还林（草）等生态涵养进行移民式扶贫。首先，结合新农村建设，把一些交通不便的贫困村落通过整体搬迁的形式，实行易地搬迁，聚集在公路两侧等交通相对发达的地区。这一方面可以降低这些村落的生产成本和生活成本，从而降低扶贫开发的整体成本、提高扶贫的效果；另一方面，通过村落以及人口的聚集，可以形成人口相对集中的微型城镇，从而演化出一些非农产业，这不仅有利于促进当地农村剩余劳动力的就地转移，而且还可以促进农村市场的建设和繁荣。其次，结合退耕还林、退耕还草等生态建设，把一些生态薄弱地区的贫困人口通过移民的方式，搬迁到生产条件、生活条件相对优越的地区。这不仅可以减少人类生活、生产对于这些生态环境薄弱地区的影响，从而逐渐改善这些地区的生态环境；通过生态移民还可以改善移民的生产、生活条件，降低生产、生活成本，从而提高扶贫开发的效果。最后，结合新农村建设，把严重缺水干旱的生活条件较为恶劣地区的贫困人口搬迁到生活条件相对优越的地区，降低这些地区的生活成本，提高他们的生活水平，并通过财政补贴，在生产用地和生活用地分离的基础上，让搬迁的移民在原来居住地上种树、种草。不仅短期内可以解决这些移民的基本生活问题；而且长期上还可以通过改善原居住地的生态环境，发展林业、草业以及有计划地发展畜牧业，真正实现这些地区的自我造血、自我发展。

第三，对于经济整体发展状况较好地区的贫困人口，可以采取“信贷扶贫”“智力扶贫”“技术扶贫”等重点扶持的扶贫开发模式。整体发展状况较好的地区，已经具备经济发展的基本条件，对于这些地区的贫困人口的扶贫，采取引导、扶持的手段，有效地提高这些贫困人口的发展能力，实现脱贫。这些贫困人口贫困的原因是缺乏资本、缺乏技术、缺乏市场经济知识，而采取“信贷扶贫”“技术扶贫”等扶持措施，可以有效地解决这些贫困人口的资本、技术瓶颈，提高他们的自我发展能力。

六、将特色农业发展为扶贫主导产业

西北民族地区地域广阔、气候多样，因而形成了各地极具特色的农业生产条件，也就形成了一些享誉全国的特色农产品。此外，对于贫困人口，在能力和知识上，从事第一产业比从事第二产业、第三产业更具有相对比较优势。因此，西北民族地区在扶贫开发过程中，仍然要以大力发展各地的特色农业作为扶贫主导产业。应当坚持以下思路：

1. 因地制宜地发展各地的特色农业

因地制宜发展特色农业，能够有效利用当地的独特自然条件，从而形成独特的产品和产业优势。例如，在甘南、临夏等民族地区，可以形成山羊、藏羊、牦牛、蕨麻猪、中药材、虫草、蕨菜等特色农产品以及藏药、蕨菜等特色产业。

2. 重视农产品的深加工，提高附加值

农业产业链较短、农产品深加工工业的发展不力，已经成为西北民族地区农村经济发展滞后、农民收入水平较低的重要原因。因此，大力发展农产

品的深加工、延长农业产业链，也就成为西北民族地区繁荣农村经济、进行农村扶贫开发的重要途径。首先，通过发展农产品的深加工工业，延长产业链条，可以大大提高特色农产品的商品率及经济附加值，增加农民收入。其次，发展农产品深加工，延长产业链，增加当地人口的就业量，实现农村剩余劳动力的就地转移，提高收入水平。最后，发展特色农产品的深加工工业，能够有效地繁荣当地市场，进而促进当地市场体系的建设。发展当地特色农业的深加工工业，可以大大增加当地上下游企业之间的商品交换，并且还可以有效地促进当地分工的发展，从而有利于繁荣当地市场交换，促进当地市场体系的培育和建设。

3. 引导农户发展各种新型农村经济组织

目前，制约西北民族地区特色农业产业发展的一个重要因素是农业生产未能上规模，即主要以个体家庭生产方式为主。所以要使西北民族地区的特色农业产业形成规模，必须要引导农业寻求建立新型农村经济组织形式。这方面可以借鉴的成功经验如下：

（1）“股份合作制”模式。山东省、重庆市等地引导农户建立以资本联合与劳动相结合的新型农村合作组织——股份合作制。这种模式不仅可以通过农户之间的资本联合，来解决单个农户资本金较少、生产规模较小的问题，提高农户的生产能力以及增强其市场谈判力量；还可以通过农户之间的劳动联合，实现劳动力之间的合理分工，以及通过相互之间的“学习效应”提高整体的生产技术水平与劳动生产率。

（2）“协会+农户”模式。甘肃省定西市鼓励各地举办各种专业技术协会，推广“协会+农户”的新型组织形式，实行统一经营和分散生产相结合的生产组织新模式。“协会+农户”的模式，不仅可以通过协会的作用，加速先进生产技术与生产经验的推广，提高当地农户整体的生产技术和生产效率；而且还可以通过协会的统一定价、统一营销，提高农户的市场谈判地位，从而增加当地种植户的经济收益。而定西市的土豆产业协会，经过多年的发展与摸索，已经形成了比较成熟的“协会+农户”的生产经营模式，带动了当地以及相邻地区的扶贫开发。因此，在扶贫开发中应鼓励各地学习定西土豆产业的经验，广泛建立各种专业技术协会。

（3）“互助贷款”模式。甘肃陇西县贫困村互助贷款的经验，让有技术、有能力的人带领贫困村群众发展生产及商贸，起模范带头作用。整合县上各渠道资金，按照“统一规划、项目整合，资金不变、渠道不乱，各负其责、各记其功”的原则，让各职能部门“各炒一盘菜、同坐一桌席”，各司其职、各尽所能、优势互补，集约投放，集中使用，发挥资金的最大效益，达到“1+1>2”的聚合效应。

（4）由企业提出的“公司+农户”模式。“公司+农户”模式通过公司经营与农户生产的结合，不仅可以通过公司企业相对专业的经营解决小农经济与大市场之间的矛盾，克服农户生产的盲目性、降低农户的市场风险，而且还可以通过农户的分散生产大大降低公司企业的生产成本，提高企业的市场竞争力。因此，发展“公司+农户”的生产经营组织模式可以使得农户和企业实现合作中的“双赢”，提高当地经济自我发展能力。

七、加大智力扶贫的力度，增加科技与教育投入

大量的研究证实，人力资本存量与结构是影响经济增长的重要因素。贫困地区人均受教育年限普遍偏低，对产业结构优化与调整仍为不利。所以，在一定程度上，提高贫困地区的人口能力和素质，就成为扶贫开发中的一项重要内容。正如舒尔茨所说：“改善穷人福利的决定性生产要素不是空间、能源和耕地，而是人口质量的改进和知识的增进。”因此，提高西北民族地区扶贫开发成效，必须要大力提高贫困人口的基本能力和素质。主要包括以下思路：

1. 增加贫困地区的基础教育投入

必须加强政府基础教育投入的力度，提高贫困地区办学条件，为偏远村庄适龄儿童提供必要的寄宿条件以及生活补贴，提高其受教育程度，特别是

初中以上学习经历。提高贫困地区教师的工资待遇，吸引和留住优秀人才，提高教育质量。强化教学基础设施投入，让贫困地区教育成为长期扶贫的战略性行业。

2. 加强贫困地区劳动力的职业培训

西北民族地区许多贫困地区的生产条件较差，剩余劳动力较多。农村劳动力输转业已成为扶贫的一项重要措施。要对剩余劳动力进行输转，必须使之具备一定的技能，所以必须做好贫困地区劳动力的职业培训，具体措施如下：

（1）增加对贫困人口参加职业培训的扶持力度。贫困人口由于收入水平低、家庭负担重，不仅很难支付参加职业技能培训的费用，如包括学费、生活费在内的各项费用，而且还会由于参加职业技能培训承担较大的机会成本、增加家庭的短期困难。因而，保持短期经济视野的贫困人口，考虑到较大的显性实际成本以及较大的隐形机会成本，往往参加职业培训的冲动不强。所以，只有加大对贫困人口的扶持力度，增加其参加职业培训的补贴力度，才能有效地增加当地贫困人口参加职业培训的热情。

（2）根据市场需求的变动，灵活调整职业培训的专业。职业培训主要是为劳动者进入劳动领域所做的前期准备，因而职业培训能不能满足劳动力市场的需要，则决定着这部分劳动力能否顺利转移出去。因此，在扶贫开发中对农村剩余劳动力开展的职业培训，就必须要以市场需求为基础，使培养出的职业技能能够满足劳动力市场的需要：一方面，要求相关部门要加强对劳动力市场的研究，特别是要加强对农民工市场需求的预测，从而降低职业培训与职业需求之间的结构性失衡；另一方面，加强与用工企业的合作，开展“订单培训”，直接根据企业的用工需求培训剩余劳动力的技能，从而加快贫困地区剩余劳动力转移的速度。

（3）重点加强“两后生”的职业技能培训。贫困地区“两后生”是进入劳动力领域的新生力量，本身有一定的受教育基础，学习新知识、新技术的能力较强，对脱贫致富有着强烈的愿望，能够主动要求提高自身的劳动技能。

（4）创新职业培训方式。要根据具体情况开展形式多样的技能培训：对于那些要求相对简单的职业培训，可以采取“请进来”的方式，把掌握熟练技能的培训老师请进来，开展利用晚上等空闲时间的就地培训，从而大大降低培训的费用支出和参加者的机会成本；对于技能要求相对较高的职业培训，可以采取“送出去”的方式，通过与中心城市的职业学校以及发达地区的职业培训学校的合作，以保证培训的质量。

3. 大力引进人才和技术

大力引进人才和技术，是西北民族地区在短期内解决人力资源问题的一种有效手段。要吸引人才和技术，关键是提供优惠政策，才能吸引一批具有市场经济知识、管理知识的高素质人才，到贫困地区去创业，可以鼓励更多的经济学专业、管理学专业的应届毕业生到贫困地区的农村去做村干部，以带动当地经济社会的整体进步。同时，还应当积极推进技术下乡，提高贫困地区生产技术水平，积极组织各种形式的技术服务团下乡，定期或者不定期地对贫困地区的农民进行技术指导，以提高当地农业以及相关产业的生产技术水平，积极开拓农业技术部门、科研院所以及各个高校与贫困地区农民之间合作的新模式，通过联合既有利于这些研究部门、技术部门的科学研究以及科研成果的市场转化，又有利于贫困地区提高自身的生产技术水平与产品的科技含量。最后，还应当积极推进西北民族地区的信息化建设，拓宽当地居民信息来源的途径以及降低当地信息成本，从而有利于贫困地区更方便、更快捷地接触、模仿发达地区的现金生产技术和经营理念。

八、促进贫困地区农村剩余劳动力的转移和城市化发展

农村剩余劳动力输转和城市化是解决城乡二元经济结构的一条重要途径。西北民族地区存在较多的农村剩余劳动力，农村隐性失业严重，这也成为贫困的主要根源之一。做好农村剩余劳动力的转移，对提高西北民族地区农业劳动生产率、提高农民收入、活跃农村经济进而解决贫困问题都具有重大的

战略意义。

1. 加强劳动力市场的建设

加强劳动力市场的建设，是解决劳动力流动不畅的主要手段，而市场的建设往往需要政府有意识的引导。贫困地区当地政府要积极培育当地的劳动力市场。首先，通过税收、信贷等手段，积极鼓励各种市场中介组织的发展，以扩大市场的功能、提高劳动力转移的效率以及降低劳动力流转的成本。其次，要积极与区域性以及全国性劳动力市场对接，使之成为全国性市场的一个有机组成部分，这不仅有利于市场信息的收集，还有利于市场效率的提高。最后，政府不仅要做市场的缔造者，还要作为一个重要主体出现在市场上，直接参与农村剩余劳动力的转移。通过政府的市场行为，可以获取转移过程中的规模效应，大大降低转移的成本，减少转移中的盲目性。

2. 深化体制改革，清除农村剩余劳动力向城镇转移的障碍

首先，改革户籍制度。转移到城镇的农民，如果仍然是农业户籍，就不能与非农户籍居民享有平等的社会地位和就业机会，农民就失去了转移的积极性。要使城镇真正能吸引和稳定住农村剩余劳动力，就必须改革户籍制度。其次，改革土地制度。一方面，完善农民承包土地流转制度，允许农民对承包土地在承包期内进行转包、出租、入股、抵押等流转活动，从土地流转中获得合理的收益，从而促使农村剩余劳动力向城镇转移。另一方面，加快城镇征用土地制度的改革，让农民分享工业化、城镇化带来的利益。这里的关键性措施是改变传统的土地征用方式，缩小国家征用土地范围，突破征地仅限于土地所有权的思维定式，实行土地所有权与使用权分离，仅征用土地使用权。最后，将进城经商务工的农民纳入社会保障体系之内。建立农村社会保障制度可行的方案，有以农产品换低保模式、以耕地换低保模式和以土地承包经营权换保障模式等选择。

3. 加大城镇基础设施的投资力度

基础设施的改善，对于降低生产成本、生活成本进而增加城镇对区域内

生产要素的聚集作用意义重大。因此，城镇功能的发挥、市场的活跃以及产业的发展，都离不开当地基础设施的改善。但是，西北民族地区贫困地区由于社会经济发展水平相对落后、财政资金不足，因而缺乏改善基础设施的能力，这就需要包括中央政府在内的各级政府的财政支持。

九、推进农村土地使用权的流转和社会保障体系建设

西北民族地区农村土地分散、经营规模较小，影响农业生产成本、农业科技推广以及农业机械化水平的提高，同时，众多劳动力进城务工、部分土地荒芜致使土地利用效益不高、生产结构单一、难以有效发挥资源优势。为此，在解决西北民族地区贫困问题时，就必须建立顺畅的农用土地使用权流转市场，采取多种灵活多变的流转模式。具体来说有以下几种模式可供参考：

1. 反租倒包

在农业结构调整中，为了发展农业和农村集体经济，实现土地规模经营，由乡或村集体将农民承包的土地“反租”回来，再承包给个人或单位，由接包方向村集体缴纳承包费，同时给转出土地使用权者年度性经济补偿。

2. 土地股份合作制

土地股份合作制，是指把农户的承包地以村组为单位集中起来，并按其数量和质量折股量化到户，承包权化为股权。农村土地承包使用权与其他物权一样，是可以独立存在的，在市场经济条件下，体现出一种具有交换价值的资本，可以转让、出卖或入股。通过土地股份合作制，可以使经营者获得较为充分的自然资源，进一步调动农户的积极性，有力推进农村土地的适度规模经营，调整优化农业结构，促进农业主导产品生产和农业支柱产业发展。

3. 土地互换

土地互换，主要有两种形式：一是由集体出面组织。乡或村基于连片种植的需要，统筹规划产业带，宜农则农，宜林则林，宜牧则牧，宜渔则渔，农户则按自身实际选择种植、养殖对象。二是农户间互换。这种现象在农村土地流转中日渐增多，主要是由于零碎的土地不能满足种植、养殖大户大规模经营的需要，而部分农户劳动力不足等，双方互换土地，各得其所。

4. 土地转包

土地转包，是指原承包方将自己从发包方所承包的土地，以一定条件再发包给第三方，这两者之间形成新关系，而原承包合同中所规定的权利与义务不变。需要指出的是，签订转包合同须经发包方同意，以促使转包在农业生产中发挥积极作用。当农户由于种种原因无力或不愿耕种土地时，就可以这种二次承包方式将土地流转出去，从而避免了土地的半荒半种、广种薄收甚至“休田”的发生。

5. 土地转让

土地转让，是指原承包方与第三方签订合同，将自己与发包方业已形成的权利与义务关系由第三方向发包方履行。这种现象主要集中在经济较为发达的农村、近城郊区或厂矿工业区附近，当地农民不必再依赖土地，而有相对稳定的收入来维持生活，农民将土地使用权转让后，可以安心地从事非农产业。

6. 委托经营

委托经营，是指农户因短暂外出不能耕种土地时，可以委托他人对土地暂时代行经营，对于经营利益的分配，由双方协商解决。

此外，在加强西北民族地区农村土地使用权流转的过程中，必须解决好失地农民的社会保障问题。首先，西北民族地区长期都是以农牧业为主，形成比较突出的“恋土”情结，再加上相对恶劣的环境以及相对封闭的地域、文化，使这种“恋土”情结要比其他地区突出得多。因此，在加快这些地区农村土地使用权流转时，就应该注意这种传统思想，加强思想说服工作。其次，这些区域的收入水平较低，经济社会发展落后，导致农民抗风险的能力较差，再加上社会保障体系的缺失，就导致农户不愿放弃土地使用权。所以，保证农村土地使用权流转的首要任务，就要建立多种社会保障体系，从而剥离这些地区农村土地的保障功能。最后，还要充分考虑西北民族地区宗教信仰和文化传统的作用，在流转土地使用权中要本着自愿的原则，将宗教信仰和文化传统相近的地区划为流转范围。否则，会引起当地居民的强烈反对，认为是在变相剥夺他们的土地资源。

参考文献

［1］阿马蒂亚·森．贫困与饥荒［M］．北京：商务印书馆，2014.

［2］阿马蒂亚·森．以自由看待发展［M］．北京：中国人民大学出版社，2013.

［3］陈凤兰，徐延辉．社会排斥与农业从业人员女性化——以福建省东宅村为个案［J］．河海大学学报（哲学社会科学版），2008（1）：44-48，96-97.

［4］陈全功，程蹊．民族地区的基本公共服务均等化——涵义、现状水平的衡量［J］．中南民族大学学报，2008（5）：97-102.

［5］程国栋．承载力概念的演变及西北水资源承载力的应用框架［J］．冰川冻土，2002，24（4）：361-367.

［6］单菲菲．民族地区基本公共服务均等化研究述评：基于公共政策的视角［J］．西北民族研究，2012（2）：193-197.

［7］弗兰克·艾利思．农民经济学——农民家庭农业和农业发展［M］．上海：上海人民出版社，2006.

［8］郭剑雄，李志俊．人口偏好逆转、家庭分工演进与农民收入增长——基于中国农户经验的分析［J］．南开学报（哲学社会科学版），2010（6）：109-118.

［9］郭君平．交通基础设施建设的农村减贫效应［J］．贵州农业科学，2013（12）：221-225.

［10］何军，李庆，张姝弛．家庭性别分工与农业女性化——基于江苏408份样本家庭的实证分析［J］．南京农业大学学报（社会科学版），2010

(1): 55-61.

[11] 胡江辉. 中国农村公共投资的减贫效应研究[D]. 华中科技大学博士学位论文, 2009.

[12] 加里·坦利·贝克尔. 家庭论[M]. 北京: 商务印书馆, 1998.

[13] 鞠晴洒. 道路基础设施、经济增长和减贫——基于四川的实证分析[J]. 软科学, 2006 (6): 56-59.

[14] 鞠晓伟, 赵树宽. 产业技术选择与产业技术生态环境的耦合效应分析[J]. 中国工业经济, 2009 (3): 71-80.

[15] 兰州大学人口研究所. 疏勒河生态移民项目监测报告[R]. 2001~2006.

[16] 雷敏. 生态脆弱区生态环境与城市化耦合研究[D]. 西北大学博士学位论文, 2008.

[17] 李楠. 农村留守妇女家庭联合决策模型及政策含义[J]. 人口与经济, 2009 (1): 48-52, 92.

[18] 李石新. 经济增长、收入分配与中国农村贫困的减少[D]. 华中科技大学博士学位论文, 2006.

[19] 刘某承, 李文华, 谢高地. 基于净初级生产力的中国生态足迹产量因子测算[J]. 生态学杂志, 2010 (3): 592-597.

[20] 罗楚亮. 经济增长、收入差距与农村贫困[J]. 经济研究, 2012 (2): 16-28.

[21] 罗忆源, 定红. 半流动家庭中留守妇女的家庭和婚姻状况探析[J]. 探索与争鸣, 2004 (3): 105-106.

[22] 钱忠好. 非农就业是否必然导致农地流转——基于家庭内部分工的理论分析及其对中国农户兼业化的解释[J]. 中国农村经济, 2008 (10): 15-23.

[23] 邱红, 许明. 从社会性别视角探析农村妇女向非农产业转移[J]. 人口学刊, 2009 (5): 56-59.

[24] 尚可文. 西部民族地区财政基本公共财务支出比较研究[J]. 财会研究, 2011 (15): 6-9.

[25] 疏勒河项目管理局. 中国甘肃河西走廊（疏勒河）农业灌溉暨移民安置综合开发项目世行竣工报告 [R] . 2007.

[26] 索晓霞，蒋萌. 试论民族地区公共文化服务体系的特殊性[J]. 贵州民族研究，2012（4）：16-19.

[27] 唐启义. DPS 数据处理统计[M]. 北京：科学出版社，2013.

[28] 田飞丽，陈飞. 我国农村贫困指数测度及政策减贫效应研究[J]. 东北财经大学学报，2014（4）：66-73.

[29] 托马斯·皮凯蒂. 21 世纪资本论[M]. 北京：中信出版社，2014.

[30] 汪三贵，胡联. 产业劳动密集度、产业发展与减贫效应研究[J]. 财贸研究，2014（3）：7-11，37.

[31] 王娟，张克中. 公共支出结构与农村减贫——基于省级面板数据的证据[J]. 中国农村经济，2012（1）：33-44.

[32] 王宗明，梁银丽. 植被净第一性生产力模型研究进展[J]. 干旱地区农业研究，2002（2）：104-107.

[33] 谢宏宇，叶慧珊. 中国主要农产品全球平均产量的更新计算[J]. 广州大学学报（自然科学版），2008（1）：80-84.

[34] 亚当·斯密. 国富论[M]. 上海：上海三联书店，2007.

[35] 闫莉莎. 基于 DEA 的基本公共服务财政支出绩效评价研究[J]. 河北经贸大学学报（综合版），2011（1）：80-82.

[36] 杨小凯，张永生. 新兴古典经济学与超边际分析[M]. 北京：社会科学文献出版社，2003.

[37] 杨小凯. 经济学原理[M]. 北京：中国社会科学出版社，1998.

[38] 尹飞霞. 人力资本与农村贫困研究：理论与实证[D]. 江西财经大学博士学位论文，2013.

[39] 袁晓兰，刘富刚，孙振峰. 德城区区域承载力的状态空间法研究[J]. 德州学院学报，2005（4）：50-54.

[40] 张萃. 中国经济增长与贫困减少——基于产业构成视角的分析[J]. 数量经济技术经济研究，2011（5）：52-64.

[41] 张平，李秀芬．经济增长与减贫的非均衡性问题研究[M]. 北京：经济管理出版社，2013.

[42] 周福林．我国留守家庭研究[M]. 北京：中国农业大学出版社，2006.

[43] White and Anderson. Growth Versus Distribution：Does the Pattern of Growth Matter？[J]. Development Policy Review，2000，19（3）：267-289.

[44] Aghion，Caroli and Garcia-Penalosa. Inequality and Economic Growth：The Perspectives of the New Growth Theories [J]. Journal of Economic Literature，1999，37（4）：1615-1660.

[45] Ahluwhalia M. and H. B. Chenery. Redistribution with Growth [M]. Oxford：Oxford University Press，1974.

[46] Anand S. and Kanbur R. The Kuznets Process and the Inequality-development Relationship [J]. Journal of Development Economics，1993，40（1）：25-52.

[47] Armendariz A. B.，Morduch J. The Economics of Microfinance [M]. Cambridge，MA：MIT Press，2010.

[48] Barro R. J. Government Spending in a Simple Model of Endogenous Growth [J]. Journal of Political Economy，1990（98）：103-125.

[49] Becker G. S. Murphy K. M. Social Economics：Market Behavior in a Social Environment [M]. Harvard University Press，2000.

[50] Berman P.，Daniel G. S. and Jean-Pierre H. Equity in Public Sector Primary Health Care：The Role of Service Organization in Indonesia [J]. Economic Development and Cultural Change，1989（4）：777-803.

[51] Blake R. et al. Urban Climate：Processes，Trends and Projections [A]//Rosenzweig C. et al. eds. Climate Change and Cities：First Assessment Report of the Urban Climate Change Research Network [C]. Cambridge：Cambridge University Press，2011.

[52] Bourgignon F. The Growth Elasticity of Poverty Reduction：Explaining Heterogeneity across Countries and Time Periods [Z]. Mimeo，Delta，2001.

[53] Bourguignon F. and Morrison C. Inequality and Development: The Role of Dualism [J]. Journal of Development Economics, 1998, 57 (2): 233-257.

[54] Bourguignon F. The Poverty-Growth-Inequality Triangle [R]. New Delhi: Indian Council for Research on International Economic Relations, 2004.

[55] Broome J. The Welfare Economics of Population [J]. Oxford Economic Papers, 1996 (48): 177-193.

[56] Carter M., Barrett C. The Economics of Poverty Traps and Persistent Poverty: An Assetbased Approach [J]. Journal of Development Studies, 2006, 42 (2): 178-199.

[57] Chenery H., Ahluwalia M. S., Bell C. Duloy J. H. and Jolly R. Redistribution with Growth: Policies to Improve Income Distribution in Developing Countries in the Context of Economic Growth [M]. New York: Oxford University Press, 1974.

[58] Christiansen L. and Demery L. Down to Earth: Agriculture and Poverty Reduction in Africa [R]. The World Bank, Washington DC, 2007.

[59] Coady D. et al. 2006. The Magnitudeand Distribution of Fuel Subsidies: Evidence from Bolivia, Ghana, Jordan, Mali and Sri Linka [R]. Working Paper WP/06/247. International Monetary Fund, Washington DC, 2006.

[60] Collier P. and A. Hoffler. Greed and Grievance in African Civil Wars [R]. Mimeo, World Bank, 2002.

[61] Collier P. The Bottom Billion. Why the Poorest Countries Are Failing and What Can Be Done about it [M]. Oxford: Oxford University Press, 2007.

[62] Conte M. and Darrat F. Economic Growth and the Expanding Public Sctor a Reexamination [J]. Review of Economics and Statistics, 1988 (70): 322-330.

[63] Cord L., J. H. Lopez and J. Page. When I Use a Word'...: Pro-Poor Growth and Poverty Reduction [A]// M. Krakowski (ed.), Attacking Poverty: What Makes Growth Pro-poor? [C]. Baden-Baden: Nomos Verlagsgesellschaft, 2003.

[64] Datt G. and Ravallion M. Why Have Some Indian States Done Better than Others at Reducing Rural Poverty [J]. Economica, 1998, 257 (65): 17-38.

[65] De Ferranti D., G. E. Perry, D. Lederman and W. F. Maloney . From Natural Resources to the Knowledge Economy Trade and Job Quality [R]. Washington, DC: The World Bank, 2001.

[66] Deaton, A. Savings and Liquidity Constraints [J]. Econometrica, 1991, 59 (5): 1221-1248.

[67] Deininger K. and L. Squire. A New Data Set Measuring Income Inequality [J]. The World Bank Economic Review, 1996 (10): 565-591.

[68] Dell M., Jones B., Olken B. 2009. Temperature and Income: Reconciling New Cross-Sectional and Panel Estimates [J]. American Economic Review Papers and Proceedings, 2009, 99 (2): 198-204.

[69] Dercon S. Economic Reform, Growth and the Poor: Evidence from Rural Ethiopia [J]. Journal of Development Economics, 2006, 81 (1): 1-24.

[70] Dercon S. Risk, Crop Choice and Savings: Evidence from Tanzania [J]. Economic Development and Cultural Change, 1998, 44 (3): 485-514.

[71] DFID. Climate - Resilient Growth: Preparing Growth Strategies for Climate Change [R]. How to Note, a DFID Practice Paper. Department for International Development UK, London, 2010.

[72] Dollar D. and Kraay A. Growth Is Good for the Poor [J]. Journal of Economic Gowth, 2002, 7 (3): 195-225.

[73] Dre'ze J. and Sen A. India: Economic Development and Social Opportunity [M]. Delhi: Oxford Univ. Press, 1995.

[74] Duclos and Wodon. What Is Pro-Poor? [R]. CIRPEE, Working Paper, 2004: 4-25.

[75] Easterly, W. Life during Growth [J]. Journal of Economic Growth, 1999 (4): 239-276.

[76] Edward P. Examining Inequality: Who Really Benefits from Global Growth? [J]. World Development, 2006, 34 (10): 1667-1695.

[77] Eifert B., A. Gelb and N. Tallroth. The Political Economy of Fiscal and

Economic Management in Oil Exporting Countries [A]//Davis, Ossowski and Fedelino (ed.), Fiscal Policy Formulation and Implementation in Oil-Producing Countries [C]. Washington, DC: IMF, 2003.

[78] Engel D., Kammen D. Green Jobs and the Clean Energy Economy [J]. Thought Leadership Series, Copenhagen Climate Council, Copenhagen, 2009.

[79] Ferreira G. H., Leite P. G. and Ravallion M. Poverty Reduction without Economic Growth? Explaining Brazil's Poverty Dynamics, 1985-2004 [J]. Journal of Development Economics, 2010 (93): 20-36.

[80] Folster S. and Magnus H. Growth and the Public Sector a Critique of the Critics [J]. European Journal of Political Economy, 1999 (15): 337-358.

[81] Fomby T., Ikeda Y., N., Loayza N. The Growth Aftermath of Natural Disasters [J]. Journal of Applied Econometrics, 2012, 28 (3): 412-434.

[82] Foster A. D. and Rosenzweig M. R. Agricultural Development, Industrialization and Rural I Inequality [M]. Mimeo. Brown University and Harvard University, 2005.

[83] Foster J. and M. Szekely. How Good Is Growth? [J]. Asian Development Review, 2000 (18): 59-73.

[84] Foster J. and Shorrocks A. F. Subgroup Consistent Poverty Indices [J]. Econometrica, 1991 (59): 687-709.

[85] Fujita M., Krugman P., Venables T., The Spatial Economy: Cities, Regions and International Trade [M]. Cambridge, MA: MIT Press, 2001.

[86] Grier T. An Empirical Analysis of Cross-National Economic Growth, 1951-1980 [J]. Journal of Monetary Economics, 1989 (24): 259-276.

[87] Grosse M., Harttgen K. and Klasen S. Measuring Pro-Poor Growth in Non-Income Dimensions [J]. World Development, 2008, 36 (6): 1021-1047.

[88] Harrington W., Morgenstern R., Velez-Lopez D. Tools for Assessing the Costs and Benefits of Green Growth: The US and Me'xico [J]. Paper Presented at the Green Growth Knowledge Platform Conference, Mexico City, 2012, January.

[89] Harris J. R. and Todaro M. P. Migration, Unemployment and Development: A Two-sector Analysis [J]. American Economic Review, 1970, 60 (1): 126-142.

[90] Holmes J. and Hutton. On the Causal Relationship between Government Expenditure and National Income [J]. Review of Economics and Statistics, 1990 (72): 87-95.

[91] Ishikawa S. Poverty Reduction Versus Growth Promotion [R]. GRIPS Development Forum Discussion Paper No. 3. Tokyo: GRIPS, 2002.

[92] Jamison D. T. Lau L. J. and Wang J. Health's Contribution to Economic Growth in an Environment of Partially Endogenous Technical Process [A]// Lopez-Casasnovas, Rivera B. and Currias L. eds, Health and Economic Growth [C]. Cambridge, MA: MIT Press, 2005: 67-91.

[93] Kakwani N. and Pernia E. What Is Pro-poor Growth? [J]. Asian Development Review, 2000, 18 (1): 1-16.

[94] Kakwani N. and Son H. Pro-Poor Growth: The Asian Exprerience [R]. UNU-WIDER Research Paper, 2006.

[95] Klasen S. In Search of the Holy Grail: How to Achieve Pro-Poor Growth? [R]. Proceedings of ABCDE-Europe. World Bank, Washington, DC, 2003.

[96] Kraay A. When Is Growth Pro-poor? Evidence from a Panel of Countries [J]. Journal of Development Economics, 2006 (80): 198-227.

[97] Kundu A. and Smith T. E. An Impossibility Theorem on Poverty Indices [J]. International Economic Review, 1983 (24): 423-434.

[98] Lanjouw J. O. and Lanjouw P. The Rural Nonfarm Sector: An Update World Bank [R]. Washington, DC, 1997.

[99] Laudau D. Government and Economic Growth in the Less Developed Countries an Empirical Study for 1960-1980 [J]. Economic Development and Cultural Change, 1986 (35): 35-75.

[100] Levine D. R. A Sensitivity Analysis of Cross - Country Growth

Regressions [J]. American Economic Review, 1992 (82): 942-967.

[101] Loayza N., Raddatz C. The Composition of Growth Matters for Poverty Alleviation [J]. Journal of Development Economics, 2010, 93 (1): 137-151.

[102] Loayza N. and Raddatz C. The Composition of Growth Matters for Poverty Alleviation [R]. World Bank Policy Research Working Paper 4077. World Bank, Washington DC, 2006.

[103] Machiko N. and Erik T. Channels and Policy Debate in the Globalization-inequality-poverty Nexus [J]. World Development, 2006, 34 (8): 1338-1360.

[104] Massey D., Durand J., Malone, N. J. Beyond Smoke and Mirrors: Mexican Immigration in an Era of Economic Integration [M]. New York: Russell Sage Foundation, 2002.

[105] Montalvo J. G. and Ravallion M. The Pattern of Growth and Poverty Reduction in China Original Research Article [J]. Journal of Comparative Economics, 2010, 38 (1): 2-16.

[106] Morduch J. Income Smoothing and Consumption Smoothing [J]. Journal of Economic Perspectives, 1995, 9 (3): 103-114.

[107] Noy I. The Macroeconomic Consequences of Disasters [J]. Journal of Development Economics, 2009 (88): 221-231.

[108] OECD. Promoting Pro-poor Growth: Key Policy Messages [R]. Paris: OECD, 2006.

[109] OECD. Rising to the Global Challenge: Partnership for Reducing World Poverty [R]. Statement by the DAC High Level, Meeting, Paris, 2001 (4): 25-26.

[110] OECD. Towards Green Growth [R]. Paris: Organization of Economic Cooperation and Development, 2011.

[111] Page J. Strategies for Pro-poor Growth: Pro-poor, Pro-growth or Both? [J]. Journal of African Economics, 2006, 15 (4): 510-542.

[112] Quizon and Binswanger. What Can Agriculture do for the Poorest Rural

Groups? [A]//Adelman and Lane (Eds.), The Balance between Agriculture and Industry in Economic Development [C]. Social Effects , 1989 (4) .

[113] Quizon J. and Binswanger H. Modeling the Impact of Agricultural Growth and Government Policy on Income Distribution in India [J]. World Bank Economic Review, 1986 (1): 103-148.

[114] Raddatz C. The Wrath of God: Macroeconomic Costs of Natural Disasters [R]. Policy Research Working Paper Series WPS 5039. World Bank, Policy Research Department, Washington DC, 2009.

[115] Ravallion M. and Chen S. H. What Can New Survey Data Tell Us about recent Changes in Distribution and Poverty? [J]. World Bank Economic Review, 1997, 11 (2): 357-382.

[116] Ravallion M. and Datt G. When is Growth Pro-poor? Evidence from the Diverse Experience of India's states [R]. Policy Research Working Paper WPS 2263. World Bank, Washington, DC, 1999.

[117] Ravallion M. and Datt G. Why Has Economic Growth Been More Pro-poor in Some States of India than Others? [J]. Journal of Development Economics, 2002 (68): 381-400.

[118] Ravallion M. and S. Chen. What Can New Survey Data Tell us about Recent Changes in Distribution and Poverty? [J]. The World Bank Economic Review, 1997 (11): 357-382.

[119] Ravallion M. Growth, Inequality and Poverty: Looking Beyond Averages [J]. World Development, 2001 (29): 1803-1815.

[120] Richard H. and Adams J. Economic Growth, Inequality and Poverty: Estimating the Growth Elasticity of Poverty [J]. World Development, 2004, 32 (12): 1989-2014.

[121] Shorrocks A. F. Aggregation Issues in Inequality Measurement [A]// Measurement in Economics [C]. Eichhorn W. (ed.) . Physica-Verlag, 1988: 429-451.

[122] Stefan D. Is Green Growth Good for the Poor [J]. The World Bank Research Observer, 2014, 29 (2): 163-185.

[123] Strand, J., Toman M. Green Stimulus, Economic Recovery, and Long-term Sustainable Development [R]. Policy Research Working Paper Series 5163. World Bank, Policy Research Department, Washington DC, 2010.

[124] Subramanian S. Counting the Poor: An Elementary Difficulty in the Measurement of Proverty [J]. Economics and Philosophy, Volume null, Issue 02, October, 2002: 277-285.

[125] Sumarto and Suryahadi. Indonesia Country Case Study [A]//Bresciani and Valdés (Eds.), Beyond Food Production: The Role of Agriculture in Poverty Reduction, Food and Agriculture Organization of the United Nations and Edward Elgar [C]. Cheltenham, 2007.

[126] Suryahad A., Suryadarma D. and Sumarto S. The Effects of Iocation and Sectoral Components of Economic Growth on Poverty: Evidence from Indonesia [J]. Journal of Development Economics, 2009, 89 (1): 109-117.

[127] Thorbecke E. and Hong-Sang J. A Multiplier Decomposition Method to Analyze Poverty Alleviation [J]. Journal of Development Economics, 1996, 48 (2): 279-300.

[128] Timmer C. P. Agriculture and Pro-Poor Growth: What the Literature Says, prepared as part of the Operationalizing Pro-Poor Growth Research Program [R]. Washington, DC: World Bank, Processed, 2005.

[129] Timmer P. How Well do the Poor Connect to the Growth Process? [M]. San Diego: University of California Mimeo, 1997.

[130] UN. A Better World for All [M]. New York: United Nations, 2000.

[131] Van de Walle D. Choosing Rural Road Investments to Help Reduce Poverty [J]. World Development, 2002, 30 (4): 575-589.

[132] Wackernagel M., Lewan L. and Hansson C. B. Evaluating the Use of Aatural Capital with the Ecological Footprint: Applications in Sweden and

Subregions [J]. Ambio, 1999 (7): 604-612.

[133] Wackernagel M. and Rees W. E. Our Ecological Footprint: Reducing Human Impact on the Earth. Gabriola Island [M]. Canada: New Society Publishers, 1996.

[134] Warr and Wang. Poverty, Inequality and Economic Growth in Taiwan [A]//Ranis & Hu (Eds.), The Political Economy of Taiwan's Development into the 21st Centur, Essays in Memory of John & Elgar [C]. London, 1999.

[135] Warr P. G. Poverty and Growth in Southeast Asia [J]. ASEAN Economic Bulletin, 2006 (23): 279-302.

[136] World Bank. Economics of Adaptation to Climate Change [R]. Washington DC: World Bank, 2010.

[137] World Bank. Pro-Poor Growth in the 1990s: Lessons and Insights from 14 Countries [R]. Washington, DC: The World Bank, 2005.

[138] World Bank. World Development Report 2010: Development and Climate Change [R]. Washington DC: World Bank, 2010.

[139] World Bank. World Development Report: Attacking Poverty [M]. New York: Oxford Univ. Press, 2000.

[140] World Bank. World Development Report: Equity and Development [M]. New York: Oxford Univ. Press, 2005.

[141] World Bank. World Development Report: Poverty [M]. New York: Oxford Univ. Press, 1990.

[142] Wu F. Zhang D. and Zhang J. Unequal Education, Poverty and Low Growth: A Theoretical Framework for Rural Education of China [J]. Economics of Education Rewiew, 2008, 27 (1): 308-318.

[143] Yang X. K., Borland J. A Microeconomic Mechanism for Economic Growth [J]. Journal of Political Economy, 1991 (99): 460-482.

[144] Young A. Increasing Returns and Economic Progress [J]. The Economic Journal, 1928 (38): 527-542.